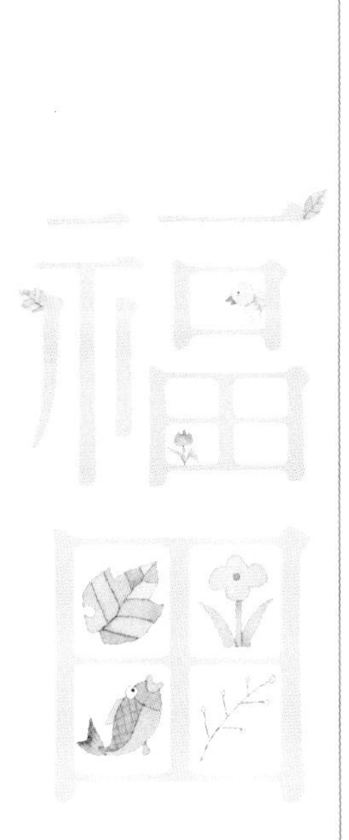

내 마음의 복전

불교신행수기 — 신화규 외 43편

불광출판부

내 마음의 복전

월간 불광 창간 기념(20. 25. 30주년) 신행수기 공모작과 그 동안 월간 불광에 게재되었던 것 가운데 부처님의 무한가피가 느껴지는 감동적인 내용을 선별하였습니다. 이 책을 통해 신심이 깊어지고, 마음의 복전(福田)을 풍요롭게 일구시어 만나는 사람마다 좋은 인연, 날마다 좋은 날 되시기를 부처님 전에 손 모아 기원하옵니다.

부처님의 무한 가피 1

2 나의 삶 나의 불교

4 나의 인연 이야기

1

부처님의 무한가피

 관세음보살님께서 다시 주신 생명

신화규

　내소사에 들어서는 순간, 천여 년을 거슬러 올라온 것처럼 세상살이의 시끄러움은 없다. 일주문을 지남과 동시에 날려 보내지 않았나 싶다. 이 곳의 모든 것들은 기본이 몇 백년이다. 그래서 그런지 낯설지 않고 정다운 느낌, 오래 전에 와 봤던 곳에 다시 온 느낌이다. 혹시 전생에 이 곳에서 수행하는 복을 누리지는 않았었는지….

　유명한 대웅전의 문살 무늬, 천년된 나무의 웅장함, 그런 것들을 일일이 따지지 않더라도 그냥 편안하고 좋은 느낌, 이 자리가 바로 내 자리가 아닐까 싶다. 도량석 도시는 스님의 목탁 소리에 잠을 깨어 상쾌한 공기와 천년 가람의 숨결을 느끼며 들어선 빛바랜 대웅전의 새벽예불. 수술 후 처음으로 혼자 나선 여행길이다.

포교사가 된 지 1년이 되어가지만 아직 제대로 되지 않은 공부에 사람들 앞에서 포교사라고 말하기가 부끄럽기 그지없다. 끝이 없기만 한 부처님 공부, 하지만 운명적인 이 길이기에 나는 기꺼이 이 일을 천직으로 알고 공부하고 싶다. 관세음보살님께서 다시 주신 나머지 인생은 회향하는 의미로 한 알의 의미 있는 씨앗의 역할을 하고 싶다.

6년 전 전철역 계단에서 갑자기 어지럽고 다리에 힘이 풀려 굴러 떨어진 후로 매일 머리가 아프기 시작했다. 너무 심해서 한 움큼의 진통제로 생활하다가 그것도 안 되자 새벽이면 고통에 견딜 수 없어 술을 마시고서야 잠들 수 있었다. 그러니 제대로 된 엄마 역할은 포기할 수밖에 없었다.

처음에 병명을 몰라 정신병원에 입원하기 직전, MRI를 찍고서야 뇌종양이라는 병으로 판명이 되었다. 급히 수술하지 않으면 혹이 너무 커서 죽는다는 담당의사의 말에 그냥 담담하게 말했다. "선생님 수술 한 번 하나요? 아니면 두 번 하나요?"

뇌수술은 성공해도 기본이 두 번이고 두 번 하고도 결국은 죽은 가까운 친구의 남편을 지켜보았었기 때문에, 두 번의 수술이라면 하지 않고 그냥 전국에 있는 기도처에서 원 없이 기도나 하다 죽겠다는 생각에서였다.

그 때 당시의 상황은 혹이 너무 커서 신경을 누르기 때문에 모든 기능이 정지 상태라 해도 과언이 아닐 정도로 먹을 수도 없고 대소변도 제대로 할 수 없는 지경까지 됐었다. 팔과 다리가 마비되어 걸을 수도, 집안일도 할 수 없었다. 옷을 뒤집어 입거나 거꾸로 입어도 무엇이 잘못됐는지 판단이 안 될 정도로 심한 상태였다. 그 때의 심정으로는 그냥 정확한 병명을 알았으니 됐고, 그냥 그대로 죽어도 이 고통만 없었으면 하는 바람이었다.

'이제부터는 무엇을 해야 할까? 내가 이곳에서 이 시점에서 할 수 있는 일이 무엇일까?' 아무 일도 없었다. 그래서 노느니 염불한다고 108염주를 손에 들고 돌리기 시작했다. '관세음보살님 살려 주세요'라는 말도 '아이들을 부탁해요'라는 원도 아무 것도 없었다. 그냥 무심의 마음으로 '저는 인연 따라 따르겠습니다. 관세음보살님 뜻대로 하세요.' 하는 마음으로 염주를 계속 돌렸다.

그 순간 가슴 속으로 치닫는 무엇인가를 느꼈다. 가슴 가득 차지한 그 무엇! 그 후로는 두려움도 고통도 없어졌다. 막연한 두려움에 수술을 받지 않겠다고 고집을 부려 가족들이 계속 설득하고 있던 중이었다. 제일 두려운 것은 수술 후 얼마일지 모르는 막연한 시간 동안 여러 모로 나로 인해 고통 받을 가족들을 생각하니 '그냥 이대로 조용히 눈감는 행운을 누릴 수 있다면' 하는 생각이었다.

염주를 돌리다 새벽녘에 잠깐 잠이 들었는데 꿈인지 생시인지 구별이 되지 않을 정도로 선명한 관세음보살님께서 금빛 찬란하게 나타나셔서 땀을 흘리며 더워서 쩔쩔매는 나에게 시원한 냉기를 주시며, "덥지? 내가 시원하게 해줄 게. 걱정하지 마라." 하시며 머리를 쓰다듬어 주시는 것이었다. 그 후론 아무 두려움이 없이 즐겁게 생활할 수 있었다.

아이들 선생님께도 전화해서 숙제나 준비물이 제대로 되지 않더라도 엄마가 없어서 그러니 이해해달라는 부탁까지 해놓고 이것저것 언제까지일지 모르는 빈 자리를 최대한 줄이려 정리를 하기 시작했다. 수술을 위해 머리를 깎았지만 주위사람들에게 "두상이 이쁘냐, 미우냐?"고 농담할 정도로 아무렇지 않았다. 다니던 절의 스님과 신도들이 오셔서 어떤 위로의 말을 할지 몰라 쩔쩔매실 때 "걱정하지 마세요. 저는 반드시 살 거고 다시 살아나면 부처님 일을 할 거예요." 하고 말씀드렸더니, "보살님은 앞으로 공부 많이 하실 거예요." 하신다. 그게 무슨 뜻이었는지 그 때는 몰랐었다.

"신화규 씨 정신이 드세요. 제 말을 알아 들으시겠으면 눈을 떠 보세요."

그 말을 듣고 눈을 떴다. 여러 줄로 묶여 움직일 수는 없었지만 나를 둘러싸고 서있는 많은 사람들, 담당의사 들과 간호사, 가족 들이었다. 눈을 뜬 나에게 의사선생님 들은 '정상적인 사고를 할 수 있는가' 하는 판단을 여러 가지로 시험해보았다. '이름이 뭐라든가, 오른손으로 악수를 하자든가, 왼발을 들어 보라든가' 라는 물음에 평상시와 같이 웃으면서 자신 있게 대답하고 하라는 대로 정확하게 하자 모두들 살았다고 박수를 치며 좋아하셨다.

그 때까지는 그냥 원래 예상했던 대로 6시간의 수술 후라고 생각했기 때문에 그들이 왜 그렇게 좋아하는지 이유를 알지 못했다. 그 곳은 신경외과 중환자실이었고 나는 20시간의 생사를 가르는 대수술 끝이었기 때문에 그들의 감동은 남다른 것이었던 것이다.

남편의 말로는 예상된 6시간이 지나고 12시간이 지나도 수술이 끝났다는 불은 안 꺼지고 아침 8시에 첫 번째로 들어간 사람이 저녁 때가 돼도 소식이 없더니 새벽이 되자 담당의사가 가족들을 소집해놓고 지혈이 안 되니 포기해야 할 것 같다고 했단다. 그 말을 듣고 남편은 달리 방법이 없어 자기는 부처님도 믿지 않고 하나님도 안 믿고 기도할 데도 없어서 나에게, "당신은 할 수 있다. 당신은 할 수 있으니 당신의 의지로 꼭 일어나."라고 기도했단다.

수혈이 40봉 이상은 위험하지만 달리 방법이 없어서 계속 70봉 정도의 수혈을 하고 있을 때 지혈이 되었고, 의사선생님은 자기는 아무 일도 할 수가 없어서 기다렸을 뿐 말로만 듣던 기적 같은 일이 일어났다고 놀라워하셨다.

내가 부처님을 믿는 것을 모르니까 남들이 말하는 신이라는 게 정말 있나 보다고 해서, 나는 조용히 자신 있게 "이건 신의 기적이 아니라 관세음보살님의 가피"라고 말할 수 있었다. 그 후로 나는 천주교를 믿는 시어머님께도 기독교를 믿는 친구에게도 누구에게도 자신 있게 말할 수 있었다. 관세음보살님의 가피라고….

믿을 수밖에 없었던 더 확실한 사실은 전혀 아프지 않다는 사실이었다. 뇌수술 후의 중환자실은 마치 아비지옥을 연상할 정도로 고통에 시달리는 환자들로 잠을 이룰 수가 없었다. 거의가 혼수상태의 환자들로 소리소리 지르고 심지어는 욕을 하고 몸부림칠 정도로 고통에 시달리고 있었다. 거의가 진통제로 고통을 이겨내고 있었는데 나는 신기하게도 전혀 아프지 않았다. 수술실에서 옮겨진 뒤로 진통제 한 대 맞지 않고 삼매에 든 것 같은 편안한 마음과 표정으로 있었다.

그렇게 중환자실에서의 생활은 시작됐고 그 곳에서 산소호흡기와 여러 개의 줄로 이어진 몸으로 할 수 있는 일은 새벽예불과 관세음보살님을 부르는 일뿐이었다. 하루에 적어도 두 명씩은 죽어나가고, 새로 수술하고 와서 고통에 몸부림치는 사람, 몇 달째 정신이 안 들어 울면서 하소연하는 보호자들, 나는 지옥을 미리 와본 느낌이었다. 하지만 안타까운 마음도 금할 수가 없었다. '이분들도 부처님 법을 미리 알았다면 이토록 고통도 느끼지 않고 편안하고 환희심 속에서 병원생활을 할 수 있었을 텐데' 하는 아쉬움이 많았다.

신경외과의 중환자실은 24시간 긴장상태이기 때문에 불을 끄지 않는다. 달리 잠자는 시간이 없다. 잠을 잘 수도 없고 잠도 오지 않아 새벽 4시쯤 되면 물을 놓고 기억나는 대로 예불문과 천수경, 반야심경을 하고 관음정근을 하고 그 물을 마셨다. 간호사의 도움을 필요로 하는 사람이 많기 때문에 되도록이면 혼자 모든 걸 해내려고 애썼다.

수술결과는 아무 것도 보장 받을 수 없었다. 팔다리의 마비

상태가 어느 정도 회복될지 수술 후에도 중풍환자처럼 팔다리 마비상태로 그냥 지내야 될지 어떤 후유증이 올지 다시 재수술을 해야 할지 모든 게 미지수였다. 하지만 나는 매일 매일이 즐겁고 감사했다. 며칠 만에 멀겋게 나오는 미음에도 감사하고 친절한 의사선생님과 간호사, 면회 와서 걱정해주는 가족, 친구들, 남들의 고통과 괴로움을 가슴으로 느끼게 해주신 관세음보살님 모두가 감사했다.

아직은 어린 둘째딸이 나이 때문에 면회가 되지 않자 울다, 울다 그냥 갔다고 친정엄마가 전했다. 갑자기 엄마가 걷지도 못하고 이상한 짓을 많이 해서 엄마 옆에서 심부름과 걱정을 많이 했는데, 너무나 급하다고 해서 병원에 입원하기 전에 얼굴도 못 보고 당부도 못 하고 갑자기 와버렸다. 아이들 때문에 나는 내 힘과 의지로 일주일 만에 나가리라 작정하고, 열심히 운동하고 기도하며 내가 할 수 있는 일을 최대한 했다. 그 결과 너무도 빨리 회복되고 있었다.

중환자실에는 여러 개의 침대가 굉장히 넓게 분포돼 있는데, 나의 가장 가까운 쪽의 침대에 있는 50대 초반 정도의 아주머니 환자는 8개월째 혼수상태로 있었다. 하루 종일 엄마를 찾으며 부른다. 아마 무의식 중에도 엄마만 있으면 이 고통에서 해방시켜 주리라는 생각에서인가 보다. 밥도 안 먹고 약도 안 먹고 몸부림을 치기 때문에 산소호흡기와 뇌로 연결된 여러 줄 중 하나라도 빠지면 위험한 상태가 되기 때문에 온몸을 꽁

꽁 묶어 놨다. 그러니 면회시간에 온 열 몇 살짜리 아들과 스물이 갓 넘은 듯한 딸은 엄마를 붙들고 "엄마 제발 정신 좀 차리세요."라며 울다, 울다 간다. 그 어린것들이 막대한 병원비를 감당 못해 의사선생님께 그냥 퇴원시켜달라고 하소연한다.

그 말을 듣고 너무나 많이 울었다. 그래서 관세음보살님께 기도했다. '관세음보살님 차라리 저분 대신에 저를 데려가세요. 저는 부처님법 속에서 행복하게 잘 살았고 또 죽는다 해도 어떤 방법으로든 부처님법 속에서 살 테니까 저분 대신에 저를 데려가 주세요.' 하고 간절히, 간절히 기도했다. 그런데 순간 어디서 그런 용기가 나는지 그 아주머니에게 말을 하고 싶었다. 그래서 누워서 꼼짝할 수는 없으니 천장을 본 채로 소리를 질렀다.

"아주머니 제 말 잘 들으세요. 제 말 잘 들으면 엄마한테 가실 수 있어요. 지금처럼 밥도 안 드시고 약도 안 드시고 간호사 선생님 말씀 안 들으시면 절대로 낫지 않아서 엄마한테 갈 수 없으니 꼭 제가 하라는 대로 하세요."

그 아주머니께서 듣든지 못 듣든지 큰소리로 말했다. 그런데 신기하게도 그 아주머니께서 그 때부터 식사도 하고 약도 고분고분 드신다는 것이었다. 그 후 갑자기 일반 병실로 옮겨도 좋겠다는 선생님의 말씀에 중환자실에서 6일 만에 일반병실로 옮겼다. 그 후 그 아주머니의 상태를 끝까지 지켜보지는 못했지만 아마 치료가 잘 됐으리라고 생각한다.

일반병실에 와서 재수술 들어가며 불안해하는 여대생에게

팔에 있던 합장주를 껴주며 기도해 주었고, 치매로 불안해하는 할머니께는 10년간 지닌 108염주를 쥐어주며 돌리는 법을 알려드렸을 때 편안해 하시는 할머니의 모습을 보며, 이런 인연들을 맺게 해주신 것에 대해 부처님께 감사드렸다. 하지만 나의 너무나 부족한 공부를 절감하였고 여기서 퇴원하면 부처님 공부를 제대로 해보리라 결심했다.

그 이후로 2년간의 불교대학 공부, 그 후에 다시 승가대학부설 김포불교대학에 재입학하여 포교사가 되었다. 다시 대학원에 진학해 공부하며 지금은 제대로 된 포교사가 되어보려고 연수와 기도, 군법회로 바쁘게 생활하고 있다.

그 때 만난 관세음보살님은 지금도 매월 초하룻날이면 홍련암의 파도소리에 어우러지는 비구니스님의 간절한 염불소리와 함께 만난다. 병실에서 혼자 물 한 잔을 놓고 올리던 새벽예불을 이제 홍련암을 비롯해 직지사, 법주사 등 전국에 있는 모든 절에서 삼라만상을 깨우는 범종소리, 목탁소리와 함께 올리고 있다.

언제까지 이 행복한 시간이 주어질지 모르겠지만 남겨진 시간 동안 여러 방편으로 부처님법을 펴고 싶어 방송대 국문과에도 입학해서 하루를 48시간으로 쓰고 있다. 나를 걱정해주시는 분들은 건강을 염려하지만, 아직은 재발의 위험도 없이, 물론 약간의 후유증으로 힘들기는 하지만 그 또한 기도정진을 게을리 말라는 뜻으로 알고 함께하련다.

언제 어느 곳을 가나 부처님 법음이 가득한 이 도리를 보다 많은 이들이 깨달아 '상구보리(上求菩提) 하화중생(下化衆生)'을 실천하는 진정한 불자의 길을 가게 해달라고 발원해본다. 이제는 다른 사람의 아픔과 고통을 조금은 절절히 느껴 형식적인 위로가 아닌 부처님 마음의 끝자락이라도 흉내내며 가슴 아파할 수 있게 됐다.

이제 10월 첫째 주에는 매월 나가는 군법회의 창립법회 행사, 둘째 주의 해인사 보살계 행사, 셋째 주의 적멸보궁 철야기도, 넷째 주의 선운사 문학기행 등 바쁜 일정이지만 만나는 사람 모두가 한 분 한 분 부처님이라 생각하며 함께 할 수 있음을 감사드린다.

단풍 가득한 가을에 나는 다시 또 새로운 부처님을 만나러 떠날 것이다.

- 조계종 포교사, 월간 불광 창간 30주년 신행수기 대상

금생에 공덕 쌓아
후세에 고통 면하리라

곽영자

저는 공양주 2년 6개월 차입니다. 남들은 하기 좋은 말로 복 짓는 일 해서 좋겠다고 하지만 나에게는 약올리는 말로밖에 들리지 않았습니다. 밥이 있어도 먹기 싫어 안 먹는 것과 없어서 못 먹는 것은 전혀 다르니까요. 저는 먹고 살기 위해서 일자리를 구했던 겁니다. 이왕 직장을 가질 거면 절 일을 하자 마음먹고 칠곡에 있는 불광사라는 절을 찾아갔습니다. 신문에 '공양주 구함' 이란 광고를 보고 갔었지요.

내가 절 일을 하고 싶었던 것은 그냥 절이 좋았고 부처님이 좋았고 스님이 좋았기 때문입니다. 사실은 그 얼마 전에 포교사가 되어 한동안 사찰안내도 하고 교도소 법회도 갔었고 장의 염불 봉사도 한 경험이 있습니다. 그러나 당장 생계가 급급한

판에 더 이상 돈 안 되는 그 일을 계속할 수가 없었습니다. '그냥 공부한 걸로 만족하고 이쯤에서 접자' 하고 생활전선에 뛰어들었지요.

그 당시엔 무견 스님이라고 비구니스님이 계셨습니다. 공양간 일은 생각만큼 쉽지가 않았습니다. 절 살림이란 게 보통 큰 살림이 아닙니다. 흔히 사람들이 말하길, "살기 어려운데 절에나 들어갈까 보다." 하지요. 절밥이 얼마나 어려운지 모르고 하는 소리입니다. 나 역시 그랬으니까요. 퇴근하고 집에 가면 허리, 무릎, 발바닥 어디 한 군데 안 아픈 곳이 없었습니다. 잠자리에 누워 내 신세를 생각하면 처량하기 짝이 없었고, 이렇게까지 구차한 삶을 이어가야 하나 생각하면 기가 막혔습니다.

'기막힌 이 사연을 그 누가 알아주랴. 울어라 열풍아 밤이 새도록' 이었습니다. 부끄럽기도 하고 신도들이 나를 업신여기는 것 같아 자존심도 상했습니다. 아무리 눈높이를 낮추자 해도 하루아침에 되는 게 아니었습니다. 그러나 지금은 아닙니다. 누가 무어라 해도 한쪽 귀로 듣고 한쪽 귀로 흘려버립니다. '전혀 들은 게 없다' 입니다. 그리고 스스로 자위를 하지요. '공양주 아무나 하나. 내가 전생에 공양주할 공덕을 지었기 때문에 부처님 마지 올릴 수 있고, 스님 시봉하는 거지.' 라고요. 이만큼 마음이 편해졌다는 것이겠지요.

그럭저럭 한 달쯤 지나니 드디어 무릎 관절에 이상이 생겨 치료를 받아야 할 지경에 이르렀습니다. 매일 침을 맞고 물리치료를 했지만 별 차도가 없어 그만둘 수밖에 없었습니다. 그러나 그만둔다는 말을 하기가 쉽지 않았습니다. 내일은 꼭 말씀 드려야지 하고 어느 날 잠자리에 들었는데 그 날 밤 꿈을 꾸었습니다. 무견 스님께서 영단에 있는 다기와 똑같은 모양의 다기를 주시면서 다깃물을 마시라 하셨습니다. 예사로운 꿈이 아니라는 생각이 들더군요. 부처님께서 나의 갈 길을 계시해 주신다는 생각이 들었습니다. 불광사와 인연을 끊지 말라는 부처님 말씀이 들리는 것 같았습니다. 그런데 이상한 것은 아픈 무릎의 부기가 서서히 빠지더니 견딜 만했습니다. 간혹 내일은 못 가겠다 싶은데도 자고나면 또 거뜬해지더군요. 이 모든 조화가 다 부처님 일을 하기 때문이라 생각하고 싶습니다.

차츰 안정이 되어갔습니다. 나를 필요로 하는 곳이 아직도 있다는 것에 감사했고 행복했습니다. 이 일을 빌미로 그저 한탄만 하고 있을 게 아니라 발심의 계기로 삼아야겠다는 생각을 했습니다. 우선 마음 속의 찌꺼기와 번뇌를 제거하는 작업에 착수했습니다. 그리고 공덕을 쌓는 방법도 찾아보았습니다. 하루에도 몇 번씩 오는 걸인들을 귀찮다 않고 푸짐하게 음식을 내주었습니다. 속으로는 '당신들이 내 복전이다' 라면서요.

저의 인과는 전생에 닦은 공덕이 전혀 없다는 걸 알고 있습니다. 틈틈이 기도하였습니다. 그리고 부처님께 애원하였습니다. "부처님 제가 전생에 얼마나 많은 죄를 지었는지 업장이 너무 너무 두터워서 녹여도 녹여도 줄어들지가 않습니다. 지고한 힘으로 모든 것을 관장하고 계신 부처님에게 짐이 되는 것은 모두 맡길 수 있도록 해 주세요. 저를 책임져 주시면 안 되나요? 이나마라도 힘이 있을 때 한꺼번에 닦는 방법을 가르쳐 주세요."라고 억지도 부렸습니다. 이 무겁디 무거운 숙업을 소멸시키는 방법을 가르쳐 주시라고, 이 박복한 중생을 거두어 주시라고, 절하고 또 절하였습니다. 이 나이에 세상에 무슨 욕심이 있겠습니까. 어제 같은 오늘, 오늘 같은 내일로 만족하려 하니 가여워해 주시라고 절하였습니다.

저의 하루는 108배와 관세음보살보문품 독송으로 아침을 엽니다. 저녁엔 마하반야바라밀을 108번 부릅니다. 피곤할 때면 누워서 염주를 돌립니다. '마하반야바라밀, 마하반야바라밀, …' 하다가 잠이 들곤 하지요. 집에서 절까지는 도보로 50분 걸립니다. 걸어가는 날이면 염불도 하고 회심곡도 하고 '홀로 피는 연꽃'도 부릅니다. 나의 일상을 기도로 시작해서 기도로 끝나는 것으로 생활화하려고 노력했습니다. 기도의 힘인지 지금은 마음이 많이 평온합니다. 앞으로도 이 상태가 유지되었으면 합니다.

얼마 전 관암 스님께서 법정 스님의 『홀로 사는 즐거움』이라는 책을 선물하셨습니다. "홀로 있을수록 함께 있으려면 자기 관리가 철저해야 된다."는 스님의 말씀을 깊이 새기고 조그만 오두막일지라도 내 분수에 맞게 즐겁게 살며 기도로써 영혼의 양식을 삼고 나 자신의 리듬에 맞춰 나의 길을 가려 합니다. 나에 대한 연민에서 이제는 벗어나렵니다.

지금 계신 스님은 관암 스님이십니다. 모신 지 일년이 되었습니다. 비구니스님 계실 땐 좀 덜 했는데 지금은 마음이 많이 불편합니다. 스님 손수 아침 공양을 해 드시고 설거지까지 깨끗이 해 놓으십니다. 항상 죄송합니다. 스님은 지나치리만치 인정이 많으시고 어려운 사람들 심정도 잘 아십니다. 당신이 하실 수 있는 것은 누구에게나 다 해주고 싶다는 분이십니다. 저에게도 많은 배려를 해주십니다. 덕분에 외출도 마음 편하게 합니다. 제가 하는 유일한 봉사활동은 매월 넷째 주 토요일에 소년원에 포교를 가는 일입니다. 여기 있는 아이들은 비교적 경미한 죄를 짓고 들어온 아이들입니다. 6개월이 지나면 나간다고 하더군요. 이 아이들을 보노라면 그 앳된 얼굴 어디서도 범죄의 흔적을 찾아볼 수가 없습니다. 사월초파일이 무슨 날이냐고 물으면 '비빔밥 먹는 날'이라고 대답하는 천진난만한 아이들입니다. 우리들이 하는 일은 먼저 아이들 피부에 와 닿는 이야기로 시작해서 교리와 찬불가를 가르칩니다. 또 오늘 배운 것에 대해서 질문을 하여 맞히는 아이들에게는 사탕 한 봉지, 빵 한 봉지 더 주고 잘 했다면서 박수를 쳐줍니다.

때로는 불교 공부를 잘 했다는 생각도 들곤 하지만 돌아오는 길은 항상 씁쓰레합니다. 내 삶이 어둡다보니 그 아이들에게 더욱 정감이 가는 것 같습니다.

저는 오랫동안 '세상의 고통과 괴로움은 다 내 것이다'라며 허우적거렸습니다. 평생을 한 남자와 그의 어머니를 원망하고 증오했었습니다. 그들을 미워하는 게 내 생활의 전부였습니다. 존재의 이유였습니다. 그러니 내 삶은 어떠했겠습니까. 엉망진창이었지요. 누구를 미워하기 바빠서 내 일을 할 시간이 없었고 내 길을 갈 수가 없었습니다. 그러다 어느 날 눈을 떠보니 그들에 대한 미움이 결국은 그들뿐만 아니라 나까지 해쳤다는 것을 깨닫게 되었습니다. 마음을 바꿨습니다. '더 이상 망가져서는 안 되겠다. 살자.'

내가 살기 위해서는, 내가 편하기 위해서는 그들을 용서하는 길밖에 없었습니다. 그래서 용서하기로, 비우기로 마음먹었습니다. '어느 면에서든 내가 부족하고 결함이 있었겠지'라고 생각하고 싶었습니다. 화는 다른 사람 때문에 생기는 것이 아니라 내가 일으킨다고 생각하고 싶었습니다. 그러나 내가 용서한다고 용서가 되어지는 게 아닌가 봅니다.

그의 어머니가 임종시에 나를 찾는다고 연락이 왔을 때 처음에는 거절을 하다가 갔습니다. 내가 편하기 위해서 나를 위해서 갔습니다. 내 두 손을 꼭 잡고 "모든 것을 용서해라. 다 내 잘못이다. 결국은 아이들이 다 네 몫이 될 텐데 아무 것도 줄 것이 없구나. 저 놈이 다 팔아먹고 바늘 하나 꽂을 땅도 없구나. 너무 큰 짐을 지워 놓고 가서 미안하다." 이 말을 하시고는 숨을 거두셨습니다.

얼마 후 그 남자도 병이 들었습니다. 불치병에 걸린 지 5년이 되었는데 새로운 약이 개발되기만을 기다린다는군요. 매일 죽는 공부를 하면서 살아가는 나로서는 삶의 애착과 집착의 고리를 지독히도 끊지 못하는 그 남자가 안타까울 뿐입니다. 지금이라도 참회하고 현실을 받아들이면 좋으련만, 나는 분명히 보았습니다. 과실은 피할 수 없다는 것을, 모든 선업과 악업은 반드시 과실을 맺는다는 것을, 인과응보의 법칙은 정확하다는 것을 보았습니다.

결국 아이들은 내 차지가 되었지요. 학교 졸업시키고 출가시키고 하다 보니 없는 기둥뿌리가 뽑혔습니다. 다른 사람 하는 것처럼 잘 해주지도 못하고 흉내만 내었는데도 나에게는 벅찼나 봅니다. 아직도 그 후유증이 있으니까요. 문제는 그게 아닙니다. 내 딴에는 최선을 다했다고 생각했었는데 아이들에겐 그다지 고맙고 자랑스러운 엄마로 받아들여지지가 않았습니다.

어느 날 둘째딸이 나를 서운하게 하길래, "내가 어떻게 살았는데, 내가 누구 때문에 살았는데 네가 나한테 이럴 수 있느냐?"니까 "누구 때문에란 말은 하지 마세요. 엄마가 어떻게 살았든 우린 그런 건 몰라요. 엄마 아빠가 그렇게 된 건 두 분 문제예요. 왜 우리가 중간에서 희생양이 되어야 하고, 우리가 겪은 고통은 어디서 보상받아야 되는데요. 그리고 등록금 주고 결혼시켜준 것은 부모가 당연히 해야 할 일이잖아요. 다른 부모들도 다 그렇게 한다구요."라면서 대들었습니다.

배신감에 하늘이 무너져 내리는 것 같았습니다. 허탈 그 자체였습니다. 아이들한테 바친 내 인생이 너무나 억울했습니다. '아이들 크거든 보자'라며 이를 악물고 살아온 내 청춘이 너무 불쌍했습니다. 이런 꼴 보려고 살아온 것은 분명 아닐 텐데, 죽고 싶었습니다.

　내 주위엔 아무도 없었습니다. 갈 곳도 오라는 곳도 없었습니다. 무작정 집을 나섰습니다. 발길 닿는 대로 가다보니 상주에 있는 성불사까지 가게 되었지요. 불교가 뭔지도 모르면서 그냥 산 속으로 가고 싶다 해서 갔을 겁니다. 다행스럽게도 그 절엔 요사채에 방이 많아서 머물 수가 있었습니다. 스님께 묵기를 청했더니 쾌히 승낙하셨습니다. 의현 큰스님께서 염주를 주시면서 "있는 동안 기도 열심히 하세요. 하루에 관세음보살님을 만 번만 불러보세요." 하셨습니다.

　지금 생각하니 숙제를 주신 겁니다. 바쁘게 지냈습니다. 문장대도 매일 한 번씩 오르고, 채소밭 일도 거들고, 두릅도 따고, 두부집 보살님 일도 거들어주며 정신없이 지냈습니다. 숙제도 부지런히 했습니다. 관세음보살님이 어떤 분이신지도 모르면서 그냥 찾았습니다. 그냥 불렀습니다. 순간순간 끓어오르는 분노를 삭이려고 자꾸 절하였습니다. 모든 걸 포기하고 비우고 또 비우자 했습니다.

　첫날 공양주 보살님이 법복 바지 하나를 주셨는데 한 달 입고 나니까 무릎 부분이 닳아서 해졌습니다. 누벼서 지금도 입고 있습니다. 그러던 어느 날 부처님 존상을 우러러보고 하소연을 하고 있노라니 하염없이 눈물이 흘러내렸습니다. 실컷 울고 나니 머리도 개운하고 속도 후련했습니다. 그렇게 편할 수가 없었습니다. 모든 것 다 팽개치고 거기서 살고 싶었습니다. 그 때 하산하지 않았다면 지금쯤 머리 깎고 염불하고 있을지도 모른다는 생각을 가끔 해 봅니다. 지난 이야기를 하는 거니까 그렇지 그렇게 쉽게 되는 일이 아니지요. 속세를 떠난다는 것이 쉽지가 않더군요. 내가 없으면 당장 어렵게 되는 아이가 있는 관계로 돌아올 수밖에 없었습니다.

몸을 추스르고 딸아이에게도 서운한 마음을 접기로 했습니다. 그 아이 말이 다 맞습니다. 합리적인 사고를 가진 똑똑한 아이입니다. '그런 환경에서 그래도 탈선하지 않고 잘 커줘서 얼마나 고마운데'라며 속으로 미안해했습니다. 다시 한번 마음속으로 용서를 빌었습니다. 잘못된 일 모두가 나에게서 비롯되었으니까요. 그리고 앞으로는 내 주변에서 일어나는 어떠한 일이라도 그대로 받아들이기로 마음먹었습니다. 그러려니 신앙이 필요했습니다. 의지처가 필요했습니다. 진정한 종교를 가지기로 했습니다. 내가 불교에 귀의하게 된 동기는 순전히 딸 덕분이라 생각합니다. 불교를 체계적으로 배워보자 하고 영남불교대학에 입학하였습니다.

우리 형제들은 모두 교회 집사입니다. 서열이 높다는 장립집사입니다. 그 전부터 나를 인도하려고 모두가 애를 많이 썼습니다. 오죽하면 여동생이 다니는 교회 목사님께서 "언니 한 사람도 인도 못 하면서 누구를 인도할 수 있느냐"고 하신다면서 자기 체면을 봐서라도 한번만 가주길 간곡히 원하여 간 적이 있습니다. 처음 가기가 어려운 거지 길만 터놓으면 다음 번엔 저절로 가지리라 생각했던 것 같습니다. 그러나 한번으로 끝이었습니다.

제가 불교에 귀의할 수밖에 없었던 것은 아마도 '불연에 의

한 것이 아닐까'라고 믿고 싶습니다. 6개월 공부를 하고 포교사 시험을 쳤습니다. 일주일에 한 번 듣는 강의로는 부족해서 금강경, 법화경은 독학을 하였습니다. 6개월 코스는 기초 교리 수준이기 때문입니다. 학교 다닐 때 시험공부 하듯이 밥 먹고 자는 시간 외에는 외출도 않고 속성으로 했습니다. 합격하였습니다. 그 후 목탁도 배우고 의식 집전 교육도 받았습니다. 한창 신심이 났습니다. 그러나 현실은 어쩔 수 없었습니다. 어쨌든 지금 생각하니 딸이 나를 서운하게 했던 것이 부처님 말씀을 따르게 된 에너지가 되었다고 생각합니다.

이제 어느 정도 안정을 찾고 믿음이 쌓이면서 밝히고 싶지 않은 가정사도 털어놓게 되었습니다. 비록 지금은 이렇게 살고 있지만 '금생에 공덕 쌓아 후세엔 이 고통 면하리라'고 기도합니다. 내 괴로운 오늘의 악업의 과는 스스로 지어서 스스로 받는 것이니 내생의 좋은 과를 위해서라도 선근의 인을 심을 곳을 찾아보렵니다.

'누구도 원망하지 않을 것이며 모두를 내 탓으로 돌리겠다'고 스스로 다짐합니다. 원망을 버리는 것도 업장소멸이라지요. 적당한 고통은 '그래 사바세계이니까'라며 보듬으려 합니다. 대자비 위신력을 믿고 구하는 바 없이 생활하는 것이 업장 소멸법의 가장 가까운 지름길로 알고 살아갈 것입니다. 어떻게 살든 우리 모두는 역시 죽음을 향해 걸어가고 있으니 정법의 가르침을 실천하며 삶을 엮어갈 것입니다.

이 모든 것을 실천할 때 내 자신의 가치를 높이는 진정한 웰

빙이 아닐까 생각합니다. 현재의 삶에 감사하고 또 감사하는 사람이 되고자 부처님께 기도드립니다.

관세음보살 관세음보살 나무 관세음보살.

- 주부, 월간 불광 창간 30주년 신행수기 우수상

다시 찾은 삶

김혜란

종교로서의 불교를 알지 못할 때, 그저 불교를 석가모니라는 사상가가 만든 하나의 철학으로밖에 알지 못할 때, 나는 길고 긴 어둠의 터널을 걷고 있었다.

부처님께 절을 하고 몇 십분이라도 참선을 하고 나면 왠지 마음이 조금은 편해지는 느낌 때문에 가끔씩 시부모님과 남편을 따라 절을 찾곤 했지만, 내게 있어 부처님은 너무 먼 곳에 계신 분이었다. 그렇게나마 가끔씩 절을 찾게 된 것도 석가모니에 대한 막연한 동경과 삶의 문제를 해결해줄 수 있을 깊이 있는 사상일 거라는 어렴풋한 기대 때문이었고, 내게 닥친 삶의 문제가 참으로 절박하기 때문이었다.

내 삶의 문제는 갑자기 남편의 사업이 망해 빚더미에 앉았다거나 또는 불치병에 걸렸다거나, 자식이 교통사고를 당해 가슴에 묻었다거나 하는 그런 문제는 아니었지만, 내겐 늘 죽음을 생각하게 하는 절망적인 아픔이었다. 내게 삶의 아픔은 결혼과 함께 시작되었다.

결혼하기 전까지 나는 참으로 편하게 세상을 살아왔었다. 모든 게 나 중심이었고 내가 하고 싶은 대로 이기적으로 살았었다. 사회성이라곤 없는 헛나이를 먹었던 것이다. 그런 나를 객관적으로 인식하지 못하고, 결혼은 그저 멋진 왕자님과 궁전에서 사는 것으로 생각하는 공주병 환자였던 나의 모습에 점점 실망을 하게 된 남편은 자주 나를 힐책하였다.

그에게 나는 생각이 깊지 못하고 자기만 아는 못 배운 신부였던 것이다. 결혼을 앞두고 얼마 안 되어 그걸 조금씩 알게 되었지만, 이미 청첩장까지 돌린 후여서 어쩔 수 없이 결혼하게 된 거라며 나를 비난하는데, 내 나름대로는 사랑한다고 생각하는 사람에게 그런 심한 말을 들으니 견디기가 힘들었고, 그의 충고를 받아들이지 못하고 오히려 그 화살을 남편과 시댁식구들에게 돌렸다. 그 결과 둘 사이는 날로 악화되고 서로에 대한 불신과 증오만 쌓여갔다.

그렇게 남편에게 사랑받지 못한다는 어린아이 같은 불만과 자괴감으로 나는 점점 우울증이 심해져 갔다. 자존심 때문에 그런 결혼 생활에 대해 누구에게 말도 하지 못하고, 나는 나 혼자만의 닫힌 세계로 들어가 어서 빨리 이 생이 끝나기만을 바라는, 삶 아닌 삶을 살았다. 결혼 후 1년 반이 지나 첫아들도 낳았지만, 부부간의 문제가 해결되지 않은 상태로 삶의 희망을 찾기란 어려웠다.

그렇게 절망적인 삶이 계속되고, 결혼 후 4년쯤 지난 어느 여름이었다. 나와의 갈등으로 인한 착잡한 심정을 정리하고자 우연히 남편은 충남 청양의 칠갑산에 있는 장곡사에서 일주일 동안 머물게 되었다. 그 절에 다녀온 남편은 그 곳에서의 신비한 경험을 이야기해 주었다.

절에 있는 내내 하루 세 번 꼭꼭 예불을 스님과 같이 드리며 열심히 기도했더니 마음이 참 편안해졌고, 특히 신기한 일은 상대웅전에 신라시대부터 모셔진 국보 약사여래불이 유명한데, 그 약사여래불을 독송하자 저절로 눈물이 나와서 당황스러웠다는 이야기였다.

나는 별 감흥 없이 그냥 그 얘기를 들었는데, 후에 그 심정을 이해하게 되는 사건이 내게도 일어났다. 종종 남편은 장곡사에 대해 이야기했고, 다음 해 사월 초파일에는 꼭 그 절에 가보자고 해서 시어머님과 아들도 같이 그 절에 가게 되었다.

상대웅전, 하대웅전, 지장전, 나한전, 산신각을 돌며 삼배를 하고 그 약사여래불이 모셔진 상대웅전을 지나오는데 갑자기 나도 모르게 눈물이 나오는 것이었다. 초파일이라 사람들도 많은데 창피해서 얼른 눈물을 닦고 절 뒤편으로 갔다. 그 때 당시 슬펐던 것도 아니고 슬픈 생각을 한 것도 아니었는데, 무언가 저 가슴 밑바닥을 울리는 듯했다. 작년에 했던 남편의 얘기가 다시 귓가에 살아나기 시작했다.

장곡사에서는 주지스님의 두터운 신심과 강한 의지로 매월 음력 7일 철야기도를 하고, 다음 날인 약사재일에 법회를 열고

있었다. 남편도 일주일 동안 그 곳에 있을 때 마침 그 철야기도
가 있어 참석했었는데 그렇게 좋았다고 몇 번이나 내게 얘기했
던 바 있어, 칠월 칠석 날 밤 처음 철야기도를 하러 남편과 같
이 가게 되었다.

밤 10시 30분, 주지스님의 목탁과 함께 기도는 시작되었다.
수없이 절을 하며 백팔참회문을 읽는 동안, 나는 온 정성을 다
해 절을 하고 죄를 깊이 참회했다. 밤 11시쯤부터 1시간 동안은
좌선 시간이었다. 법당 안은 고요만이 흐르고, 30분이 지났을
까, 내 눈에서 눈물이 흐르기 시작하더니 좌선이 끝날 때까지
마구 쏟아지는 것이었다. 내 감정이나 의지와는 아무런 상관이
없는 뜨거운 눈물이었다. 손수건 한 장이 다 젖고 나중에는 손
등으로 눈물을 닦아냈다. 뒤에 주지스님과 사무장님께 그 얘길
하니 업장이 소멸되는 좋은 것이라고 얘기해 주셨다. 그날 밤,
부처님은 내게 다가오셔서 구원의 손길을 내미셨던 것이다.

그 뒤로 불교는 내게 하나의 철학이 아니었다. 석가모니는
지금도 이 곳에 살아계신 분이고, 불교는 참으로 위대한 종교
임을 알게 된 것이다. 그 후로 우리 부부는 틈이 날 때마다 장
곡사를 찾았고, 철야기도에 온 다른 신도들의 신비한 경험담도
듣게 되었다. 예전 같으면 그런 얘길 들어도 믿지 않았었는데,
다 믿어졌고 부처님의 가피력에 더 고개가 숙여졌다. 나를 버
리니 그렇게 점점 부처님께로 가까이 다가가고 있었지만, 나는
내 이기심을 쉽게 버리지 못했다.

장곡사에서 기도를 할 때는 내 죄로 인해 남편과 시댁 식구

들에게 잘못을 저질렀음을 뉘우치고 그 업장이 소멸되길 기도했지만, 다시 일상으로 돌아와서는 기도를 해도 자꾸만 나 중심의 기도를 하곤 했고, 남편에 대한 불만도 여전했다.

아침 일찍 일어나 108배를 하며 관세음보살님을 찾으면 소원이 이루어진다는 내용의 『기도』라는 책을 읽은 후부터 실행에 옮겼는데, 그 때의 기도 내용도 나와 내 욕심을 채우기 위한 것이었다. 따라서 극도의 절망에선 벗어났지만, 아직 부처님의 깊은 뜻을 알지 못하고 욕망에 끌려 다니는 중생이었던 것이다. 부처님은 그저 나를 위한 부처님이었다.

결국 남편과 나는 크게 다투었고, 서로 마음이 너무 먼 곳으로 가버렸다. 뒤늦게 내가 후회하고 남편의 마음 문을 열려 했지만, 남편은 냉담했다. 나에 대한 실망과 증오로 마음 문을 굳게 닫고 있었다. 이대로 가다가는 우리 가정이 파괴되는 수밖에 없었다. 나는 내 힘으로 할 수 있는 일이 아무 것도 없음을 알았다. 그래서 수시로 염불을 하고 부처님께 강하게 의지하며 이 문제를 해결해 주기를 기도했다. 그 간절한 기도 중에 부처님께서 내게 말씀하시는 것이 있었다.

"너를 버려라. 그러면 모든 문제가 해결된다. 그것만이 유일한 해결책이다."

그 선명한 부처님의 말씀으로 나는 내가 나를 부여잡고 끙끙 앓고 있음을 깨달았다. 동시에 그 나라는 존재도 내가 만든 관념일 뿐 본래는 존재하지 않는 허상임도 알게 되었다. 없는 나를 잡고 희로애락에 허덕이는 내 모습이 객관적으로 보였다.

그 후로 나는 남편에게 고개 숙여 내게 쏟아지는 모든 비난을 순순히 받아들이고, 지난 세월 나로 인해 상처 입은 사람들에게 마음 깊이 사죄를 하였다. 그러자 남편은 조금씩 마음의 문을 열었고, 남을 위해 살기로 한 나는 오히려 더 풍요롭고 행복하였다. 나를 버림으로써 나는 없어지는 것이 아니었다. 나는 더 넓어지는 것이었다.

그 때부터 나는 줄 줄 아는 사람, 남을 위할 줄 아는 사람, 남을 먼저 생각하는 사람이 되었다. 나는 다시 태어난 셈이었다. 처음으로 진짜 아내, 진짜 엄마, 진짜 며느리가 된 것이다. 나를 신뢰하지 않던 남편도 차차 나를 생의 동반자로 신뢰하게 되었고, 이제는 서로 부처님의 뜻을 이야기하는 도반이 되었다.

이제 내게 가장 행복한 시간은 부처님을 만나는 시간이다. 새벽마다 절을 하고 불경을 읽고 기도하는 시간, 불교 서적을 읽는 시간, 틈날 때마다 가까운 절이나 장곡사에 가 있는 시간, 그리고 한 달에 한 번 있는 장곡사의 철야기도와 8일 법회 시간이다. 8일 법회에는 해인사의 강주스님인 지오 스님께서 직접 먼 길을 마다 않고 오셔서 법문을 들려주신다. 스님의 법문은 쉬우면서도 마음 깊이 감동을 주어 신심을 두텁게 한다.

내게 부처님을 가까이에서 느끼게 해주신 장곡사의 주지스님인 상진 스님, 총무스님인 대일 스님, 사무장님 그리고 해인사의 지오 스님에게 정말 감사드린다. 그리고 철없던 나를 참고 기다려 부처님께로 인도해 준 남편에게 진정 고마움을 전하고 싶다.

　이제 난 기도한다. 내 죄를 참회하니 그 죄로 인한 업장을 없애 달라고, 그리고 내가 아는 다른 사람들 죄도 용서해 달라고, 길을 잃고 아파하는 중생들이 부처님을 알게 해달라고, 그 평안과 밝은 빛 속에서 그들과 만나고 싶다고….

-주부, 월간 불광 창간 25주년 신행수기 우수상

종양이 감쪽같이 사라지고

채상희

1985년 8월, 제 큰아이가 6개월 되는 어느 날 밤, 꿈속에서 남편과 함께 어느 사찰을 가게 되었습니다. 가는 날이 장날이 라더니 그 날 그 곳 주지스님께서 열반하셨다는 말을 듣게 되 었습니다.

사찰에선 스님을 언덕 위의 동굴에 안치시켜 놓고 그 곳을 엄격히 통제하였습니다. '아니, 평상시도 아니고 스님께서 열 반하셨다고 하시는데 그냥 가면 되겠어?' 하는 마음이 들어 동 굴 속으로 몰래 들어서니 돌아가신 스님께서 집에 있을 저의 아들을 안고 나오시는 것이었습니다. "어! 스님께서 돌아가셨 다더니…. 너 왜 여기서 나오니?" 하며 아이를 받는 순간 천둥 이 치고 벼락이 떨어지는 듯 '꽝' 소리가 귀에 들렸습니다.

순간 벌떡 일어나보니 벽에 걸어 놓은 전지 하나짜리의 액자가 유리조각 하나 깨지지 않게 떨어져 바닥에 박혀 있었는데 아이는 아무 일 없는 듯 조용히 잠을 자고 있었습니다. 곧 정신을 차리고 '관세음보살'을 염했습니다. 부처님, 제가 이 은혜를 어찌 잊을 수 있으오리까?

아이가 중학교에 입학하는 날, 태권도 겨루기를 하다가 다쳐 빗장뼈가 산산조각이 나서 살을 뚫고 나오는 커다란 사고를 당하고 말았습니다. 오른쪽 어깨를 축 늘어뜨리고 아파서 팔짝팔짝 날뛰고 있는 아이는 곧바로 병원으로 옮겨졌습니다. 의사들은 수차례 의논을 하더니 튀어나온 뼈를 그대로 두면 살이 썩어 들어가기 때문에 수술 외엔 다른 방법이 없다는 결론을 내렸습니다.

뼈와 뼈들을 볼트와 너트로 연결한 후 두 달 후에 다시 재수술을 하여 빼어내는데, 80% 정도는 뼈가 붙지 않는다고 합니다. 성공할 수 없는 수술을 하여야 하며 하지 않으면 살이 썩어 들어간다니, 세상에 이러한 날벼락이 또 어디 있으랴.

제 몸의 살점이 떨어져 나가는 고통이요, 피가 타들어 가는 그 많은 시간들…. 시간이 흘러 8시경에 아이는 병실로 옮겨졌으며 9시경 회진하시는 의사선생님께서 아이를 전신 마취시킨 후 수술실에 들어가 메스를 대려 하는데 뒤에서 누군가가 "다시 한번 맞추어 보지." 하였습니다.

원래 정형외과 의사들은 뼈를 맞추고 주무르고 해서 치료를 하기도 하지만 '튀어 나오고 산산조각이 난 뼈를 어찌 맞출 수 있을까' 하는 생각도 들었습니다. 그런데 어린아이이고 후유증도 만만치 않으니 다시 한번 주무르고 당기고 해서 뼈를 맞추다 보니 튀어나온 뼈가 신기할 정도로 들어가더랍니다. 퇴원후 두 달 동안 아이는 꼼짝 할 수 없었지만 수술을 하지 않고나을 수 있었던 기적에 대하여 전 항상 고마워하고 있습니다.

어느덧 중간고사가 다가와 아이는 시험을 치르러 부득이학교를 가게 되었습니다. 마지막 시험이 끝나는 날, 교문 밖에서 아이를 기다리고 있던 제게 한 통의 전화가 걸려 왔습니다.

"민우 어머니, 민우가 많이 다쳤는데 어서 오세요."

정신없이 달려가 보니 운동장에 대(大)자로 누워 있는 아이를 보고 숨이 멈추어질 정도로 소스라치게 놀라고 말았습니다.

시험이 끝나고 운동장으로 나오는데 축구공 하나가 '도르르' 굴러 오는 것을 보고 '이 때다' 싶어 오른 발을 들어 공을차는 순간, '뚝' 소리와 함께 고꾸라지고 말았다는 웃지 못할이야기. 119의 도움으로 다시 병원으로 향하였고 수없이 X-ray를 찍고는 고관절이 부러졌다는 결론이 났습니다. 잠시 응급시트에 누워 있던 아이는 전날 밤을 꼬박 새운지라 잠이 들었던가 봅니다.

긴 한숨을 내쉬는 제게 아이는 잠이 깨었는지 "엄마, 나 꿈에절에 다녀왔어." 하지 않겠습니까. 전 시큰둥하게 "넌 그 잠시동안 멀리도 갔다 왔구나." 하며 대답을 하였고, 아들은 법당에가서 부처님 사타구니에 손을 대고 마음속으로 '엄마, 나 잘 있으니 걱정하지 마세요.' 라고 하던 중 잠이 깨었다고 한다.

순간, "민우야, 너 다 나았어. 일어나도 돼. 얼른 걸어 봐." 하는 말이 불쑥 튀어나왔습니다. 아들은 믿기지 않은 듯 잠시 망설였으나, 급기야 일어나선 제법 멀리에 있는 화장실까지 다녀오는 희한한 일이 벌어지고 말았습니다.

불자 여러분, 이렇게 믿기지 않는 일들이 저희 집에서 일어나고 있습니다. 저희 가족은 항상 부처님께 감사드리며 부처님의 가피가 함께 한다는 믿음으로 열심히 기도 정진하고 있습니다. 그러나 이것이 시련의 끝은 아니었습니다.

2000년 제게 또 한 번 커다란 시련이 다가왔습니다. 좌우 가슴에 종양이 4개씩 생겨서 절제하기도 그렇고 치료를 해 보아야 할 것 같다는 비극적인 통보를 받게 되었습니다.

'부처님, 삶에 커다란 애착은 없습니다. 사는 그 순간 그 날까지 최선을 다할 뿐입니다. 전 이제 죽어도 아무런 여한이 없으며 진실로 행복하였습니다. 제가 불자인데 어찌 생과 사를 둘로 보겠습니까. 이렇게 기도하다 죽겠습니다.' 하며 더욱 더 저 자신을 탁마하여 갔습니다.

그러던 중 2001년 1월 1일 새벽 두 시, 저는 깜짝 놀라 잠에서 깨었습니다. 꿈인즉 너무나 해괴하고 망측해서 감히 입에 담을 수 없었습니다. 아무도 없는 법당에 제가 갈색의 가운을 입고 부처님을 지그시 바라보고 있었습니다.

법당 문이 열리고 가사 장삼을 수하신 스님 한 분이 제 앞으로 다가오시더니 저의 두 가슴을 칼로 후벼 파듯이 잡아 당기셨습니다. 놀라 깨어보니 꿈이었고 며칠 후 병원에서 사진과 초음파 검사를 받고 의사와 저는 깜짝 놀랐습니다. 제 가슴에 있던 종양이 감쪽같이 사라졌다는 믿지 못할 상황이 벌어졌습니다. 지난해 4월, 7월 다시 재검사를 하였는데 정상으로 나왔던 것입니다.

부처님 말씀에 "죄의 자성 본래 없고, 병 또한 원래 있는 것이 아니며, 우리의 마음이 죄도 병도 그 모든 것을 짓고 만든다."고 하셨습니다.

모든 법이 공(空)하다는 입장에서 본다면 이 모든 것이 꿈같이 존재하는 것이지 실상은 없는 것입니다. 본래 한 물건도 없으며 다만 존재하는 것은 우리의 진여불성(眞如佛性)만이 상주불멸(常住不滅)하는 것입니다.

사랑하는 나의 부처님이시여, 대자대비 관세음이시여, 제가 부처님을 만난 것이 더 없는 행복입니다. 제가 불자라는 것이 최상의 기쁨입니다. 세세생생 당신과 함께하여지이다. 나무 마하반야바라밀.

-조계종 포교사, 월간 「포교사단보」 편집위원,
월간 불광 창간 30주년 신행수기 입선, 월간 불광 2005년 4월호

삶과 죽음의
화두 속에서 만난 부처님

김해숙

나는 "부처님, 감사합니다"로 하루를 열고 닫는다. 부처님의 가피는 향내가 온 집안에 배어들듯이 항상 함께하는 것이기에 뭐라고 표현하기가 힘들다. 하지만 나는 부처님의 가피와 그 크고 넓은 진리를 확실히 알고 있기에 만나는 사람에게 부처님의 말씀을 일러주고 싶어 한다. 그래서인지 우리 약국에는 불자들과 타종교 선교사들의 전도 방문이 줄을 이어 어느샌가 동네 사랑방이 되었다.

날이면 날마다 많은 이들과 이런 얘기 저런 얘기 이야기꽃을 피우는데, 특히 부처님에 대한 이야기를 나눌 때면 나도 모르는 사이에 신바람이 나서 목소리가 커진다. 오늘만 해도 한 보살님이 "보살님 참 대단하요. 접때 전도사님이 한마디도 못하고 돌아가는 것을 보니 내 속이 다 후련했소."라는 말에 "아 지

피지기면 백전백승이라고 안 했소? 내가 왕년에 10년 동안 집사도 했고, 신학교까지 나왔는디 아 새파란 전도사한테 지겠소?" 해서 좌중이 한바탕 박장대소를 했다.

불법을 만나기 전에 나는 새벽예배를 빠지지 않고 다닐 정도로 열정적인 기독교 신자였었다. 우리 나이 또래, 특히 신학문을 했다는 이들은 학교교육을 통해 은연 중 서양 것은 좋은 것이라고 주입받았기에 서양을 동경하였고, 그에 비례해서 서양에서 온 종교를 선호했던 것 같다. 나 역시 친정어머님은 독실한 불자임에도 불구하고 교회를 다녔었다. 게다가 결혼해서 보니 시어머님을 위시해서 시댁 식구들이 다 교회를 다니는데다 광주에서 살다 타향인 서울로 와서 살다 보니 외롭고 허전해서 더욱 열심히 교회에 다녔던 것이다.

그렇게 독실한 기독교신자이던 내가 불교를 믿게 된 것은 당시 해병 대령이었던 형부의 갑작스러운 죽음을 대하면서 갖게 되었던 삶과 죽음이라는 화두에서 비롯되었다. 정말 그 이전까지는 눈앞에 당장 사는 것만 생각했지 죽음에 대해서는 전혀 생각하지 않았었다. 교회에 다니면서도 막연하게 하나님 믿으면 죽어서 천당 가는 것으로만 생각했지 심각하게 죽음에 대해 생각해 본 적은 없었던 것이다.

사람이 죽으면 어디로 가는가? 만약 기독교에서 주장하는 것처럼 하나님을 믿어야 천국 간다면 하나님을 믿지 않은 수많은 사람들은 다 어디로 가는가? 기독교가 이 땅에 들어오기 전에 사셨던 우리의 조상들은 다 어디에 있는가? 말할 수 없이 진실하고 성실하고 이웃들로부터 존경받던 형부는 어디로 돌아갔는가? 교회를 안 다녔으니 지옥의 유황불에 떨어진단 말인가? 그건 말도 안 된다. 그토록 착하고 아름다운 성품을 지닌 사람이 단지 교회를 다니지 않았다는 이유 하나만으로 지옥에 간다면 그것은 독설에 불과한 것이다.

형부의 죽음 앞에서 기독교도였던 나의 이 말할 수 없는 의문은 꼬리에 꼬리를 물고 이어졌다. 새벽기도에 가서 울면서 통성기도도 올렸다. 그러나 아무리 기도를 해도 해답이 안 나왔다.

그런 상황 속에서 시간은 흘러, 언니의 청으로 해병대 법당인 통해사에서 지내는 형부의 49재에 참석하게 되었다. 나중에 알고 보니 신묘장구대다라니였는데 처음에 들을 때는 '웬 귀신 씨나락 까먹는 소리' 했는데 들으면 들을수록 마음이 편안해지는 게 참으로 신기할 뿐이었다.

그리고 스님의 염불소리에 맞춰 49재 동참자 전원이 아미타불 염송을 하는데 마음이 푸근히 가라앉는 게 그렇게 좋을 수가 없었다. 그 평온한 마음을 어떻게 설명할 수 있을까? 여태까지 교회에 다닐 때는 한 번도 느낄 수 없었던 것이었다. 또한 스님께서 설법을 하시는데 형부의 죽음 이후로 갖고 있었던 의문이 눈 녹듯이 사라졌다.

"이 세상에 태어난 모든 것은 언젠가는 다 소멸한다. 세상에 태어난 것도 인연의 소치이고 세상을 떠나는 것도 인연의 소치이다. 영가께서는 비록 짧은 생이었지만 그 누구보다도 훌륭한 삶을 보여 주셨다. 사바세계와의 인연이 짧아 일찍 가셨으나 영가께서 일생 동안 자비심으로 보살행을 하고 지극한 수행생활로 뭇 사람들의 모범이 되었으니 그 선업, 그 공덕으로 말미암아 극락세계 연화대에 태어나실 것이다. 유족들께서도 이별의 슬픔보다는 영가의 극락왕생을 기원하면서 영가의 뜻을 세상에 펼 수 있도록 열심히 보살행을 닦기 바란다."는 스님의 설법을 듣는데 전율이 흘렀다.

특히 누구든지 자기가 지은 업대로 다음 세상에 태어나는데 형부는 평소 좋은 일과 수행을 많이 했기 때문에 극락왕생할 것이라는 말씀에 고개가 절로 끄덕여졌다. 단지 교회에 다니지 않았다고 해서 지옥에 떨어진다는 교리에 비하면 얼마나 합리적이고 자비로우며 윤리적인 말씀인가 싶어서 수긍이 갔던 것이다. 또한 모든 사람들이 콩 심은 데 콩 나고 팥 심은 데 팥 나듯이 불교의 인과법을 믿는다면 세상사의 혼란스러운 일이 적어지지 않을까 싶었다. 모든 게 자기가 심은 것, 자기 자신에서 연유한 것인데 누구를 원망하며 누구를 탓하랴.

어쨌든 나는 그날 불자로 다시 태어났다. 그 뒤로 불교를 배우기 위해서 닥치는 대로 책을 읽었다. 인과경을 읽으면서 참회의 눈물을 흘리기도 했고, 반야심경과 천수경을 외우는 사이에 삶과 죽음에 대한 명쾌한 해답을 얻었다. 삶과 죽음이 둘이 아닌 이치를 어렴풋이나마 깨달은 날 날아갈 듯 환희로

왔다.

그 뒤로 이웃집 보살님의 인도로 본격적으로 절에 다니기 시작했고, 그 옛날 교회 다니던 열성 못지않게 열심히 절에 다녔다. 마음에서 우러나와 전법도 많이 했다.

불교신자가 되고나서 나에게 많은 변화가 왔다. 일단 말할 수 없이 조급했던 마음이 느긋해지고 편안해졌다. 특히 재물에 대한 집착도 없어졌다. 버리면 얻는다더니 재물에 대한 욕심이 끝이 없을 때는 재산상의 손해를 많이 보았는데, 욕심을 버리니 오히려 가산이 날로날로 불어나 예전보다 훨씬 더 풍요로워졌다. 그리고 무엇보다도 육체적으로도 매우 건강해졌다. 예전에는 파출부가 하루도 오지 않으면 병이 날 지경이었는데 요즘에는 가사일까지 대부분 내가 하고 있다.

또한 약국을 하다보면 별 사람이 다 온다. 남편이 약국 주변에는 얼씬도 안 하다 보니 과부인 줄 알고 일부러 찾아와 애를 먹이려는 이들이 있었는데, 그런 사람들이 올 때마다 그저 관세음보살을 염송하고 있노라면 아무 소리도 안 하고 슬그머니 사라진 적이 한두 번이 아니다. 그처럼 천수경의 '악심자조복(惡心自調伏)'이라는 말씀이 구체적인 현실로 드러나는 경험을 너무도 많이 하였기에 부처님께 감사 또 감사할 뿐이다.

또한 남편과의 사이도 매우 좋아졌고, 시댁식구들과의 갈등도 눈 녹듯이 사라졌다. 종가집의 8남매 중 장남과 결혼하고 보니 그야말로 말도 많고 탈도 많았다. 내 성질도 보통은 넘는데다 남편 또한 다혈질이어서 늘 티격태격하곤 했다. 결혼한 이

후로 남편과 시댁 식구들 사이에서 하루도 편한 날이 없었다.

그런데 불교를 알고부터 내 주변 이웃들 하나하나가 모두 다 소중한 인연이고, 특히 남편과 시댁식구가 얼마나 큰 인연인지를 생각하니 저절로 잘해주어야겠다는 생각이 들었다. 특히 옥야경을 읽은 감동으로 절 삼배를 올리며 진심으로 남편을 존중하니 우리 가정에 진정한 평화가 찾아왔고 딸과 아들도 올곧게 잘 성장해 주었다.

그렇듯 얽힌 실타래를 풀 듯 인연의 실타리를 풀어가면서 주어진 그 자리에서 최선을 다해 살아가니 대부분의 친지들이 개종하였다. 처음에는 개종하면 혹시 벌을 받지 않을까 망설이는 친지들도 있었으나 내 삶의 변화를 보고 기꺼이 개종하였고, 신기한 것은 불법(佛法)의 품안에 든 후 표가 날 정도로 부처님의 가피를 입어 하는 일마다 잘 풀리니 친지들이 불법으로 인도해준 내게 무척 고마워한다.

불자가 되고 나서 행복하게 변한 내 인생, 그 중에서도 가장 큰 것은 내 마음의 변화일 것이다. 나는 사실 어릴 때부터 짐짓 잘난체하는 마음, 한마디로 교만심이 그득했었다. 그러나 부처님의 말씀을 통해 나는 겸손해졌고, 모든 사람들에게 불성이 있다는 것을 인정하게 되었다. 그 뒤로는 모든 이를 평등하게 대했고, 그러다 보니 자연 주변에 사람이 많아 항상 더불어 사는 기쁨을 누릴 수 있게 되었으니 이보다 큰 가피가 없다.

나는 모든 중생이 부처가 될 수 있다는 희망과 모든 이들에게 평등심을 갖게 해 주신 부처님께 오늘도 감사드린다. 부처님을 만나지 못했던들 오늘날까지 남을 무시하는 업장을 짓고 살았을 것이니 얼마나 감사한가. 그 감사한 마음이 지극하기 때문에 오늘도 나는 포교사 하면 성공하겠다는 소리까지 들으며 전법하고 있는 것이다. 이 기회에 불자들에게 꼭 말해주고 싶은 것은 타종교 신자에 비해 불자들이 교리공부, 기도, 전법에 너무 소극적이지 않은가 하는 점이다.

그러나 나는 확신한다. 부처님 말씀대로 살아가는 이들이 점점 많아질 때 이 세상은 항상 맑고 깨끗한 불국정토가 될 것이라는 것을. 내 마음의 평화와 세상의 평화를 위해서라도 적극적으로 전법해야 할 것이다. 자기가 있는 바로 그 자리에서 최선을 다해 살아가면서 은은한 부처님의 향기를 보낼 때 한 사람 두 사람 그 향기에 훈습되어 불국정토는 열려올 것이라는 믿음을 갖고 나는 오늘도 약과 함께 부처님의 말씀을 전하고 있다.

-약사, 월간 불광 1999년 7월호

# 마하반야바라밀
염송 공덕

국승모

월간 불광과 만난 지도 16년이란 세월이 흘렀습니다. 이곳 미국 시카고에 와서도 매월 월간 불광을 받아 오고 있습니다. 첫머리부터 월간 불광을 언급하는 이유는 불교를 내 마음의 종교로 받아들이고 처음으로 읽게 된 종교 월간지로서 제 신앙과 믿음의 길잡이이기 때문입니다.

불자들에게 그 동안 겪었던 신행 공덕을 알려서 좀더 확실한 믿음을 나누고자 불광지에 글을 싣고 싶었는데 이번에 큰스님(광덕 스님)께서 이곳 시카고에 오신 것을 계기로 붓을 들었습니다.

독실한 불교신자였던 부모님 따라 어릴 때부터 절에 갔지만 신행생활을 한 것은 아니었습니다. 각종 신상명세서의 종교란에는 불교라고 적으면서도 불교가 무엇인지, 부처님께 왜 절하는지도 모르고 지냈습니다. 그러다가 나이 40세가 되면서 부쩍 종교에 대한 관심이 커져 이 종교 저 종교에 대해 여러 가지로 알아보았습니다.

집사람과 함께 전 세계에서 신도 수가 제일 많다는 교회를 찾아갔습니다. 교인들의 목회 광경을 보면서 아연실색했습니다. 소리치고 노래하고 울부짖는 모습이 이상하게만 보였고, 도저히 그 종교와 호흡을 같이할 수 없다는 생각만 가지고 돌아왔습니다.

그 뒤 집 근처의 봉운사에 나갔는데 전생인연인지, 어려서 부모님 따라 절에 갔던 기억 때문인지 전혀 생소하지 않고 평안한 마음이 들어 다니게 되었습니다. 그야말로 자발적으로 왔다 갔다 하는 법회였고 누구 하나 아는 체하는 사람도 없이 조용히 법회에 다녔습니다. 그러다가 어느 날 석촌호수 근처에 새로 지은 듯한 절 건물을 보고 마음이 끌렸습니다. 봉운사는 장소가 비좁아 밖에서 법회를 보곤 했는데 새로 지은 절에 가면 좀더 넓고 신선하겠다 싶어서 그 다음 일요일엔 그 절(잠실불광사)을 찾았는데 우리 속담에 '가는 날이 장날'이라고 하듯 그날이 봉불식을 봉행하는 날이었습니다. 부처님 모시는 날에 처음 갔다는 것이 말할 수 없이 기뻤습니다.

또한 봉운사에 다닐 때는 여자신도가 태반이었는데 불광사는 거의 반반이랄 정도로 남자신도가 많아서 보기에도 좋았습니다. 그런데 법회 도중 마하반야바라밀 염송을 열심히 따라서 하긴 했어도 좀 이상하다는 생각이 들었습니다. '마하반야바라밀', 이 일곱 자 단어가 하도 생소해서 제 처에게 "사이비불교 인지 모르겠다."고 속삭이면서 좀더 다니면서 관찰해보자고 했는데, 다니면서 불광사야말로 알기 쉽게 불교를 가르쳐 주는 최고의 정법도량이라는 것을 깨달았습니다.

"마하반야바라밀은 반야심경의 첫 제목이요, 부처님, 관세음보살, 지장보살 등 제불보살이 나오신 불모(佛母)"라는 큰스님의 법문을 듣고 마하반야바라밀은 어느 존칭에도 치우치지 않는 최상승, 절대무한의 주문이라는 것을 알고부터 열심히 염송했습니다.

사람이 살다보면 자연히 누군가에 의지하고 싶은 생각이 듭니다. 저도 그 당시 하는 일이 잘 되지 않아 무엇인가 의지하고 싶었고, 그렇기 때문에 더욱 열심히 신행생활을 했습니다. 매일 천수경 독경과 반야심경 독송을 하고, 마하반야바라밀 염송을 했습니다. 마하반야바라밀, 이 일곱 자야말로 우주 삼라만상의 근본이며, 일체 만물의 뿌리이며, 언어로 표현할 수 있는 최상급의 말이며, 영원한 시간·무한한 공간 일체의 주인공이며, 모습 없는 반야의 본체라 인식했기 때문에 이 이상 더 큰 의지처가 없다는 확신으로 제 인생의 가장 중요한 보물로 삼은 것입니다.

마하반야바라밀 염송 덕분인지 하는 일마다 잘 풀려 나가기 시작했습니다. 저는 그때 만약 내가 마하반야바라밀을 알지 못했다면 하는 일들이 뜻대로 잘 풀리지 않았을 거라고 굳게 믿었기에 신행생활을 더욱 깊이 하게 되었습니다.

한국에서 그렇게 신행생활을 하다가 미국 플로리다 주의 올랜도로 이민을 왔는데, 당시에 그 곳엔 절이 없어서 저희 가족을 초청해준 형님 가족과 함께 성당에 나가게 되었습니다. 성당의 성모 마리아상이 관세음보살상으로 여겨지고 예수의 십자가상이 부처님의 고행상으로 보여져서 저는 마하반야바라밀을 마음속으로 염하면서 시간을 보냈습니다. 그러면서 인연 있는 종교와 믿음을 가지고 열심히 하면 장차에는 성불을 하든지 천상에 오른다는 것을 깨달았습니다. 우리 마음에 분별심, 차별심이 나면서 그야말로 너와 내가 둘이 되면서부터 중생심이 생겨난다는 것을 알았던 것입니다. 온 우주와 하나가 되어 자기가 신앙하는 바를 마음으로 열심히 염불하면 된다고 믿고 신행생활을 했지만 그래도 절에 가야만 될 것 같아 시카고로 옮겼습니다.

시카고에는 절이 여러 군데 있습니다. 시카고의 절에 다니면서도 제게는 마하반야바라밀밖에 없으므로 마하반야바라밀을 항상 마음에 간직하고 괴로움, 걱정, 근심스러울 때나 즐거울 때나 위험할 때나 마음에 닥쳐오는 생각이 일 때마다 마하반야바라밀을 염했습니다. 사람들은 괴로운 일이 닥쳐오면 근심 걱정만 하는데 이럴 때에 자기가 늘 기도하는 곳에 믿고 맡기면 되는 것은 잊어버립니다. 저는 마하반야바라밀에 모든 것을 맡기고 염하면서 제가 할 수 있는 데까지 노력합니다. 아무리 믿고 의지하는 곳이 있다고 가만히만 있을 수는 없는 것이지요.

10년 전부터 아침마다 백팔참회와 천수다라니, 반야심경, 마하반야바라밀 염송을 해오면서 신심을 좀 더 돈독히 하기 위해 1년에 한 번씩 백일기도를 정해서 해왔습니다.

그런데 8년 전 어느 날 제 직장 동료로 있던 사람이 자기가 하는 가게에서 강도한테 총을 맞고 죽었다는 얘기를 듣는 순간, 그 사람과 함께 일했던 세월이 주마등처럼 지나면서 쇼크를 받았는지 그날부터 이상한 증상이 생겼습니다. 컴컴해지기만 하면 무서워지고 그늘진 곳에는 꼭 무엇이 있는 것 같고, 잘 보이지 않는 곳은 꼭 보고 싶은 충동이 일고, 대낮에 사람들과 얘기하는 동안에도 머리 속에는 무서운 생각이 떠나지 않으며, 심지어 집에서 처와 함께 앉아 있으면서도 무서워서 견딜 수가 없었습니다.

그렇듯 일종의 정신병을 앓고 있으면서도 새벽기도와 마하반야바라밀 염송을 놓지 않았습니다. 그 병을 앓고 있으면서 어느 날 아침 아파트에 있는 피뢰침 역할을 하는 철 파이프가 너무나 보고 싶어(병의 증상임) 가보았습니다. 새벽기도하기 위해 일어났으면 기도나 할 것이지 그 곳엔 왜 가서 사고를 당했는지…. 한쪽 손에 손전등을 들고 한쪽 손으로 철파이프를 만지는데, 손이 철썩같이 붙고 온 몸에 전기가 흘렀습니다. '감전되었구나' 하는 의식은 있는데 몸은 털끝 하나도 움직일 수 없었습니다. 눈이 몸 밖으로 튕겨져 나갈 듯했고, 전기가 온 몸을 사정없이 도는 것을 느꼈습니다.

　짧은 순간 '이제 죽겠구나, 여기 한국 신문에 내가 감전으로 죽었다는 기사가 실리겠구나' 하는 생각까지 하면서도 마하반야바라밀을 염하면서 이 주를 염하고 있으니 나는 절대로 죽지 않을 거라는 확신을 갖고 있었습니다. 설혹 죽는다고 하더라도 마하반야바라밀을 따라간다고 생각하고(의식은 있지만 몸은 꿈쩍도 않는 상태였음), 그 글자 하나하나를 마음으로 지켜보고 있으니 일곱 글자 모두가 형광등 불빛처럼 밝게 보였습니다.

　그렇게 글자를 보고 있노라니 제가 감전될 때 지른 소리를 듣고 둘째 딸(당시 18세) 경희가 쫓아나왔습니다. 원래 경희는 그 시간대에 일어나지 않는데 때마침 그 때 일어나서 제게 왔습니다(그 순간에도 저는 의식으로 듣고 있었고 한편으로는 마하반야바라밀을 염하고 있었음). 그리고는 "아빠 뭐 하세요?" 하며 제 몸에 손을 대다가 "엄마, 전기야." 하면서 스위치를 빼다 말고 다시 꼽고 말았고, 그 때 안사람이 와서 바로 스위치를 뽑아주어 살아날 수 있었습니다. 아마 좀더 시간이 지체되었다면 지금 이 세상에 없을 것입니다.

　그토록 당황스러운 상황에서 안사람이 응접실 등불 스위치를 끈 일, 스탠드 등의 전기에 감전되었다고 빠른 판단으로 전기연결구를 빼준 것은 비록 제 안사람이 했다 하더라도 이는 예사로 넘길 수 없는 일이라고 봅니다. 제가 감전되어 있는 순간에도 마하반야바라밀을 지심으로 했기 때문에, 아니 좀더 확실히 말해서 마하반야바라밀에 완전히 믿고 맡긴 까닭에 진리의 세계에서부터 저에게 크신 위신력을 보내주어 저희 안사람을 통해서 살려준 것이라 굳게 믿습니다.

위와 같은 일은 신앙이 있는 사람들은 이해할 수 있을 것입니다. 제가 마하반야바라밀 기도를 늘상 하고 살기 때문에 제 생각, 행동, 말하는 것까지도 마하반야바라밀이라고 믿게 된 다른 체험도 많습니다.

지장기도를 해본 적이 없기 때문에 제가 다니는 시카고 불타사 홍선 스님에게 지장기도요목을 여쭈었습니다(감전사고 및 집안에 우환이 찾아들기 약 6개월 전). 사실 한 번도 찾지 않았던 지장보살님을 갑자기 아쉬워서 찾는다면 도리가 아니라 생각하고 미리미리 기도를 하자는 뜻으로 지장백일기도를 했습니다. 지장기도가 끝나갈 무렵, 직장에서 제 안사람이 고혈압으로 쓰러졌다는 소식을 듣고 집에 오는 도중 차안에서 그야말로 지장보살을 열심히 부르면서 집에 오니 지장보살님의 가피로 위험한 순간은 넘기었습니다. 바로 이런 일들을 예견했던 것 같습니다.

그 뒤로 얼마 지나지 않아 제가 전기에 감전당하고, 안사람이 고혈압에서 심장병, 류마티스 관절염으로 병이 줄을 잇더니 급기야 자궁암에 걸린 것을 알고 병원에 갔습니다. 진단결과 2기 초로 약물치료요법과 방사선치료를 겸해 온 지 이제 3년이 지났는데 지금도 정기진단을 받아오고 있습니다. 이러한 제 안사람을 에워싸고 있는 병들과 제가 당한 사고 및 주어지는 모든 시련을 시련으로 보지 않습니다.

항상 마하반야바라밀에 감사하고 절대로 원망이나 절망 같은 것은 하지 않습니다. 원래로 나의 육신은 마하반야바라밀로 되어 있고 온 세상 만물이 마하반야바라밀이 근본인데, 우주 안의 티끌과 같이 작은 인간이 여러 가지로 일어나는 인생살이에 매달려 걱정, 근심, 괴로움, 슬픔을 당한다고 안달복달한다는 것 자체가 가소로운 일이라 생각합니다. 그저 한 조각 흰 구름이나 파도에 부서지는 흰 물거품같이 인연 따라 생겨났다가 돌아가는 것이라 담담히 생각할 뿐입니다.

거듭 강조하지만, '모든 것이 마하반야바라밀이다' 인식하고 믿고 맡기는 생활을 해오면서 느낀 것은, 의심치 않고 믿고 맡기는 가운데 위신력이 생겨나는 것이 확실하다는 것입니다. 마하반야바라밀은 어느 종교에서 말하는 전지전능한 신도 아니며 보이지 않는 큰 유일신도 아닙니다. 그저 내 몸 안의 보이지도 않고 모습 없는 진실한 내 생명이며, 일체 만물의 뿌리이며 일체 제불보살의 어머니이며, 온 세상의 주인공이므로 우리가 종교로서 신앙하는 모든 것에 우선하는 것이라 봅니다. 그저 마하반야바라밀밖에 없습니다. 일곱 글자 그대로가 신기로운 주며 밝은 주며 위없는 주며 등에 등 없는 주입니다.

실로 행복은 어디서 따로 오는 것이 아니고 누군가가 도와주거나 밀어주는 것이 아닌 자기 자신, 바로 내 마음이 그렇게 하는 것이라 생각하고 내 마음을 바로 세우는 것이 중요하다고 봅니다. 모든 불자님들께서 마하반야바라밀은 진실한 내 생명이며 진실한 부처님이심을 믿고 의지하시며 행복한 삶을 누리시길 빌며 이 글을 마칩니다.

-미국 시카고 거주 불자, 월간 불광 1998년 11월호

수틀 속에 있는 부처님

홍임란

먼저 이렇게 마음을 가다듬고 앉아 글을 쓸 수 있게 해주신 부처님께 감사드립니다. 새벽 2시, 꽤 오랜만에 수틀 앞에 앉아 바늘을 잡고 내 본연의 자세로 돌아왔나 봅니다. 생계의 전부인 자수를 오랜만에 다시 잡았으니, 그 동안 저의 마음은 좌절과 의욕상실로 황폐해지고 지쳐 있었습니다. 평소에 그토록 믿고 의지하던 부처님 생각조차 나질 않았고 만사가 무의미했으니까요.

그러니까 부처님을 가까이 하게 된 것은 첫딸의 백일 후였으니까 제 나이 32세 되던 해 겨울이었습니다. 그 이전에는 불교라는 이름만 알았습니다. 어쩌다 산사에 갈 기회가 있었어도 무엇 때문에 합장하는지 왜 절을 하는지 알 수가 없었고, 가슴에 와 닿는 것이 없었지요. 그러던 어느 날 우연히 시집간 언니 집에 놀러 갔다가 처음으로 카세트에서 들려오는 염불소리를 들었으며 부처님 말씀이 수록된 불교서적을 받게 되었습니다. 그때부터 불교에 관심을 가지게 되었습니다.

그 당시 저는 젖먹이 딸 하나를 키우고 있던 미혼모였습니다. 결혼을 약속했던 사람이 기혼자였다는 사실을 뒤늦게 알았고, 이미 딸애를 낳은 뒤였습니다. 그 후 혼자 애를 키우며 살아갈 결심을 했으나 젖먹이를 데리고는 아무 것도 할 수가 없었지요. 처녀시절 운영했던 수예점은 애 아빠 만나서 전부 스러져 버렸고, 친정식구들 뵈올 면목조차 없어 집에는 도저히 들어갈 수 없었으니 제가 기댈 곳은 아무 데도 없었습니다.

간신히 친정어머니에게 애를 부탁하고 지방으로 내려갔습니다. 돈을 벌어 운전이라도 배워 영업용 택시라도 해보겠다는 결심으로 애를 떼어놓고 무작정 떠났습니다. 먹고 자며 일할 수 있는 일이라면 두려울 것도 창피스러운 것도 없을 만큼 저는 이미 여자를 포기한 자세로 굳어져 있었습니다. 자존심 따위? 그까짓 것 모두 버릴 수 있었지만 젖먹이를 떼어놓은 고통은 견디기 힘들었습니다. 그 때마다 제가 찾은 것이 가방 속에 넣고 다니던 불서였고, 괴로울 때마다 천수경을 외우며 부처님께 빌었습니다.

양력 정월 초하루! 객지에서 맞는 정초는 더없이 쓸쓸했습니다. 갈 곳 없던 저는 근처 산사를 찾았습니다. 양초 두 자루와 향 한 통을 사들고…. 그 날따라 왜 그리도 날씨는 춥던지,

난생 처음 찾아가는 절이었는데 아마 10리는 되지 않았나 싶습니다. 산중턱에 자리잡은 조그만 암자는 썰렁하기 그지없었고 초라했습니다. 저는 격식도 방법도 모르는 채 법당문을 열고 들어가 추운 줄도 모르고 절을 하기 시작했습니다. 염주도 가지고 있지 않았던 저는 하나 둘 세면서 처음으로 부처님께 108배 절을 했습니다. 그 때 제 마음속 간절한 소원은 하루속히 딸애 곁으로 돌아가는 것뿐이었기에 처음 하는 절이었지만 힘든 줄 모르고 부처님께 간절히 소원을 빌었습니다. 아무튼 제 소원대로 딸애 곁으로 돌아올 수 있었고 부처님을 향한 믿음에 확신을 갖게 되었습니다.

그 후 딸애와 단둘이 살겠다던 결심이 바뀌게 된 것은, 애가 말을 배우면서 아빠를 찾으며 왜 아빠가 없느냐고 물을 때부터였습니다. 애한테 해줄 말이 없었습니다. 사생아를 만들어야 하는 갈등과 식구들의 권유로 또 다른 사람과 인연이 되어 결혼을 하게 되었습니다. 그러나 미혼모와 총각의 결혼을 시댁 식구들이 환영할 리 없었습니다. 신혼이라고 하지만 항상 가시방석이었고 따가운 시선을 감당하기 어려웠습니다. 열심히 살아가면 사랑으로 결점이 덮어지리라고 믿었던 제 생각은 오산이었습니다.

연쇄적으로 이어지는 가정불화에 그 사람은 다른 여자와 살림을 차려 가출을 해버렸고 그 때 저는 둘째 딸애를 가졌습니다. 그 때 심정을 어떻게 표현해야 할지…. 그 후 두 애들을 데리고 따로 셋방을 얻어 나와 시장에서 수예품 하청을 받아 근근이 생계를 유지하였습니다. 그러던 중 남편이 돌아왔지만 방황은 끝이 나지 않았고, 나는 살아보기 위해 파출부·화장품 외판원 등 갖은 애를 다 써보았지만 생활은 나아지지 않았습니다. 그리고 7년 전 부천으로 이사를 가 그 때 돈 3백만원으로 가게를 세내어 수예점을 시작했습니다.

밤낮없이 노력하여 키운 사업은 4년 만에 40평짜리 자수학원과 공예점, 화랑까지 운영하게 되었고, 고맙게도 딸들은 착하게 잘 자라 주었습니다. 그런데 온갖 정성을 기울여 이루어 놓았던 사업은 가정불화, 불경기, 건강상실로 흔들리기 시작했고, 남편 또한 겨우 들어간 직장에서 여자문제로 구속까지 당하는 일이 벌어지고 말았습니다. 미움은 접어둔 채 경찰서로 법원으로 쫓아다니며 해결해 보려고 다니다보니 학원·가게는 돌볼 틈도 없었습니다. 견디기 힘들 때마다 부처님을 찾으며 그 사람을 위해 기도도 해 보았지만 불가항력이었습니다.

끝내 저는 이혼을 요구했고 격심한 충돌로 인해 말로만 듣던 실어증에 걸리고 말았습니다. 화랑과 수예점도 문을 닫은 채 유명하다는 한의원·병원으로 옮겨 다녔지만 나아지지 않았습니다. 그해 10월 끝내 이혼을 하였고, 딸들은 제가 키우기로 합의를 보았습니다. 왜 그리도 애들에게 연연했는지 따지고 보면 그것도 일종의 집착일진대 그 집착만큼은 버릴 수가 없었습니다. 그 후 수많은 불서를 읽으면서 부처님은 제 삶의 큰 의지가 되었습니다. 매일 절에 나가 염불과 108배를 올리며 백일

불공을 시작했고 머리가 깨지는 것 같은 아픔으로 정신이 혼미해질 때도 많았지만 부처님을 향한 믿음은 변치 않았기에 하루도 거르지 않았습니다.

그 해가 가기 전에 드디어 제 말문이 트여 다시 한번 부처님의 위신력에 합장하니, 흐르는 눈물은 한동안 멈춰지지가 않았습니다. 다시 용기를 얻고 나서 살림은 가게건물 옥상 위에 천막을 치고 옮겨 놓고 빚을 갚기 위해 뛰기 시작했습니다. 여름이면 장마와 태풍으로 몇 번씩 무너지는 천막을 눈물을 삼키며 일으켜 세우고, 겨울이면 전기장판에 의지하면서도 애들과 함께 마음만은 항상 부처님의 가르침을 되새기며 감사하는 마음을 버리지 않았습니다.

그러나 작년 8월 너무 과로한 탓인지 심장질환으로 쓰러진 뒤 실어증이 재발하고 말았습니다. 하지만 당황하지 않고 먼저 마음을 진정시키고 한방치료와 약물치료를 잘해서인지 곧 회복되었지만, 후유증으로 심한 우울증과 의욕상실·좌절감은 심각했습니다. 그 때 삶과 죽음의 기로에서 제가 찾은 것은 또한 부처님이었습니다. 그리고 울면서 기도했습니다.

"대자대비하신 부처님! 죄 많은 여인 전생·이생에 지은 죄 많으나 부디 이끌어 주옵소서. 다시 한번 용기와 의욕을 일깨워 주시어 좌절의 수렁에서 벗어날 수 있도록 천수(千手)로써 이끌어 주옵소서."

그렇게 참회하는 마음으로 낮이나 밤이나 염불로 지냈습니다. 날마다 반복하는 동안 어느새 흐르던 눈물은 거두어지고 마음의 평온을 되찾게 되었습니다. 그날 밤 꿈에 관세음보살님이 보이면서 깨어보니 제 손에 단주가 쥐어져 있었습니다. 그리고 그날 아침 동네의 불자 한 분이 반야심경 6폭 병풍을 수놓아 달라고 주문을 해왔습니다. 아! 관세음보살님 제게 용기와 희망을 주셔서 감사합니다. 그래서 딸들과 절에 가서 철야불공을 드린 후 정성껏 한 땀 한 땀 수를 놓았습니다.

제가 부처님을 만나 배운 것이 있다면 나를 버림과 무소유, 오직 자비를 베푸는 마음이라는 걸 조금은 알게 되었고, 내 자신 불자의 도리를 지키면서 살겠다는 것입니다. 아직 갈 길은 멀지만 제 곁에는 항상 부처님이 계시기에 용기를 갖고 주어진 삶에 최선을 다하렵니다.

나무 관세음보살.

-수예가, 월간 불광 1995년 5월호

아들 스승

김효천

내가 이 세상에 머문 시간은 55년이다. 남편을 만난 것은 26년째이고, 아들을 만난 것은 23년째이다. 돌이켜 생각해보면 만나는 사람 모두가 스승일 수 있었다. 아니, 관세음보살이고 지장보살이고 신장님이었다. 어렵게 만난 아들 역시 마찬가지였다. 물론 딸아이가 대학 1차 시험에 떨어지고 2차에 붙은 충격도 가미되었지만 하나밖에 없는 아들을 자신이 원하는 대학에 보내야겠다는 마음에서 내가 택할 수 있는 유일한 방법은 아들과 같이 공부하는 것이었다.

다른 사람은 절에 가서 백일기도를 하고 입시기도를 하느라 하루에 천배씩도 하는 열의를 보일 때 나는 야간 불교대학에서 강의를 듣느라 바쁘게 다니고 있었다. 뜨거운 줄 알고 쥐는 쇠붙이는 모르는 쪽보다 덜 다친다는 말씀처럼 불교의 실상을 좀 더 알기 위해 불교대학에 입학을 하게 된 것이다. 이론으로 접한 불교교리는 너무도 심오하고 어려워 갈수록 답답했다.

　학기가 끝나자 해탈관에 대한 과제가 주어졌다. 맛만 본 것 같은데 해탈관에 대해 쓰라니 막막할 수밖에 없었다. 곰곰이 생각하다가 깨달음의 경지에 머물렀던 고승들의 법어집과 열반송을 열심히 읽으면서 그 경지 속에 함께 머물기도 해 보았다. 그즈음 하루는 참선을 하고 있는데 무엇인가 체증이 내려앉은 것같이 속이 후련해지면서 온몸의 기가 자유자재로 통하는 것을 느꼈다. 물론 머리가 맑아지고 이제까지 깜깜했던 경전들이 입으로 술술 풀어지면서 거뜬하게 리포트가 작성되었다. 물론 뜻도 제대로 모르는 채였다.

　그 후 삶에 자신감이 들고 그 누구도 두려운 사람이 없어졌다. 어떤 문제가 안 풀릴 때는 절에 가서 108배만 하면 어느덧 후련하게 해답이 풀리곤 했다. 그런데 그 당시 내가 다니던 절에는 신도회가 구성되지 않았었다. 승가의 의미가 화합단체임을 체득한 나는 내가 부처님에게 받은 무한한 힘을 이상적인 불교단체를 만드는 것으로 회향하리라 다짐하였다. 아들딸이 무난히 대학교에 들어간 것이나 남편이 박사학위를 받은 것이나 다 부처님의 가피력임을 긍정하는 이상 자비단체를 꼭 만들고야 말리라 거듭 다짐했다. 다행히도 총무스님으로 오신 분도 같은 뜻이라 쉽게 방생회라는 자비단체도 만들 수가 있었다.

　실천 방안으로 부모님이 돌아가실 때 금강경을 읽어드리고 조위동참을 하기도 하였다. 원하면 화환도 보내기도 하였다.

그 밖에도 일주일에 한 번씩 법문공부도 하고 장학금을 주고, 성지순례도 하고 선방 방문을 하기도 하였다. 4년이란 세월 속에 37명이던 신도가 140명이라는 큰 숫자가 되었다. 후생사업으로 참기름을 짜다 팔았는데 그 수익이 천만 원을 육박했다. 참으로 부처님의 가피력은 한 단체를 자비로써 키워주었다.

이 모든 일이 제대로 될 즈음 아파트가 당첨돼서 분당으로 이사를 오게 되었다. 너무도 많은 일들이 실현되는 것을 보고 스스로 감격하고 있었다. 그러나 자만은 금물이었다. 딸을 시집보내고 나서부터 차츰 몸이 쇠약해지면서 삶의 의욕이 상실돼 가고 있었다. 어느 음식도 제대로 먹을 수 없었다. 모든 음식이 비리고 느글거렸다. 온 몸이 갑갑하고, 가슴은 통증으로 움직일 수 없고, 오른쪽 팔은 마비가 오고 있었다.

그러면 절에 가는 것, 사람을 만나는 것, 이 모두가 의미가 없었다. 병원조차 기피하고 싶었지만 하는 수없이 종합 진찰을 받았다. 자궁 폐쇄증에 무기력증, 장이 약해지는 이상한 병이 진행되고 있었다. 약은 먹으면 전부 토했다. 식구들이 알까봐 조심하면서 죽음의 그림자를 의식하였다. 그런데 한 가지 이상한 것은 죽음이 두렵지가 않았다. 다만 아직 아들을 결혼 못 시킨 불안감이 더 살아야 된다는 안간힘을 쓰게 만들었다. 어떤 경우에도 내 삶의 마지막은 누구에게도 해를 주어서는 안 된다는 강박관념이 들었다. 아들 얼굴만 보면 더더욱 그런 생각이 들면서 안타까워졌다.

만나는 사람마다 수척한 내 얼굴에 관심을 쏟지만 나는 진작

죽을 준비를 하고 있었다. 그러면서 '내가 없는 이 세상에서 나 대신 길을 밝혀줄 불경을 아들에게 남겨야 되겠다'고 생각했다. 그래서 우선 쉽게 금강경 풀이를 하였다. 아주 빨리 터득하라고 사문 사구로 송을 썼다. 부처님 일생도 썼다. 그 분의 삶을 알아야 불교를 안다는 생각 때문에 근본교리를 조금 썼다.

하루는 아들에게 이 글을 읽어보라고 넘겨주었다. 아들은 그 글을 보더니 컴퓨터에 입력하겠다고 자청하였다. 나는 너무나 고마워서 그 날부터 선가귀감의 송을 불렀다. 서산 대사가 후학을 위해 정리해 놓으신 선가귀감은 나에게는 언제나 큰 스승이었기에 그것을 아들에게 읽힐 욕심으로 부지런히 붓으로 옮겼다. 그리고 육조단경, 가장 좋아하는 선종의 육조 스님 말씀을 송으로 붙였다. 힘들다는 생각보다 확실한 자신감에 밤새는 줄도 몰랐다.

어머니를 인정해 주는 것 같은 아들의 눈빛에 너무도 속으로 감격해서 열심히 밥도 먹고 약도 먹고 산에도 가기 시작하였다. 매일 아침 6시에 도서관으로 가는 아들을 배웅하고 곧바로 산에 올라가 나무기둥에 아픈 가슴을 문지르곤 했다. 답답하고 쓰린 가슴이 차츰 골이 터지듯 내려가기 시작하면서 땀이 나고 피가 돌기 시작함을 알았다. 사실 피가 안 돌아 손발이 저려서 머리를 항상 흔들어 피를 돌리곤 하였었다.

팔, 다리, 위장, 얼굴, 머리 어느 곳 하나 아프지 않은 곳이 없었던 온몸이 차츰 가라앉기 시작하였다. 신기하고 이상했다. 더불어 무기력하던 마음에 생기가 나는 것을 알았다. 무엇인가 할 수 있다는 자신감에 못하던 운전도 다시 하게 되고, 그림공부, 붓글씨도 다시 하게 되었다. 영원히 못 쓸 것 같던 행서화체나 난 그림 등이, 이 모두가 언제 그랬느냐는 듯 술술 써졌다.

더욱이 신앙의 자유가 왔다. 성철 스님의 예수도 있고 마리아도 있고 석가도 있는 그 한 자리가 내 눈에도 보였다. 산에 가든지 연수원을 가든지 종교는 가지각색이고 오히려 신흥 종교인 기독교인이 숫자적으로 우세했다. 그러나 나는 그들에게서도 거리감 없는 친숙함을 스스로 맛보면서 다행함을 알았다.

한때는 내 존재를 의심하면서 자식의 성숙도 순간이고 남편의 성공도 잠깐의 위안일 뿐, 병든 나 자신과는 무관한 것이라는 자책감에 자살까지 마음먹었었다. 그러던 내가 다시 나이를 잊고 글을 쓰고, 그림을 그리게 되니 그 기쁨은 이루 말할 수가 없다. 이 모두가 자식 덕분이고 부처님의 말씀을 되씹은 덕분인 것이다. 결국 아들 덕분에 육신에 온 병마를 이겨낸 셈이다. 아들에게 내가 한 불교 공부를 보여야 된다는 일심으로 열심히 먹고 마비된 손을 움직인 결실인 것이다.

무념은 앉아 있는 것에서만 생기는 것이 아니다. 무엇인가 열심히 할 때가 진정한 무념이고 무아임을 알았다. 전에는 불교대학에서 이론으로 부처님 말씀을 이해하였지만 지금은 생활 속에서 문득문득 부처님의 뜻을 터득하게 된다. 이 모두가 진정한 자유를 알게 하고 또 끊임없는 일행삼매(一行三昧)의 닦음을 실천하게 하는 것이다.

만남의 폭이 넓어지고 자유로우니 어디를 가든지 걸리는 것 없고 즐겁기만 하다. 산은 산대로 많은 부처님이 계시고, 거리에 나가면 그 곳이 만다라꽃이 된다. 울긋불긋 성철 스님의 사리처럼 아름다운 구슬이 보는 사람들로 하여금 기쁨을 충만케 한다.

-주부, 월간 불광 2004년 3월호

기도는 될 때까지
하면 된다

이은희

　"기도는 될 때까지 하면 된다."는 우리 주지스님 말씀을 저는 믿습니다. 아니 믿는다는 말보다는 그것은 사실이라는 말이 더 맞을 것 같습니다. 제가 신흥사와 인연을 맺은 지 14년, 수없이 많은 부처님의 가피를 입었지만 무엇보다 주지이신 성일 스님의 두문불출 10년 기도 힘으로 이루어진 신흥사의 엄청난 불사는 정말 불가사의하게 느껴질 정도입니다.

　"불교는 실천의 종교입니다. 그렇기 때문에 기도를 하든지 참회의 절을 하든지, 주력을 하든지 염불을 하든지 참선을 하든지 자기 스스로가 해야 합니다. 우리 마음속에 간직된 불성 안에는 우리가 원하는 모든 보배가 다 갖추어져 있는데 우리는 다겁 생래로 지은 업장이 그 보배 창고를 꽉 둘러싸고 있어서 마음대로 되지 않기 때문입니다. 한마디로 말해서 우리 인생은

자기가 스스로 얼마나 더 노력을 하고 기도를 열심히 하느냐에
따라서 달라지게 마련인 것입니다."

스님께서는 기도는 업과 복과 정성의 차이로 시간이 걸릴
뿐, 기도는 될 때까지 하면 꼭 이루어진다고 하시며, 기도는 절
에서 하거나 집에서 하거나 다섯 가지 원칙을 정해놓고 해야
한다고 하셨습니다. 첫째, 백일이면 백일, 천일이면 천일 기간
을 정했으면 하루도 빼먹지 말고 해야 합니다. 두 번째는 절에
서는 하루 네 번 사분정근으로 기도를 드리지만 집이나 직장에
서는 그렇게 하기 어려우니 최소한 새벽과 저녁 두 번은 해야
합니다. 기도를 하기 위해서는 잠도 줄여야 되고 일도 줄여야
합니다. 잘 것 다 자고 할 것 다 하고는 기도를 못합니다. 세 번
째는 기도 내용인데 천수경 21편 읽고, 관세음보살 천 번 부르
고, 입지발원 한 번 읽고 소원 세 번 발원합니다. 천수경은 대
비주 신묘장구대다라니를 21편 계속 읽고 정근, 관세음보살을
많이 부르고 발원과 축원을 올립니다.

네 번째는 집에서 기도해도 공양을 올려야 합니다. 깨끗한
상에 향, 다기물, 공양미, 기도비를 정성껏 올리고, 기도 끝나
고 나서 다기 물을 먹으면 감로다로 변해 있어서 심신이 맑고
건강해집니다. 공양미, 기도비는 봉투에 모아 두었다가 절에
갖다 올리면 됩니다.

다섯 번째 입재와 회향은 절에 와서 올려야 하는데 공양미,
향, 초, 과일 3가지와 기도비를 준비하여 절에 와서 입재하면
절에서도 매일매일 기도를 해 줍니다 스님께서는 우리가 기도

하고 수행하는 그 주변이 모두 도량이라고 하셨습니다. 도량이 항상 깨끗해야 불보살들이 내려오시고 또 선신이 내려와서 도와주시는 것이기에 몸과 마음을 깨끗이 하고, 주변도 깨끗이 하고, 깨끗한 상에다 향 올리고 다기물 올리고 마지를 올려야 하므로 생미도 올리고, 불전도 올리고 전깃불이 있기 때문에 집에서는 촛불은 켜지 않아도 된다고 합니다.

무엇보다 중요한 것은 기도드릴 때는 첫째 참회하고 감사하는 마음, 둘째 확신(꼭 믿는)하는 마음, 셋째 간절하고 지극한 마음으로 해야 하는 것입니다. 스님께서 일러주신 대로 기도를 하면 다만 그 성취의 시간에 장단이 있을 뿐 정말 그 가피를 꼭 입을 수 있습니다.

여러분께 최근의 제 기도 가피 이야기를 들려드릴까 합니다.

언어영역에서 평소 만점을 받아온 저희 아이가 고3 시절 수능시험장에서 마킹이 틀려 답안지를 다시 받아 옮기는 과정에서 시간이 경과하여 평소보다 50점이 떨어졌습니다. 통곡하는 아이를 무엇이라 위로를 할 수가 없었습니다. 그래서 재수를 결정하고 일 년 동안 정말 열심히 공부하였고 저는 물론이려니와 아이도 열심히 기도하고 노력했어요. 그런데 다음 해 시험장에서 악몽 같은 상황이 똑같이 생긴 거예요. 그래서 어쩔 수 없이 본인이 원하지 않는 학교와 전공을 선택하였습니다.

그 아픔을 겪으면서 너무 많은 것을 얻었어요. 무엇이든 자기가 최고라고 믿는 교만과 자만을 버렸고 다른 사람의 고통을 이해하는 아름다운 마음과 겸손을 배웠습니다. 대학에서도 열심히 공부하여 4.5 만점의 우수한 성적으로 장학금과 학과장님의 격려 속에 학교생활을 마치었죠. 우리의 삶에서 고통이 올 때는 올 만한 이유가 있으므로 우리는 인내하고 기다려야 한다는 교훈을 배운 것이지요.

청년실업률이 단군 이래 최고라는 단어가 유행할 정도로 심각하자 저는 아이의 졸업 일 년을 남기고 기도를 시작했습니다. 엄마가 해줄 수 있는 것은 '아이의 마음가짐과 우리들 인연 가운데 쌓인 업장을 참회하는 것, 또한 내 업장을 닦는 일 그것밖에 없다'고 깨달았기에 졸업을 하고 진학하여 공부를 계속하겠다는 아이에게 아무 말 없이 부처님 전에 취업 발원기도를 하였습니다.

그런데 졸업하고 유학준비를 하던 아이가 제 스스로 취업을 하기 위하여 매일 이력서를 쓰는 것을 바라보며 '기도는 될 때까지 하면 된다.'고 믿는 제 마음은 더욱 분발하기 시작했습니다. 외국계 기업에 30명을 뽑는다는 것을 보고 지원하였는데 8천 명에 가까운 지원자가 몰려 기대도 하지 않았는데 8백 명의 서류통과에 포함되었습니다.

부처님 전에 삼천 배씩 3일간 만 배 기도를 회향하고 1차 시험 5백 명에 통과하였습니다. 신묘장구대다라니 천 독을 하고 2차 시험 3백 명에 통과하고, 아침 저녁 기도시간을 평소보다 더 많이 늘려 기도를 한 지 일주일 후에 3차 시험 60명에 취업 합격된 것입니다.

신흥사 관음전에서 2차 시험을 치르던 날 기도하는 도중 관세음보살님의 상호가 너무 어두워 보이시는 거예요. 그래서 저는 정말 간절한 마음으로 끝없이 그 동안 알게 모르게 지은 모든 업장을 참회하였습니다.

3차 시험을 치르던 날 큰법당 아미타 부처님께서 어두운 모습을 하시어 "제 마음속에 쌓인 업장 허공처럼 비워주시옵소서." 하며 참회의 기도를 하였습니다. 그러자 마음속 깊은 곳에 평온함이 찾아오고 나와 딸아이의 참회의 기도가 더욱 간절하였습니다.

이것은 부처님의 가피력이 아니면 있을 수 없는 일이라 믿습니다. 탐심과 진심, 어리석음의 마음이 비워져야 비로소 간절하게 바라는 바가 채워지는 법이지요. 비록 불교의 근본 목표가 기도 성취에 있는 것이 아니고 성불에 있는 것이지만 우리가 살아가다보면 크고 작은 고난과 역경에 부딪칩니다. 기도는 이러한 어려움이 닥칠 때마다 고난을 해결해나갈 수 있는 지혜와 힘을 줍니다.

스님께서는 부처님의 자비심은 자석과 같고 전기와 같아서 간절한 마음으로 기도할 때 우리의 정성을 끌어당긴다고 하셨습니다. 기도를 통한 기쁨과 환희 속에 감사의 마음으로 살아가게 해주신 스님께 엎드려 감사드리며, 만나는 모든 인연들에게 밝은 미소를 잊지 않는 딸아이에게도 고마움을 전합니다.

-화성 신흥사 관음회 회장, 월간 불광 2004년 2월호

진흙탕 속에서
다시 피어난 연꽃

최영옥

연꽃은 진흙탕 속에서 피어난다고 하였던가요? 그 동안 살아왔던 저의 17년이란 삶은 진흙탕보다도 더 암울하고 어두운 세계였습니다. 남편을 만나기 전까지 마음 고생 모르고 자라오던 저의 결혼 생활은 너무나 힘들고 고통스러웠습니다.

시아버님은 약혼한 지 몇 개월 만에 돌아가셨고 유일하게 제 마음을 헤아려주던 시동생마저 저 세상으로 가버렸습니다. 주춧돌이 없는 집안은 시어머님, 시누이들의 분별없는 행동과 판단 속에서 고통의 시간이 시작되었습니다.

남편의 사업은 점점 기울어져 갔고 시댁 식구들과의 갈등은 점점 커져갔으며 동반자인 남편까지도 술주정과 폭언으로 저를 괴롭혔습니다. 그 와중에도 남편은 저와 상의 한 마디 하지 않고 아파트 대출까지 하여 둘째 시누이의 빚잔치까지 해주었습니다.

하루하루 고통을 견디기엔 역부족이었습니다. 너무도 참기 힘든 고통 속에서 어린 아이 둘을 떼어 놓고 집을 나갔던 것도 몇 번이나 되었습니다. 그러나 총명하고 영특했던 두 아이의 초롱초롱한 눈망울을 바라보면서 오늘날까지 살아왔습니다.

진한 슬픔과 어두운 그림자가 휘몰아치는 순간에도 예쁜 두 아이는 저의 등불이었습니다. 긴 어둠의 터널 속에서 어느덧 큰아들이 고등학교에 진학하게 되었습니다. 기숙사가 있는 학교로 입학하게 되어 집을 정리하고 자꾸만 서쪽으로 이사 가고 싶은 마음이 생겼습니다.

저의 소원대로 서쪽으로 이사를 오게 되었습니다. 이사 온 후에도 남편과의 갈등은 계속되었습니다. 그 동안 쌓인 스트레스로 인하여 저의 마음과 육체는 말이 아니었습니다. 소화기 계통은 계속 탈이 났고 심장은 약해지고 화는 머리끝까지 치솟아 뒤로 넘어지기 일보 직전이었습니다. 그러던 어느 날 군법당인 이곳 계룡대 호국사를 알게 되었습니다. 저는 그 날부터 다짐을 했습니다.

"아무리 싸워도 소득이 없는 남편과의 갈등을 부처님께 의지하여 마음껏 바쳐보자."

때마침 삼칠일 백중 기도를 일주일 남겨 놓은 기도 시간에 부처님을 친견하였습니다. 열심히 하루하루 백팔 배를 하면서 정성껏 지장보살님께 기도를 올렸습니다. 마지막 회향하기 전

날 밤 꿈에 지장보살님은 저에게 나타나셨습니다. 평소에 부처님과 지장보살님을 막연하게 믿어 왔고 아쉬울 때마다 가끔씩 지장보살님의 명호를 불러 왔던 것이 전부였던 저로서는 그 날부터 지장보살님을 더욱 신봉하게 되었고 지장경을 읽기 시작했습니다.

그러던 어느 날 친정아버님이 돌아가셨습니다. 아버님에 대한 슬픔과 불효에 대한 죄의식을 참회하면서 지장보살님을 찾았습니다. 아버님의 극락왕생도 빌었습니다. 지장보살님의 명호를 부르고 지장경을 읽고 있던 어느 날 둘째 시누이한테 전화가 왔습니다. 그 동안 금전 문제와 형제간의 갈등으로 등을 돌리고 살아온 시누이였습니다. 이튿날 시누이는 얼마간의 금전을 가지고 왔습니다. 저에게 따뜻한 말과 사과의 말도 하고 갔습니다. 한 순간 저의 가슴 속에 자리잡았던 시누이에 대한 응어리가 녹아 내렸습니다. 크나큰 고통을 주었던 시누이와의 문제를 해결해 주시고 화해시켜 주신 지장보살님께 다시 한 번 감사드립니다.

새해가 시작되어 일주일간 신중기도에 들어갔습니다. 신중님께 열심히 절을 했습니다. 백팔 배에서 점점 이백 배가 넘도록 절 공양을 계속 올렸습니다. 회향하는 마지막 날 꿈에 신중님께서는 저에게 염주를 선물해 주셨습니다.

얼마 후 부처님의 출가일에서 열반일까지 팔일 기도가 시작되었습니다. 삼 일째 되는 날부터 저에 대한 참회 기도가 나오기 시작하였습니다. 그 동안 시댁 식구와 남편에 대한 험담을 했던 구업의 죄가 부각되어 나타났던 것입니다.

육 일째부터는 원망스럽기만 했던 시어머님에 대한 기도가 나오기 시작했습니다. 그 날부터 시어머님의 업장소멸과 함께 건강하시고 오래 오래 살게 해달라고 매일같이 부처님께 기도 올렸습니다. 시어머님과의 두터운 장벽을 허물어 주시고 마음으로나마 화해와 용서의 길을 만들어 주신 대자대비하신 부처님께 감사한 이 마음 바치옵니다. 그 후 매일같이 부처님을 뵙고 싶은 마음에 새벽 기도를 나가게 되었습니다. 처음에는 무척 힘이 들었지만 그래도 고요하고 청정한 맑은 기운 속에서 금강경 독송과 법사님의 법문, 백팔 배의 절 공양을 마친 후의 느낌이란 말로 형용할 수가 없답니다.

새벽기도를 시작한 지 한 달 남짓, 불심이 가득한 보살님들의 보살핌 속에서 우리나라에서 제일 높은 곳에 부처님이 계시다는 적멸보궁 봉정암에 갔습니다. 첫 수행길이 너무나 힘들어서 죽을 힘을 다해 기도를 올렸습니다.

유난히 공포증이 많은 저로서는 철다리 철 계단이 나타날 때마다 부처님, 지장보살님, 관세음보살님과 모든 불보살님을 머리에 떠올리며 절실한 마음으로 기도하면서 올라갔습니다. 그 와중에도 산행 길에 있는 산천초목, 고목나무와 돌멩이 하나하나 그리고 온갖 삼라만상에 대하여 감사한 마음과 함께 성불하게 해달라는 기도도 했습니다. 신기하게도 공포증이 없어졌습니다.

부처님의 가피 속에서 무사하게 봉정암에 도착했습니다. 부처님의 뇌사리가 모셔져 있다는 사리탑에서 세 분의 법사님, 보살님들과 함께 천팔십 배가 시작되었습니다. 저는 신발이 작은 관계로 발톱이 너무 아파서 삼백 배 가량 하고 눈을 감고 부처님께 참회기도와 함께 소원을 빌었습니다. 눈을 뜨는 순간 부처님의 신비스러운 백색 광명을 보았습니다.

그 후 새벽기도에 참석한 저에게 호국사 부처님과 문수보살님, 보현보살님께서는 찬란한 금빛 광명을 보여주셨고 지장보살님, 신중님 그리고 법당 안의 모든 불보살님께서도 방광을 하고 계셨습니다. 모든 불기(佛器)에서도 방광이 일어났습니다. 갑작스런 일이라서 황홀하기도 하고 기쁘기도 하였지만 그 빛이 장시간 지속될 때는 두렵기도 하였습니다. 한 때 부처님의 광명을 친견했다는 우쭐함과 자만심과 교만한 마음을 내었으며 또한 참회기도를 통하여 하심으로 돌아가기도 하면서 한 걸음 한 걸음 부처님의 세계를 깨닫게 되었습니다.

비를 맞으면서 자연의 정취를 마음껏 느끼면서 두 번째 봉정암에 갔다 왔습니다. 두 번째는 천팔십 배의 절 공양을 올렸습니다. 이번에도 부처님과 불보살님께서는 저에게 더욱 예쁜 광명의 빛을 듬뿍 보여주셨습니다.

처음과 달리 빛에 연연하지 않고 차분한 마음으로 백일기도에 정진하고 있습니다. 지금은 백일기도 기간이라 힘들다는 이유로 새벽기도에 불참하고 있답니다. 어느덧 백일기도 회향이 얼마 남지 않았습니다. 그 동안 무의미하게 보낸 기도시간을 마음 속 깊이 되새기면서 제 나름대로의 원을 세워 보았습니다. 하루에 금강경 삼독과 지장경 일독 그리고 부처님께 일만 번의 절 공양을 백일기도 회향하는 날까지 실천하리라 다짐하였습니다.

저희 집안에는 그 동안 많은 변화가 일어났습니다. 당신 성격이 변해도 너무 많이 변했다고 감격스러워하는 남편은 요즈음 매일같이 반야심경 사경을 한 장씩 정성껏 하고 있습니다. 남편은 앞으로 더욱 열심히 부처님을 믿으라는 후원자 역할을 하기도 한답니다.

아들은 방학을 이용해 기특하게도 새벽기도를 하며 힘겨운 백팔배의 절 공양을 부처님께 올렸고, 얼마 전 부처님에 대한 거부 반응을 나타냈던 딸아이는 새벽기도에 동참하여 백칠십 번의 절을 부처님께 공양 올렸습니다.

저의 건강 상태는 놀랍도록 좋아졌고 하루하루의 생활이 너무도 행복하답니다. 남편과의 불화도 없어졌습니다. 모든 것이 부처님과 불보살님의 가피를 마음과 피부로 진하게 느끼면서 진흙탕 속에서 다시 피어난 연꽃처럼 도량 좋은 계룡대 호국사 부처님 전에 복 많이 짓고 세세생생 밝은 날과 같이 시봉 잘 하겠습니다. 아울러 계룡대 호국사 군종감이신 이치영 법사님을 비롯하여 주지법사님, 온몸을 다 바쳐 열정적으로 기도하시어 중생에게 뭉클함을 느끼게 하시는 설동영 법사님과 모든 법사님 그리고 연꽃처럼 아름답게 호국사를 빛내 주시는 보살님들께 감사드립니다. -주부, 월간 불광 2000년 3월호

기도하면 활로가 생긴다

최혜숙

지금 생각해보아도 그건 기이한 인연입니다. 왜냐하면 셋째 아들 생일에 당신이 돌아가실 것을 예감하셨고, 셋째 며느리 생일 오후 1시에 눈을 감으셨습니다. 그리고 운명하신 지 100일 되는 날은 생전의 당신 생신이었습니다. 3년 전의 일입니다.

제가 생각한 결혼생활과 현실생활과는 너무 동떨어진 느낌이었고, 갈등에 빠져 허우적거리면서 세 아이의 어미가 되었지요. 시댁 사람들은 종교에 대한 개념이 없었습니다. 절에 가는 것조차 용납이 되지 않던 터에 불광사 12주년 법회에 참석하게 되었습니다. 환희 그 자체였지만 빠짐없이 법회에 참석하고자 해도 시간이 허락치 않았습니다. 아무 때나 슬며시 도량에 발을 들여 놓으면 걷잡을 수 없는 환희심에 목이 메입니다. 광덕 큰스님의 "기도하면 활로가 생긴다."는 말씀은 제게 크나큰 도움이 되었습니다.

'시어머니나 남편이 제가 절에 가는 것을 말리지 않도록 도와주십사' 늘 기도하고, 또 '시어머니가 절 미워하지 않게 해 주십사' 하고 기도하면서 시어머니께 꼭 부처님 대하듯 오랜 세월을 한결같이 했던 겁니다.

불교의 가르침이 아니었다면 저는 벌써 이승 사람이 아닙니다. 상대가 내게 거칠게 다가오면 그만큼 내 업장은 소멸될 거라는 그 이치가 저를 성숙시킨 것 같습니다. 그렇게 저렇게 25년이 지나갔고, 3년 전부터 시어머니는 시골에 혼자 계셨습니다.

저는 일주일이 멀다 하고 시어머니를 찾아뵈었고, 이웃 아주머니를 비서로 두게 했고, 늘 냉장고에 먹거리를 두어 마을사람들이 꼬이도록 했습니다. 이웃과 더불어 사시면서 맑은 공기 물 좋고 산 좋은 환경에 늘 건강하게 미소 띤 어머니 모습을 보게 되어 기뻤습니다.

새벽이면 늘 하던 금강경, 반야경 독경 대신에 어머니도 들을 수 있도록 보현행자의 서원을 크게 낭송합니다. 어느새 동네분들한테 셋째 며느리 얘기도 늘어나게 되었습니다. 남편 생일날 음식을 장만해서 저녁식사를 하게 되었는데 그때 어머니께서 "어젯밤에 머리가 너무 아파 청심환 두 알을 먹었는데 지금은 괜찮다."고 하셔서 혈압을 재었더니 너무 높았습니다.

그리고 다음날 아침 잘 드시고 비서노인과 화투놀이를 하다가 "머리가 아파." 하고 누우셨고 그 뒤로 의식이 없었습니다. 자손들이 다 왔습니다. 미국의 딸도 왔습니다.

어머니는 11일간 병원에 계시다 12일째 되는 날 오후 1시에 돌아가셨습니다. 그날은 제 생일이었습니다. 제가 끼고 있던 은으로 만든 '마하반야바라밀' 반지를 끼워 드렸습니다. 장례 치르고 초하루 삭망, 보름 삭망 지내고 일요일이 마침 지장재일이었습니다. 몇 년 전 해 보았던 3,000배를 시작했습니다.

네 명의 김씨(남편, 두 딸, 아들)는 제 모습을 보고 아무 말도 못 합니다. 지금 생각해 보면 그때 그 모습에서 근접할 수 없던 어떤 힘을 느꼈던 것 같습니다. 그리고 잠에 빠졌습니다.

보통 때와 같이 시골 현관에 들어섰습니다. 남자들 5~6명 정도와 여자는 어머니 한 분뿐인데 제 행동을 주시합니다. 늘 하던 대로 화장실부터 청소했습니다. 문을 열고 들어 갔더니 대변을 한 데다 아무렇게 보아 놓아서 마당의 재래식 화장실 안에 휙 던지고 뒤돌아서려는데 기이한 일이 생겼습니다. 맷방석만한 분홍색 연꽃 봉우리가 변소 안에서 솟아 오르더니 활짝 핀 연꽃으로 올라왔습니다.

"이렇게 묘할 수가 있을까." 뒷걸음질치다가 깨었습니다. 꿈이었습니다. 왜 꿈에서 깨었는데 광덕 큰스님이 보입니까? 제 불명을 묘오련(妙悟蓮)이라고 광덕 큰스님께서 지어 주신 것이 생각났습니다.

어느 노보살이 남자들 5~6명은 어머니를 따라 극락에 가려고 오신 것이라고 합니다. 천도되지 않은 영가가 어머니를 따라 극락왕생하셨답니다. 큰시숙, 둘째 시숙 모두 시큰둥했지만 저는 49재를 해 드리면 좋다는 이치를 알고 있기에 남편과 같이 거들어서 봉국사에서 49천도재를 지냈습니다.

일가친지, 도반들로 법당 안이 비좁을 정도로 꽉 찼습니다. 스님께서는 영가법문과 우리들에게까지 법문을 들려주셨습니다. 그 날은 스승의 날이었습니다. 어머니는 제게 인생의 큰 스승이었습니다. 법당의 음식을 나르다가 우연히 바람에 부딪히는 연등의 카드 때문에 위를 올려다 보니까 또 묘한 일이었습니다.

영정 모신 위에 바로 "청신녀 김이분" 어머니 이름 석 자가 눈에 띄었습니다. 우리 집 가족들 이름이 적힌 카드와 연등이었습니다. 4월 초파일 연등을 신청하고도 등이 어느 곳에 있었는지 확인도 안 했었는데 참 묘한 일이었습니다.

그리고 돌아가신 지 100일째 되는 날은 또 어머니 생신이었습니다. 읍내 음식점으로 동네 분들을 모시고 융숭한 대접을 하였습니다. 제가 시집 오던 해 육순잔치 때부터 계속 해마다 환갑잔치하듯 생일잔치를 했었습니다. 마지막 생신은 돌아가신 지 100일째 되는 날로 어머니 얘기들로 시끌벅적했는데 이 것도 참 묘한 생각이 듭니다. 어머니가 당신 돌아가실 날짜를 택일했던 것 같습니다.

셋째 아들 생일날 저녁 늦게까지 많은 얘기를 해 주셨는데 그것이 마지막 유언이 되었습니다. 제게도 긴한 말씀들을 해

주셨는데 평소에 섭섭했던 일들이 일시에 사라졌습니다. 그리고 또 신기한 것은 큰시숙이 정년퇴임하기 며칠 전이 100일 탈상입니다. 조문객이 엄청 많았던 것도 어머니가 택일해 돌아가신 것 같다는 생각이 듭니다.

한 달포 전 미국의 시누이에게서 고맙다는 전화가 왔었습니다. "진심에서 우러난 것이 아니고 며느리라는 의무감에서 했다. 지금 생각하면 너무 죄송스럽다."고 시누이에게 고백하면서 울었습니다.

그리고 고백할 것이 또 하나 있습니다. 언제부터인가 새벽에 일어나면 "남이 짓는 공덕을 기뻐하겠습니다. 설법하여 주시기를 청하겠습니다. 모든 부처님께 이 세상에 오래 계시기를 청하겠습니다. 항상 부처님을 따라 배우겠습니다. 항상 중생을 수순하겠습니다. 지은 바 모든 공덕을 널리 중생에게 회향하겠습니다…"

보현보살 10종 행원의 원제만 독송하여도 구절구절 그 좋은 문구가 머릿속에서 필름처럼 빠르게 지나감을 느낍니다. 그래서 저는 금강경에 버금가는 보현행자의 서원을 가슴 뭉클하게 좋아하면서 늘 독송합니다.

-주부, 월간 불광 2000년 1월호

꿈에서 관세음보살님의 가피를 받다

김갑숙

제가 불광과 인연이 된 지는 매우 오래되었습니다. 불교에 입문하기 훨씬 전부터 「불광」을 구독해왔으니 「불광」이 저를 부처님 품안으로 이끈 스승이라 해도 과언이 아닙니다. 우연히 군법당에서 불광을 접하게 되었는데, 아니 우연이라기보다 마음이 스산하여 문득 법당에 새벽기도를 갔다가 불광을 보고 열심히 구독해왔습니다. 저는 불광을 읽으면서 점차 불자가 되어갔고, 본격적으로 불교에 입문한 지는 3년쯤 되었습니다. 시댁이 기독교 집안이라 불교에 귀의하기가 쉽지 않았습니다. 하지만 절에만 가야 부처님을 만난다는 생각을 버리고 생활 속에서 부처님을 만나려고 노력하며 집에서 열심히 경전을 읽고, 염불하며 기도 정진하고자 100일, 21일 기간을 정해놓고 계율을 지키고자 노력하며 기도를 했습니다.

그러다 보니 반야심경, 천수경 등… 몇 가지의 경전을 달달 외우게 되었습니다. 뜻은 잘 모르지만 아침에 일어나면 예불부터 시작하여 밥을 지으면서도 외우고 무엇을 하든지 머리속에는 '나는 불자'라는 단어를 생각하고 입으로는 경전을 달달 외웠습니다. 그리고 낮에는 금강경 사경하고 하루 종일 기도가 끝나면 불교에 관한 책을 읽으며 불교공부를 하였습니다. 그렇게 하기를 몇 년, 부처님의 가피가 계셨음인지 기독교 집안의 장남인 남편이 절에 나가라고 허락하였습니다. 남편은 지금은 저보다 더 적극적인 불자가 되었으니 그 또한 부처님과 관세음보살님의 가피라 믿어 의심치 않습니다.

저는 얼마 전 원인 모르게 몹시도 아팠습니다. 머리가 쏟아지는 통증에 일어서지도 못하고 누워서만 있어야 했습니다. 그리고 위장병까지 나서 음식만 먹었다 하면 소화를 못 시켜 음식을 제대로 먹지 못하고 고역이 아닐 수 없었습니다. 병원을 제집 드나들듯 하였지만 신경성이라고만 하지 뚜렷한 병명이 없었습니다.

약으로만 의지하던 저는 관세음보살님께 매달려 보기로 하였습니다. 관세음보살님께서는 어떠한 어려움도 다 해결해 주시리라는 믿음을 가지고 생각으론 관세음보살님을 관하고 입으로는 쉬임없이 불렀습니다.

"관세음보살… 관세음보살님 도와주세요." 그렇게 관세음보살님을 부르다 잠이 들었습니다. 그런데 꿈에 관세음보살님께서 저의 옆구리에서 뱀 한 마리를 떼어내려 하는데 그 뱀이 극구 떨어지지 않으려 했습니다. 그런데 관세음보살님께서 힘껏 잡아당겨 떨어지는 뱀을 어느 바위에 던지니 그 바위에 그 뱀이 찰싹 달라붙어 떨어지지 않는 꿈을 꾸고 난 후 다음날 아침에 일어나니 며칠 동안이나 저를 괴롭게 만들던 통증이 언제 아팠느냐는 듯 몸이 날아갈 듯 가뿐하였습니다. 그뿐만이 아니라 저는 관세음보살님의 몽중가피를 많이 받았습니다. 아픔이 있을 때나 어려운 일이 있을 때마다 꿈에 관세음보살님만 나타나시면 어려움이나 아픔이 사라졌습니다. 지면 관계상 일일이 나열할 수 없음이 아쉽습니다.

저는 지금도 관음기도를 하루도 거르지 않고 열심히 하고 있습니다. 부처님의 가피와 관세음보살님의 가호하심이 계시지 않았다면 오늘의 제가 불자로서 어떻게 생활할 수 있을까요? 불법을 만나기 전에는 항상 제 잘못은 없고 상대방에게 잘못이 있는 듯 생각하고 상대방에 대해 미워하고 원망하는 마음을 가지고 생활했는데 불법을 만나고부터는 상대방의 잘못보다 나의 업을 생각하게 되었고, 어려운 일을 당했을 때도 왜 이럴까 하는 마음보다 제 마음을 다시 한번 돌아보고 반성하게 되었습니다.

지금은 시어머님께서도 교회에 나가시지 않으시고 적극적으로 제가 불자로서의 생활을 할 수 있도록 도와주십니다. 시어머니께서는 몇 년 전에 제 손을 잡으시면서 우리 집안을 맏며느리인 저에게 다 맡겨도 되겠다고 하시면서 여러 가지로 큰 힘이 되어주십니다. 일상생활 처처마다 만나는 부처님과 관세음보살님의 가피에 보답코자 불자로서 하루하루 보람 있게 항상 불보살님을 잊지 않고 생활하려 노력하고 있습니다. 앞으로도 열심히 기도 정진하는 불자가 되도록 노력하겠습니다.

-주부, 월간 불광 1999년 5월호

불광(佛光)의 밝은 빛으로 건강과 참 행복을 찾았습니다

고정희

불법을 만나면서부터 남에게 무엇인가를 내보인다는 것 자체가 쑥스럽고, 남에게 보이는 공부보다 숨는 공부를 하고 싶기 때문에 이 글을 쓰면서도 한참 망설였습니다. 그러나 내 삶의 작은 이야기가 다른 불자들의 신행생활에 조금이라도 도움이 되고, 혹 병들어 고통받는 불자가 있어 우리 집안의 이야기가 약간의 힘이라도 되었으면 하는 마음으로 부족하지만 용기를 내보았습니다.

86년도에 첫 걸음을 했으니 불광사에 다닌 지 벌써 만 13년이 되었습니다. 불광사를 다니기 전에 저는 조그마한 암자에 다니면서 불심을 키웠습니다. 초삼일, 관음재일 등 음력 재일에 절에 가서 기도를 하고 돌아오는 길은 뿌듯함보다는 항상 허전한 생각에 사로잡혔습니다. 아는 사람도 없고, 스님은 법

문도 해주시지 않고, 의례적으로 알지도 못하는 기도의식을 그
저 따라하다가 돌아오는 길이었기에 마음속이 그렇듯 공허했
던 것입니다. 그렇게 마음이 뒤숭숭할 때 주위 분의 적극적인
전도로 교회를 다녔습니다. 그들의 사교적인 모습은 보기에도
매우 좋았습니다. 사람들에 끌려서 성경공부도 하고 교회에도
다녔지만 그들의 무조건적이고 맹목적이면서도 열광적인 믿음
은 저를 더욱 불안하게 하였습니다.

"아무리 착한 행을 해도 예수를 믿지 않으면 지옥 간다, 다른
종교에는 구원이 없다."는 그들의 독선적인 말은 제 가슴을 답
답하게 했습니다. 절에 다닐 때는 허전하기는 했어도 평화로웠
습니다. 그런데 교회에 다니면서부터는 왠지 모를 불안감에 휩
싸였습니다. 마음이 평온해지는 것이 아니라 마치 벌 서는 학
생 같은 기분이었습니다. 거사 또한 맹렬하게 반대해서 핑계거
리도 있고, 잘 됐다 싶은 생각에 교회에 나가지 않았습니다.

그러는 가운데 불광사를 만난 것입니다. 불광사에서는 스님
께서 매주 토요일, 일요일 법회 때마다 부처님의 가르침을 설
법해 주셨고, 법우들도 다정하고 모두들 품성이 밝고 따뜻했습
니다. 서로서로 돕고 열심히 봉사활동하는 모습도 매우 보기
좋았습니다. 게다가 체계적으로 불교교육을 한다는 말에 더욱
끌렸습니다.

'내가 몸담을 곳이 바로 여기다' 하는 생각이 들었고, 좋은
절을 만나 훌륭한 스님을 뵈었으니 이제 불교를 맹목적으로 믿
기보다는 공부를 해야겠다는 각오로 불광바라밀과정교육을 수

료하였습니다. 그리고 하루하루 스님께서 일러주신 수행일과를 실천하면서 법주이신 광덕 큰스님께서 번역하신 한글 금강경을 열심히 독송하였습니다. 금강경을 독송하면서 차츰 제 마음의 눈이 밝아졌습니다.

특히 금강경 제 26분 "법신은 상(相)이 아니며, 만약 형상으로 나를 보려거나 음성으로 나를 찾는다면 이 사람은 사도(邪道)를 행함이다. 여래는 능히 보지 못하리라." 하는 대목을 보면서 여태까지 내가 가지고 있었던 불교에 대한 관념이 통째로 무너졌습니다. 불교를 자기 남편, 자기 자식을 위해 부처님상에 빌면서 복을 구하는 기복종교로 알고 있는 이들이 많은데 금강경은 그러한 잘못된 생각을 녹여버렸습니다. 실로 다른 종교에서는 찾을 수 없는 참진리, 참성품의 선언이었습니다. 금강경을 보면서 형상에 집착하지 않고 내 안에 본래 지닌 참진리, 참성품을 찾고자 하는 깊은 믿음을 갖게 되었습니다. 그러는 가운데 제 신행생활을 더욱 굳게 하는 일이 생겼습니다.

'91년도의 일입니다. 우리 거사가 계속 몸이 좋지 않아 떠밀다시피 병원을 찾았는데 상상할 수 없는 진단을 받게 되었습니다. 수술을 해도 6개월밖에 못 산다는 사형선고까지 받았습니다. 오랫동안의 사업상의 스트레스로 인한 지나친 흡연, 과음 등 잘못된 생활습관들이 우리 거사를 이런 궁지로 몰아넣은 것입니다. 우리 부부는 붙들고 울고 또 울면서 절망했습니다. 혹시라도 오진이 아닐까 하는 기대로 서울대병원에서 다시 정밀검사를 해보았지만 결과는 똑같았습니다. 담당의사는 빨리 수술하자고 했지만 저는 당장 수술을 하면 불행한 일이 일어날 것만 같은 불길한 예감에 환자 모르게 담당의사를 찾아가 수술 날짜를 연기해 달라고 부탁했습니다.

일단 환자를 퇴원시켜 통원치료를 하였습니다. 퇴원해서 한 번씩 위력있는 주사를 맞으면서 병이 생기게 된 원인치료를 하였습니다. 그 동안의 생활습관을 바꾸는 것과 열심히 기도하는 것이 최선의 방법이라는 생각뿐이었습니다. 환자와 한몸 한마음이 되어 식생활을 바꾸고, 하루하루 수행일과에 충실했습니다. 환자 당사자인 우리 거사는 108배를 하고 금강경을 독송하면서 저보다도 더 수행을 철저히 하였습니다. 그러면서 환자의 마음은 담담해지고 잠도 편안하게 드니 얼굴에 혈색이 돌고 평화로워 보여 환자가 아닌 도인같이 바뀌어 갔습니다.

그렇게 수술을 8개월 동안 미루면서 사업도 정리하고 공기 좋고 물 좋은 명산대찰을 찾아 참배했습니다. 단풍이 황홀하게 물든 백양사 경내의 법고소리를 들으면서 환희심으로 충만한 거사의 얼굴은 단풍보다 아름다웠습니다. 마음이 그렇게 편하고 좋을 수가 없다는 거사는 정상인보다 더 건강해보였고, 그 이후로 거사는 완전하게 마음의 안정을 찾았습니다.

병원에서 다시 진단한 결과, 8개월 만에 기적적으로 PS수치는 엄청난 수치에서 완전 정상수치로 되었지만 종양을 떼어야 한다고 해서 다시 입원했습니다. 그때 시아버님이 치주종으로 중앙병원에 입원을 했을 때이고, 큰아들은 재수를 하고 있었습니다. 집안에 우환이 겹칠 때 제가 만일 부처님을 안 만났으면 저도 같이 고통 속에 휘말렸을 것입니다.

거사의 입막음으로 아무의 도움도 없이 거사는 오전 7시에 수술실에 들어갔습니다. '회복실에서 병실로 감'이라는 전광판을 바라보니 눈물이 절로 나왔습니다. 가족들은 병실을 떠날 수 없었습니다. 행여나 불행한 사태가 생길까 봐 저는 거사가 수술실로 들어간 다음 병원법당으로 와서 108배를 하고 금강경을 독송하였습니다. 그렇게 금강경 독송을 일곱 번이나 거듭하다 보니 시계는 어느덧 오후 3시를 가리키고 있었습니다.

'의사선생님이 약사여래왕으로 나투시어 한치의 오차도 없이 수술이 잘 될 것'이라는 생각을 하는데 불현듯 불광사 보광당 부처님께서 빙그레 미소짓는 모습이 떠올랐습니다. 그토록 길고 괴로웠던 수술시간을 부처님께 온전히 바치고 나니 찰나 간인 듯싶었고 마음은 편안했으며, 수술이 잘 되었을 것이라는 확신이 들었습니다.

법당에서 기도를 마치고 수술실로 돌아오니 전광판엔 '회복실로 감'이라고 표시되었고, 잠시 뒤 거사가 레카에 실려 나오고 있었습니다. 창백하고 초췌한 거사의 모습을 보면서 생과 사가 이렇게 손바닥의 앞뒤같이 가까운 것이구나 하는 것을 실감했습니다. 수술결과에 마음은 무척 초조했지만 부처님께 모든 것을 바쳤기 때문에 그 긴 하루를 잘 보낼 수 있었습니다.

이튿날, "최선생, 이제는 안심해요. 수술이 참 잘 되었어요. 80도 더 살 겁니다."라는 담당의사의 말을 들으며 우리 부부는 감격의 눈물을 흘렸습니다. 부처님께 감사한 마음뿐이었습니다. 망망대해에 표류된 듯 오로지 거사와 단 둘이 있는 병실에서 40여 일 동안 두려움 없이 편안한 마음으로 간병할 수 있었던 것은 부처님께 기도한 덕분이었습니다. 부처님을 향한 마음이 고통스러운 나날들을 한 순간으로 바꾸었던 것입니다.

거사가 완전히 회복되어 퇴원하면서 우리 부부는 불광 명교사과정 교육도 받고, 나란히 7기생으로 졸업하여 도반들의 부러움을 받기도 하였습니다. 거사는 마지막 작품이라며 살던 집을 심혈을 기울여 재건축했고, 불심도 무르익어 최고공부라는 참선에도 마음을 내었습니다. 고요히 참선하는 거사를 보면 제 마음도 환희롭습니다.

고통이 있었기에 참행복, 참가치를 알았을 뿐만 아니라 불법에 대한 신심도 더욱 다져진 우리 부부는 뜻맞는 도반이 되어 일과처럼 맑고 그윽한 차를 나누면서 일상 속에서 한가로움을 맛보기도 합니다.

"한 잔의 차, 한 조각 마음에서 나왔으니
한 조각 마음, 한잔의 차에 담겼네."

우리 부부에게 진정한 행복의 자리를 만들어준 차를 만난 것도 부처님의 크나큰 선물이고, 불광다경실에서 매주 목요일마다 다도회를 가지며 부처님께 차공양을 올릴 수 있는 영광을 갖게 되었으니 그 기쁨 또한 말로 표현할 수 없을 정도입니다.

오늘도 새벽잠에서 깨어 정결히 몸을 씻고 맑고 맑은 청정수를 올리고 향 하나 올리며 두 손 모아 발원하고 회향합니다.

"나의 생명의 근원이신 부처님, 진리로써 성장시켜주시는 부처님, 부처님께서 항상 함께하시니 완전한 건강과 뜨거운 자비와 빛나는 지혜가 넘쳐흐르고 기쁨이 너울칩니다. 무궁한 성취를 이루도록 도와주시는 부처님 감사합니다."

불자님들, 부처님의 가피는 무궁무진합니다. 햇살보다 더 따사롭습니다. 부처님께서는 이미 우리가 진리의 불성생명임을 확인해주셨습니다. 우리 항상 정진합시다. 슬플 때나 행복할 때나 여여해 질 수 있도록, 우리는 부처님 무량공덕생명임을 믿고 나날이 새로워질 수 있도록 정진합시다.

-불광회 회원, 월간 불광 1998년 12월호

2

나의 삶 나의 불교

어떤 부업의 무한공덕

정찬연

'나무 아미타불 10만 8천 번 사불(寫佛)'

그 풀리지 않는 화두를 동산불교대학에서 받은 지 2년, 한 봇짐이나 되는 분량과 10만 8천이라는 그 엄청난 숫자에 압도되어 처음부터 바쁘다는 핑계로 포기한 채 졸업을 코앞에 두게 되었습니다. 도반들은 거의 마무리 카운트다운 단계에 도달한 것 같았고 그런 도반들 보기가 민망했습니다.

그러던 어느 날 기발한(?) 생각이 떠올랐습니다. 아내에게 SOS를 보냈습니다. 공짜로는 어림도 없고 한 번 사불에 10원씩은 줘야 해보겠노라는 아내의 반응에 즉석에서 계약을 하고 다음날부터 사불에 들어가기로 하였습니다. 잘하면 체면치레 정도의 분량은 사불할 수 있겠다는 생각으로 시작한 것입니다. 그런데 나의 이런 예상은 다음날부터 빗나가기 시작하였습니다.

첫 날 아내는 1,000번을 넘게 사불하였습니다. 첫 날이니까 그럴 수도 있겠다고 넘겼지만 다음 날도 1,000번을 넘어섰고 그 다음 날도 마찬가지였습니다. 사정이 이러하니 심각한 문제에 직면했습니다. 이런 추세로 지불하다가는 나의 비자금으로는 한 달 견디기도 힘들 것이 분명하였습니다. 그렇다고 적당히 하라고 말릴 처지는 더욱 아니었습니다. 방법은 단 한 가지였습니다. 아내가 써야 할 분량을 줄이는 길뿐이었습니다.

첫 날, 둘째 날 부진했던 나는 셋째 날 1,500번을 사불하였습니다. 손가락 사이에 물집이 생기어 고통스러웠지만 알 수 없는 오기와 신심이 생겼습니다. 그 날부터 나는 아내와 경쟁이라도 하듯이 직장의 근무시간과 잠자는 시간 외에는 오로지 나무아미타불만 찾았습니다. 손가락 사이엔 어느새 굳은살이 박히고 몇 백 번 사불하고 나면 시간의 흐름을 몇십 초 오차 내로 정확하게 짚어 낼 정도가 되었습니다. 아내 역시 조금도 뒤지지 않았습니다.

4주가 지난 뒤에는 열심히 하면 10만 8천 번 사불도 가능하리라는 욕심이 생겼습니다. 비자금은 이미 바닥이 났고 내 용돈까지 투자해도 모자라 급기야 후불로 하기로 재약정하니 아내에게 진 빚은 점점 늘어갔습니다. 그런 아내가 밉살스럽기까지 하였습니다. 꿈속에서조차 '나무아미타불' 사불한 원고를 잃어버려 밤새 찾느라 고생한 적이 한두 번이 아니었습니다. 무엇엔가 쫓기듯 그렇게 한 달 보름 만에 10만 8천 번의 마침표를 찍을 수 있었습니다.

아내에게 나의 모든 비자금을 털어가며 이 일을 부탁한 데는 또 다른 이유가 있습니다. 아내는 불교신자가 아닙니다. 아니 정확하게 말하면 가까운 친족 중 불교신자는 나 하나뿐이라고 해야 정확한 표현입니다.

나는 정말 금생에는 불교와의 인연의 끈이 전혀 없었습니다. 부모님이 교회에서 결혼하셨고 신앙생활을 하셨으니 나의 모태 신앙은 기독교입니다. 셋째 작은아버지, 둘째 작은아버지의 아들인 사촌동생, 처가 쪽으로 큰동서가 목사입니다. 둘째 작은아버지께서는 장로이시고, 형수도 목회는 않고 계시지만 신학을 공부하셨습니다.

그러나 나는 스스로 불법과의 인연을 숙세의 인연이라 생각하고 있습니다. 나는 군입대 전까지 육식을 못하였습니다. 냄새가 역겨워 곁에서 식사조차 못하였습니다. 그러나 향연(香煙)은 너무 좋아 지금도 집안의 방향제로 대용할 정도입니다. 남보다 특별히 건강한 건 아니지만 절하는 데는 누구에게도 지지 않을 자신이 있습니다. 철없던 시절부터 먹물옷 입은 스님의 모습이 그렇게 좋았습니다. 처음 불법과의 인연도 스스로 찾아가서 시작한 대불련 활동입니다. 그리고 불교 군종병으로, 또한 직장생활에서도 2개의 직장 불교 신행단체의 창립 멤버로 활동하였습니다.

나는 부처님의 극성팬임을 부정하지 않습니다. 개인적 신행생활에 있어서도 나는 십년 넘게 1년에 1안거 기간만이라도 날마다 1시간씩 참선의 생활화를 하려고 무척이나 노력하였으나 하근기라서 그런지 석 달을 채운 적이 없었습니다.

문제는 지계였습니다. 몇 달 동안 계를 지킨다는 것이 쉽지 않은 일이었습니다. 매년 실패하고 몇 년 전부터 방법을 바꾸어 기간을 줄이고 강도를 높여 매년 연초가 되면 직장생활과 1일 8시간의 수행을 병행하기 위해 새벽 3시면 어김없이 일어나 참회와 지계 그리고 선정의 3대 목표를 세우고 삼칠일을 용맹정진합니다. 1년간 사용할 밧데리를 충전하는 셈입니다. 내가 직장불교 신행단체의 회원들에게 늘 강조하는 게 있다면 그것은 바로 불법의 근본이 기복에 있지 않다면 재가, 출가를 가리지 말고 수행에 임하여야 할 것을 강조합니다. 수행과 지계는 출가자의 전유물이라는 재가자의 관념이 바뀌지 않는다면 한국 불교의 발전 또한 요원할 수밖에 없습니다.

자녀 교육 방법에 있어서도 학생 체벌이 여론화된 적이 있습니다만 저희 집에서는 폭력적인 방법을 지양하고 잘못의 경중에 따라 108배, 1080배 혹은 1주일, 열흘간 108배 등 다양한 메뉴가 준비되어 절과 참회문을 함께 쓰게 하여 반드시 자기의 잘못을 참회토록 합니다. 절은 운동도 되고 체벌의 효과와 정서의 순화도 되니 그야말로 일석삼조인 셈입니다.

또 한 가지는 근검 절약의 실천과 환경보호입니다. 저희집 뒤주 위엔 묘하게 생긴 통이 하나 있는데 '福田函(복전함)'이라는 딱지가 붙어 있습니다. 가족이 날마다 절약한 액수의 돈을 복전함에 넣습니다. 애들 몫은 특별한 일이 없으면 큰놈 몫은 제가, 그리고 작은놈 몫은 아내가 대신 넣어줍니다. 몇 년을 하루도 거른 적이 없습니다. 혹 잊고 넣지 않으면 애들이 더 난리입니다. 그렇게 모은 돈은 1년에 한두 번 가족이 모두 복지시설을 찾아 회향의 자리를 마련하곤 합니다.

또한 나는 우리가 날마다 가장 가까이서 접하게 되는 음식물 쓰레기 문제에 대하여는 애들과 아내와 함께 많은 대화를 합니다. 최고의 방생은 일체 중생의 보금자리인 자연환경의 보호입니다. 흘리고 버리고 남기는 무절제한 생활습관이 우리의 마음을 병들게 하고 우리의 보금자리를 병들게 합니다. 바른 식사 예절과 감사하는 마음이 음식물 쓰레기 문제 해결의 지름길입니다. 아내와 아이들의 협조로 우리 집 음식물 쓰레기의 양은 다른 집과 비교할 수 없을 정도라 자부합니다.

사정이 이러하니 시댁 식구들과 남편의 중간자인 아내의 입장에서 보면 시댁 어른들 눈치 보랴 남편 눈치 보랴 여간 난처한 것이 아닙니다. 물론 저도 아내의 입장을 이해하고 집안의 대소 행사 의례 때 남들 눈에 나지 않도록 기도할 때 기도하고 구태여 예배 시간을 피하고 하는 일은 없습니다. 일가친척이 모두 모이는 자리에서는 그에 충실히 따르고 우리 가족만의 생활에는 불교 중심의 원칙을 정하고 있습니다.

나는 결혼 15년 가까이 되지만 한 번도 아내를 교화하고자 노력한 적이 없었습니다. 본인의 뜻을 존중하여 주었습니다. 아내는 결혼 후 교회는 나가지 않지만 그렇다고 개종한 것도 아닌 어정쩡한 상태입니다. 그런 아내이기에 나는 처음 나무아미타불 사불을 제안할 때에도 그렇게 큰 기대는 하지 않았습니다. 그런데 10만 8천 번 사불을 단기간에 끝내고 보니 그 감회가 새로웠습니다. 날마다 날아갈 듯 몸이 가볍고 기분이 그렇게 좋을 수 없었습니다. 쌀독에서 인심이 난다 하던가요. 마음에 여유가 생겼습니다. 짜증나고 싫증나는 그런 마음이 사라져 버렸습니다. 내가 변하면 세계가 변한다는 것을 실감할 수 있었습니다. 그런데 회향한 지 며칠 후 일입니다. 나는 이 인연 공덕으로 엄청난 불보살님의 가피를 입었습니다.

작년 여름 수도권 일대의 물난리를 기억하실 것입니다. 7월 말 지리산 일대를 휩쓸고 지나간 일명 게릴라성 장마는 끝나는 듯하더니 8월 초 다시 수도권에 상륙하여 연일 일간 최고의 강우량 신기록이 경신되고 TV로 생중계 되던 이곳 저곳의 피해 상황은 자연 앞에 인간의 존재가 얼마나 보잘 것 없는 존재인가를 실감한 재난이었습니다.

그 장마가 막 시작되던 1998년 8월 4일 오전 7시 10분쯤 장대비가 온 세상을 휩쓸고 갈 기세로 맹렬하게 쏟아 붓고 있는 가운데 나는 한강을 끼고 달리는 경원선 한남역을 지나 옥수역을 향해 전동열차를 운전하고 있었습니다.

운전하며 집중력이 떨어질 때나, 반대로 긴장을 풀려고 할 때나 이제는 습관이 되어 버린 신묘장구 대다라니를 웅얼거리며 운전하던 중, 약 200m 전방 좌측 옹벽에서 붉은 황톳물이 마치 거대한 짐승의 혀가 먹이감을 향해 날름거리는 듯하더니 수십 톤의 토사가 상하 양방향의 철로를 덮쳤습니다. 동시에 나는 비상제동을 체결하였습니다. 모든 게 한 순간의 일이었습니다. 마치 지옥으로 빨려드는 느낌이었습니다.

바로 둑 밑에는 불어난 한강물이 벌겋게 상기되어 단숨에 삼켜 버릴 듯 넘실거리고 앞에는 수십 톤의 토사가 태산처럼 턱 버티고 있었으니 수장(水葬)이든 토장(土葬)이든 면할 길이 없을 것 같았습니다. 설상가상, 뒤에는 러시아워가 막 시작되는 시간이라 천여 명의 승객이 승차하고 있었고 옥수역을 지나 반대선에는 상행 전동열차가 달려올 시간이 되었습니다. 짧은 순간 스쳐가는 여러 얼굴들, 여러 상념들, 결코 짧기만한 시간은 아니었습니다.

어느 때인가 추락하는 항공기 안에서 어느 일본인은 그 짧은 시간에 몇 마디의 유서를 남겼다는 보도를 접한 적이 있었는데 나는 '관세음보살' 단 한마디뿐 그 이상의 어떠한 행위도 할 수 없었습니다. 다행히 열차는 약 180m를 진행하여 장애지점 약 20m 전방에서 기적적으로 멈추었고 나는 무전기로 상행열차에 연락은 물론 필요한 안전조치를 취할 수 있었습니다.

기초적인 물리 실력으로 어림잡아도 옹벽이 단 2초만 늦게 무너져 내렸다거나 2초만 늦게 무너지는 것을 발견하였다면 생각하기도 싫지만 나의 목숨은 물론 천여 명의 고귀한 인명은 누구도 보장하지 못했으리라 생각됩니다. 그 2초의 시간이 나에게는 지옥과 극락을 왕복하게 한 셈입니다. 다행히 신속한 조치로 아무 피해가 없어 다음날 일간지들엔 폭우로 인하여 경원선 한남-옥수역 간 토사가 무너져 내려 12시간 동안 열차가 불통되었다는 사고 기사뿐이었습니다.

　1년이 지난 지금도 그 현장은 당시의 상흔이 아물지 않은 채 복구의 흔적이 역력히 남아 있어 그 곳을 지날 적마다 '나무 아미타불 관세음보살'을 염하곤 합니다. 나는 그 사건 후 아내에게 말했습니다.

　"당신 정말 비싼 부업했소. 나무 아미타불 10만 8천 번 사불에 남편 구하고 천여 명의 인명을 구했으니, 불보살님의 가피가 아니라면 무엇으로 설명할 수 있겠소?"

　아내도 그 때의 부업 대가로 받을 미수금을 아직까지 받으려 보채지 않는 것을 보면 크게 이윤 남는 부업을 한 것을 인정하나 봅니다. 정기법회 때는 거의 참석치 않고 사찰순례법회 때마다 법당 밖에서 혼자 서성이던 아내가 요즈음은 그래도 법당에 들어와 법회에 참석하는 모습이 고맙기만 합니다. 나는 척박한 조건이지만 아내의 불심 성장을 굳게 믿습니다.

　수행자가 계율을 지키듯 나는 정해진 궤도 위를 신호 현시조건에 따라 달리는 열차의 기관사입니다. 오늘도 객실 가득 중생계의 애환을 싣고 나의 '바라밀 특급열차'는 안심입명처(安心立命處)를 향하여 힘차게 달리고 있습니다.

　나무 마하반야바라밀.

-지하철 공사 기관사, 월간 불광 창간 25주년 신행수기 대상

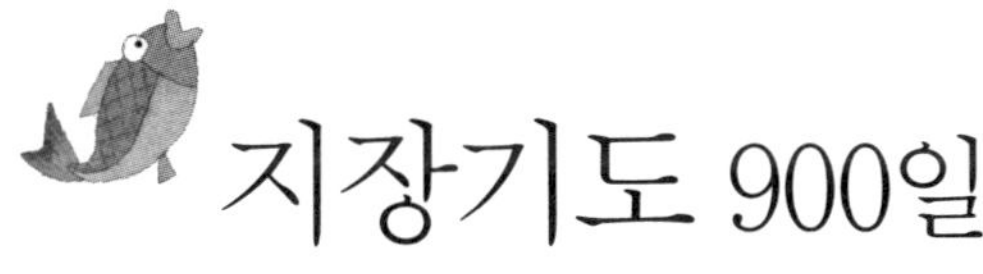

지장기도 900일

최현숙

시간이 엄청난 것은 사실이지만 지나고 보면 손가락 틈새로 떨어지는 모래알같이 흘려보내기가 쉽다. 게다가 내면적으로는 전혀 변화 없이 흘려보내는 게 보통 하는 일이다. 반면 어떤 서원을 갖고 기도하는 사람은 매순간을 헤아리면서 보낸다. 때문에 쓸데없이 낭비하는 시간이 없어서 양으로 엄청난 시간을 가지며, 항상 자신이 지금 처해 있는 위치가 바른가를 점검하기 때문에 방향을 잃지 않고 한 방향으로 나아가 커다란 변화를 얻어내게 된다.

나는 지금부터 900일 전에 지장기도를 시작했다. 그 연유는 이렇다.

우리집 가장과 나는 대학시절에 만나 5년을 사귀다 결혼을 하고 두 딸을 둔 중년의 부부이다. 그러던 중 그는 10년을 다니던 직장을 그만두고 생계 대책도 마련치 않은 채 홀홀단신 고향으로 내려가서 사업을 하기 시작했다. 몇 달이면 끝이 날 줄 알았던 준비기간이 1년, 2년으로 길어지자 우리 가정은 경제적인 것은 물론 정신적으로도 버티기 힘들게 되었다. 그래도 난 끊임없이 부처님을 찾아가 그의 일이 잘 되어서 어서 이 고통에서 헤어나기만을 기도하였다. 그간의 어려움을 다 벗고 완벽한 사업체로 일어서려는 순간, 그 사람은 삐끗 제 길을 벗어나 외간 여자와 걷잡을 수 없는 사랑에 빠지고 말았다. 그가 정신을 바짝 차렸어도 버텨나가기가 힘든 상태였던 그 기업이 풍전등화처럼 꺼진 것은 지극히도 당연한 결과이리라.

뿐만이 아니었다. 그 동안 빌어다 쓴 주변의 빚을 갚지도 않은 채 그이와 또 한 여자는 서류 일체를 몰래 뒤로 팔아 이익을 챙기려고까지 하였다. 결국 두 사람은 빚쟁이들의 덜미에 잡혔고, 아이들과 내가 살던 전셋집이라도 안전할 수 있었던 것은 그 동안 기도해온 덕이 아니었을까….

그는 이성과 판단을 몽땅 잃었다. 옷가지를 챙겨들고 집을 나가 그 여자와 아예 동거로 들어갔다. 서류상 그 회사의 주주로 되어 있었던 내가 그의 권한을 위임받아 빚을 안는 조건으로 회사를 넘겨주었다. 그러면서도 사정 사정하여 겨우 오백만원을 손에 쥘 수 있었다.

10년 간 벌어둔 재산을 몽땅 부어버린 허탈감과 남편에게 버림받았다는 배신감, 어린 두 딸을 어떻게 길러야 할지에 대한 불안감 등, 밤이면 더욱 그러한 감정에 사로잡혀 잠을 한숨도 못 잤고 제대로 먹을 수도 없었다. 당시 내 모습을 본 주위의 사람들은 내가 까맣게 타들어간다고 했다.

천일기도는 바로 이때에 시작되었다. 시어머니 제사를 21일 앞두고 매일 지장전을 드나들 때였다. 우연히 만난 한 보살님이 본인도 그런 과정을 거쳤는데 지장경을 읽어보라고 권해주었다.

다음 날부터 매일 1번씩 지장경을 읽고, 108배씩 절하며, 지장보살을 1,000번씩 염송하였다. 밤에 잠이 안 오면 천주 염주를 돌리며 염불을 하였다. 마음이 평온해지고 참으로 오랜만에 잠에 푹 들 수 있었던 그 감사함, 그것이 첫 번째 변화였다.

100일이 지날 때쯤이었다. 문득 이러다간 우리 세 모녀 굶어 죽겠다는 판단이 섰다. 그의 일은 제쳐두고 내가 직장을 구해야지 했는데 어렵지 않게 취직이 되었다. 각 가정으로 직접 교재를 갖다 주면서 학생을 만나 잠깐씩 지도해주는 눈높이교사였다.

이 일에 비록 전문 직업인으로서의 자부심을 느낄 수는 없었으나 우선 생계 대책이 되었다는 고마움에 정말 최선을 다했다. 방문해야 할 집이 아파트 5층이면 층계 첫 발을 디딜 때부터 지장보살을 염했다. 그렇게 30집을 다닐 때 한 쪽 손에는 학생에게 줄 교재가 두둑하게 든 가방이 들려 있었다.

나에게 커다란 짐이었으며 반면 삶의 보람은 다름 아닌 두 딸이었다. 일을 끝내고 지친 다리를 이끌고 집으로 올라갈 때면 내 마음은 그리움으로 꽉 차 있었다. 어떤 때는 유치원에서 일찍 온 작은딸을 잠시 보고 나갈 때가 있다.

아이는 집에 들어서면서부터 고양이 추적을 시작한다. 가슴에는 종이별을 달고 한 손에는 다림질용 분무기를 들고 고양이에게 선포한다.

"넌 체포되었다. 손들고 나와라."

고양이는 재빨리 싱크대 밑으로 식탁으로 피해 다니다가 결국 침대 밑이나 책상 아래서 잡히고 만다. 고양이 꼬리를 잡아당겨서 밖으로 꺼낸 뒤 얼굴에서 분무기로 물을 뿌려대고 다리미를 들이대며 고문을 한단다. 어디서 배웠냐고 물으니 TV에서 보았다고 한다.

"은우, 그 별은 뭐야?"

"경찰 표시야, 난 경찰이니까."

사춘기를 맞은 큰딸아이는 가끔 엄마에게 반발하기도 했다. 저녁나절 후다닥 뛰어나간 딸. 결국 공원에서 만났다. 은비는 얼마나 자신이 슬픈지를 엄마가 알아주었으면 좋겠다고 했다. 오늘도 엄마를 편히 해주지 못해서 괴롭다고 하였다.

점차 내가 안정을 되찾아가면서 큰딸아이의 얼굴이 밝아지기 시작했다. 집안 분위기 탓에 책을 좋아하고 조숙해진 아이가 글짓기에 두각을 나타내기 시작하였다. 교내 글짓기 대회에서 장려상, 입상, 우수상, 장원까지 차례차례 올라가기 시작하였다. 나 또한 비록 아버지가 없는 가정이지만 아이들이 어두워지지 않도록 휴일이면 함께 산책을 많이 했다.

무엇보다 우리 두 딸들이 큰 위안을 받는 곳은 다름이 아닌 어린이법회, 학생법회였다. 부처님의 밝은 미소가 언제나 우리 두 아이의 마음을 밝게 해주었다. 학교에서 떠나는 여행길에 은비가 대관령에서 전화를 걸었다.

"엄마, 너무 사랑해요."

어느덧 기도는 500일을 넘기고 600일로 접어들고 있었다. 저녁나절 집에 올라갈 때면 2층 아래 계단에서부터 큰딸애가 틀어놓은 라디오 소리가 들렸다. 초인종을 누르면 "엄마, 피곤하시죠." 하고 큰딸아이가 반갑게 맞아준다.

그 시간까지 나는 아파트 13층의 꽁꽁 언 복도를 걸어 다니며 각 집을 방문했다. 그때마다 어둠 속에서 비치는 가정의 아늑함과 버려지듯 둘이 있을 내 딸들의 모습을 가슴이 아프게 비교하기도 했다. 기적이 일어났다.

내가 지도하던 한 남자아이의 어머니가 자신의 사업에 대해 많은 정보를 주었다. 그 분의 이야기를 들으면서 너무 몸이 고달프고 무엇보다 아이들을 전혀 돌볼 수 없는 직장에서 벗어날 것 같은 예감을 느꼈다. 가슴이 두근거렸다.

결국 나는 집에서 불과 15분 거리에 있는 작은 점포를 하나 갖게 되었다. 종목은 커튼·침구·수예를 취급하는 가게여서 빈 시간에는 경을 읽고 글을 쓸 수 있게끔 책상과 의자를 갖추어 놓았다. 물론 이 곳에서 틈틈이 아이들 지도도 할 수 있었다.

작은딸의 유치원 졸업식 날 나는 또 눈물을 흘렸다. 2년 동안 엄마는 입학식 날 겨우 한 번 왔을 뿐이었는데, 누구 못지않게 씩씩하게 앞장서서 행동하는 아이를 보자 그만 눈물이 핑 돌았다. 엄마를 찾아 두리번거리는 다른 아이들과 너무 대조적이었다.

올 봄에는 큰딸이 우리가 사는 지역 내 중고교생 백일장에서 시 부문에 입상하였다. 엄마가 피곤해서 먼저 잠이 든 뒤에도 작가가 될 꿈을 실현하기 위해 글을 읽고 원고를 수정하느라 은비의 책상에는 자정이 넘도록 스탠드가 켜져 있다.

올 여름은 유난히도 더운 날이었다. 우리 세 모녀는 정말 오랜만에 행복하고 만족한 날들을 보낼 수 있었다. 두 딸들은 서해 간월도에서 고기에게 좁쌀도 주었고 수덕사에서 참배도 하였다.

불과 2주 전의 내 생일에는 두 아이가 너무 분주했다. 저녁에 집에 들어가니 집 앞 베란다에는 20개도 넘는 촛불이 출렁이고 있었다. 절에서 쓰고 버린 몽당 초를 모아 와서 엄마 주위에 켜주었다. '소원 성취'만 남아 있는 부처님께 올려진 초. 하늘의 별보다 더 밝고 아름다운 딸들의 눈동자.

이런저런 생각을 하면서 이 모든 평안은 내가 지장보살을 염하면서 내 자리를 잃지 않았기 때문에 따라온 기도의 결과임을 확신했다.

900일 전에 나는 내 자신이 땅을 기어 다니는 벌레처럼 비굴하게 느껴졌다. 어떻게 하면 저 하늘을 나는 나비가 될 수 있을까 하고 한탄했다. 900일간 참고 기도를 잃지 않은 결과 이제 나는 번데기를 벗어나 고치를 뚫고 나가려는 나비로 변한 자신을 느낀다.

요즘 들어서 나는 스스로 복이 없지 않고 오히려 많다고 생
각한다. 불과 한두 차례 작은 실수로도 파산을 하는 가정이 많
음에 비해 태풍과 풍랑을 만났음에도 나와 두 딸이 안전할 수
있고, 또 그 속에서 오히려 더 굳어지고 성숙해졌음에 아주 깊
은 감사를 느낀다. 이제 100일만 더 있으면 회향이다. 회향의
바른 의미는 그 동안 기도하고 닦아온 나의 정성을 주위에 돌
린다는 것이다. 비단 내 아이들뿐만 아니라 남편과 그 여자 그
리고 그 누구에게라도 부처님의 자비를 보이리라.

-주부, 월간 불광 20주년 신행수기 우수상

'상대'에게 주는 마지막 선물

김남식

♬눈을 뜨고 바라보면 어디서나 부처님 모습. 산도 들도 강물도 부처님 모습. 아름다워라 찬란하여라. 구름 되어 가오리다, 바람 되어 가오리다. 사박사박 사박 걸음으로 내가 지금 가오리다.♬

'부처님 오신 날 수용자 찬불가대회', 노래를 마치고 지휘자가 돌아서서 인사를 하자 관중들의 우레 같은 박수소리가 강당 가득 울려 퍼졌다. 목례를 하고 일어서는 지휘자의 얼굴엔 웃음이 가득하였다. 관중에게서 다시 우리에게 등을 돌렸을 때 언뜻 두 눈 언저리에 눈물이 맺혀 있음을 보았다. 순간 우리의 눈에서도 기쁨과 고마움의 눈물이 고여 있음을 보았다.

겉으로는 모두 억세고 당당하지만 속으로는 너무나 여리고 여린 이곳 사람들… 우린 누구랄 것도 없이 재차 관중에게 합

114

장으로 인사를 하였고, 등 뒤로 울려 퍼지는 박수소리를 들으
며 강당을 내려왔다. 그리고 마치 빠르게 돌아가는 영사기처럼
지나간 일들이 나의 뇌리를 스치고 있었다. 대자대비 부처님
은혜가 언제나 현전하심을 가슴 가득 느끼면서….

180일, 140일, 125일, 120일…, 공책에 만들어 놓은 달력
을 바라보며 공장 한 모퉁이 미싱 책상 위에서 영민이는 손가
락을 구부리며 중얼거리고 있었다.

궁금한 나는 "뭐하냐?"며 다가갔고 곧이어 터지는 웃음을 참
을 수 없었다. 이유는 자신의 출소 날을 셈하고 있었다고 한다.
이곳에서는 한 달을 하루로 계산을 한다. 조금이라도 이 긴긴
세월을 생각으로나마 잊어보려는 몸부림일 게다.

"야! 임마, 자꾸 그렇게 셈을 하고 계산을 하니까 더욱 더 시
간이 가지 않고 하루하루가 힘든 거야. 그냥 모든 걸 잊어버려.
시간도 잊고 날짜도, 세월도 모두 다 잊어버려. 지금 현재 이
순간에만 집중하고 최선을 다하는 거야."

그러고 보니 나도 이렇게 몹쓸 인간이 되어 수인의 몸이 된
지 6년이라는 세월이 흘렀다. 눈앞의 영민이도 나와 같은 15년
의 장기형을 받은 나이 어린 동료이다.

고개를 돌려 주위를 돌아보니 많은 동료들이 삼삼오오 모여
있다. 아무 일 없는 듯이 웃고 있는 모습마다 웅크리고 있는 어
둠과 고독이 얼굴 한 구석에서 발견된다. 스스로 지은 죄에 대
한 죄책감, 두고 온 가족에 대한 그리움, 후회, 회한… 그리고

모든 이들로부터 서서히 자기 자신이 잊혀져간다는 것에 대한 두려움, 외로움…. 동병상련이랄까. 약간의 안타까움과 연민을 느끼며 앉아있는 내 어깨를 툭 치며 "야가 넋이 나가버렸어야." 하며 소리를 질렀다. 나와는 나이도 같고 대화도 통하는 친구 '상대'였다. 다른 공장과 마찬가지로 우리 공장에도 불교, 기독교, 천주교마다 한 명씩 구역장이 있는데 상대는 우리 공장의 불교구역장이었다. 공장마다 다르지만 그래도 우리 공장은 불교 인원이 제일 많았다.

상대는 곧장 나에게 "야야! 큰일 나부렀다. 이 일을 우짜면 좋으까이." 녀석의 사투리에 나는 응당 또 '별 일 아닌 것을 가지고 허풍이구나' 생각하며 뭐냐고 물었다. 상대 말로는 이번 부처님 오신 날 대법회 때 찬불가대회를 하는데 이제 겨우 한 달 남은 시간으로 어떻게 사람을 모으고 연습을 할까 걱정이란다.

그 날 오후 입방 한 시간 전 상대는 공장 이곳저곳을 다니며 사람을 불러 모으기 시작했다. 나도 마지못해 모이는 장소에 가니까 겨우 십여 명. 총 50명 중 불자만 해도 25명인데…. 그래도 상대는 동참을 부탁하며 다녔다. 몇몇 동료들은 "쪽팔리게 그런 것을 우예 하느냐"면서 투덜거렸다. 어찌 됐던 다음날부터 틈틈이 모여 연습하기로 하고 헤어졌다.

다음날 점심시간 상대는 사람들을 모았다. 그날은 전날보다 사람이 더 적었다. 겨우 7명. 한심한 생각이 들었으나 상대는 우리라도 열심히 하면 된다면서 연습을 시작했다. 목소리도 제대로 나오지 않았다. 아무래도 하기 싫은 모습이 역력했다. 그 다음날도 상대는 애걸하다시피 이곳저곳을 찾아다니며 사람들을 모았다. 하지만 모인 사람은 겨우 4명뿐이었다. 결국 우리는 연습도 한번 제대로 못해보고 또 하루를 넘겼다. 다음날 운동 시간이 지나고 세면장에서 빨래를 하는 상대를 보았다. "야! 웬 빨래가 이렇게 많으냐?" "빨래도 운동인기라. 내사 빨래할 때가 가장 즐겁다."

사실 나는 알고 있었다. 상대가 소속된 반 내의 나이 많은 노인네의 빨래를 해주고 있다는 것을. 상대는 그런 녀석이었다. 공장 궂은일은 도맡아하고 몸이 아픈 사람을 자신의 몸같이 챙겨주고 보듬어주는 녀석. 저렇게 착하고 아름다운 마음을 가진 녀석이 어떻게 죄를 짓고 수인이 되었을까? "야! 나도 운동 좀 하자." 우린 둘이서 웃어가며 빨래를 했다.

그날 오후에도 공장에서 싸움이 있었다. 나중에 알아보니 라면 양을 가지고 다투었다고 했다. 사실 모르는 사람이 들으면 웃을 일이지만 이곳에서는 밖에서는 상상도 못할 사소한 문제로 인해 다툼이 자주 일어난다. 그만큼 제한된 틀 속에서의 생활이다 보니 모두의 마음이 협소해진 탓도 있지만 조그만 문제 하나에도 쉽게 상처받기 쉬운 마음으로 돌아간 탓도 있을 것이다.

어쨌든 그 날도 모두가 집합한 가운데 교도관으로부터 일장 훈시를 들었고, 공장 분위기로 인해 찬불가 연습은 완전히 없어지는 듯했다. 그 날 저녁 취침 시간에 편지를 쓰고 있었는데 갑자기 웅성거리는 소리가 들렸다. 상대가 화장실에서 나오다가 코피를 흘리며 쓰러져 업혀갔다고 했다. 밤새 잠을 설쳤다. 다음날 종일토록 일이 손에 잡히지 않았다. 결국 그날 오후 늦게 입방시간이 다 되어 상대가 뇌출혈이라는 말을 들었다. 왜 이런 일이 생겼을까. 이틀이 지나도 상대는 돌아오질 않았다. 그리고 며칠 후 경교대 2명이 공장으로 와서 상대의 옷가지며 사물들을 챙겨갔다.

결국 후에 날아온 소식에 우리는 경악을 금치 못했다. 간암 말기라는 소식이었다. 우리는 할 말을 잃었다. 그토록 젊은 나이에…, 그토록 착한 녀석이…, 이제 조금만 있으면 출소하여 가족의 품으로 돌아간다고 좋아했는데….

다음날 수찬이 형님(쉽게 말하면 우리 공장 실세)이 나를 불렀다. "상대에게 마지막으로 선물 하나 해주어야 할 것 아이가." 그래, 왜 그 생각을 하지 못했던가. 나는 그날부터 사람들을 찾아가 부처님 오신 날 찬불가 대회에 동참해주기를 당부했다. 처음에는 시큰둥했던 사람들이 모두 적극적으로 나서기로 하였다. 우리는 공장이 떠나가도록 찬불가를 연습했고, 날이 갈수록 더욱 더 동참자가 많아졌다.

타종교인들도 참가하여 총 50명 공장 인원 중 40명이 대회에 참가하게 되었다. 모두 처음 해보는 합창이지만 서로 화음을 맞추어가며 서로 잘못된 점을 가르쳐주며, 누구라 할 것도 없이 열심히 연습을 했다. 상대가 보았으면 얼마나 좋아할까.

드디어 대회날 단 한 번의 연습과 함께 우리는 대회장으로 향했다.

매년 많아야 네댓 명이 전부였는데 40명이 참가한다는 말에 모두들 놀라는 눈치였다. 우리는 일심으로 노래를 불렀고 청중의 반응도 무척이나 좋았다. 사회자의 최고상 발표에 우리는 서로 부둥켜안고 기뻐 어쩔 줄을 몰랐다. 우리의 생각을 하나로 만들어준 상대가 진짜 관세음보살님의 화신이었구나. 또 우리가 서있는 이곳 이 자리에 바로 대자대비 부처님의 가피가 현전하심을 느꼈다. 그리고 지금 이곳에 모인 많은 불자들이 진짜 부처님임을 새삼 느낀다.

-재소불자, 월간 불광 30주년 기념 신행수기 입선, 월간 불광 2005년 5월호

나를 발견하는
진정한 기도

정미숙

　항상 특별나고 남들이 알아주는 삶을 살고 싶어 했던 허황됨이 내게서 사라지던 날 나는 멈출 수 없는 눈물로 밤을 새웠다. 그렇다. 그 날 나는 한없는 부끄러움과 정작 내가 모르고 있었던 나를 조금이나마 희미하게 발견한 것이다. 그 참회의 눈물은 나를 부처님의 가르침에 더욱 가깝게 다가갈 수 있는 계기를 마련해주었다.

　대학을 졸업하고 결혼을 하고 주부 모델로 가끔씩 CF촬영으로 소일하며 일상을 보내고 있었던 1992년, 주부생활 1년 만에 내가 겪었던 남편의 교통사고와 죽음은 견디기 힘든 고통이었다. 누구에게도 그 아픔을 보이고 싶지 않은 오만함으로 잘 살고 있다는 듯 마음속의 곪고 터진 누런 고름들을 혼자 부둥켜안고 가식의 웃음들을 뿌렸다. 때로는 절을 찾았고 그 곳에

120

서 나만을 위한 기도를 했다. 그 이전 고등학교와 대학시절 다녔던 불교학생회에서도 예불과 법회에만 가끔 참여했을 뿐 깊이 있는 불교 공부는 할 생각조차 없었다. 다만 순전히 내가 힘들 때 나만을 위한 일방적인 어리석은 기도일 뿐이었다. 바른 마음가짐도 실천도 없는, 그저 내가 불편하기에 편하게 해달라는 어이없는 그런 기도였다.

그러나 나이 33살을 넘기고 34살이 되던 해 나는 108염주를 들고 먼 타국 땅에서 눈물을 흘리며 차가운 마룻바닥에서 절을 하고 있었다. 나의 행복과 안정을 위한 것이 아닌, 나의 좁고 어리석었던 모든 죄들을 용서해 달라는 간절한 바람이었다.

동시에 더 간절했던 것은 집착과 어리석음으로부터 빨리 벗어나 진정한 불교신자로서 지혜를 배우고, 그것을 바탕으로 나보다 더 남을 사랑하고, 가진 것이 없는 나를 원망하는 것보다 한없는 맑은 마음을 가지고 늘 그 마음의 덕을 보시하는 아름다움을 배우고 싶다는 것이었다.

그것은 여느 때 내가 느낀 일상과는 다른 처절한 인고이며 알게 모르게 나로부터 생겨난 죄에 대한 깊은 참회의 눈물이었다. 그 뜨거웠던 눈물을 계기로 나는 이기적이고 좁은 나의 안목을 넓힐 수 있었던 것이다. 무엇보다도 나는 어느새 천수경과 반야심경의 의미를 공부하며 허울 좋은 이론이 아닌 일상에서의 실천 불교를 몸에 익히기 위한 노력을 시작한 것이다.

32살의 나이에, 가족은 물론 주변 사람들이 모두 반대했던 유학생활은 처음부터 그리 만만치 않았다. 그것도 당시에 막 무너진 공산체제와 아직 확립되지 않은 자본주의체제 속에서 치안도 경제도 허술하다는 소문이 무성했던 러시아에서의 긴장된 생활은 부모님의 따뜻한 정이 그리운 아픔으로까지 다가왔다. 그래도 그것은 작은 것이었다. 솔직히 나의 사사로운 감상에 젖어 있을 정신적인 여유도 없었고 어떠한 물리적인 두려움도 내게는 이미 경계의 대상이 아니었다. 다만 한 순간의 작은 불편함이었을 뿐이다.

내게 엄청난 고난으로 다가온 것은 알파벳도 모르고 떠난 유학생활에서 겪은 학교생활이었다. 언어과정을 끝내고 본과 수업을 할 때 선생님의 강의는 도무지 무슨 소리인지 알아들을 수 없었다. 유일한 외국인이었던 나를 전혀 고려하지 않은 수업이었다. 아무리 외워도 잊어먹는 단어는 머리를 쥐어뜯고 싶은 심정이었다. 초창기에는 거의 매일 화장실에 가서 남몰래 울었다. 당시에 나는 언제나 충혈되고 푹 꺼진 눈으로, 뼈만 앙상하게 남은 불쌍한 모습으로, 단 한 벌의 겨울옷으로, 단 한 켤레의 신발로 학교를 누비고 다녔다. 3년째 되던 어느 날 바뀐 내 구두를 보고 같은 과 친구들은 놀란 듯이 바라보았다.

더 중요한 것은 그런 메마른 생활 속에서 피어난 마음의 변화였다. 모스크바의 긴 겨울이 내게 가르쳐준 것이 있다면 그것은 사색하는 것이다. 매일 매일 나를 발견하려는 습관이다. 그리고 나는 그 때부터 뜻도 알지 못한 채 천수경과 반야심경을 읽고 관세음보살을 염불했다. 무작정 경만을 읽었다. 읽고 또 읽었다. 그렇게 아침저녁으로 내 마음을 다져 나갔다. 나름 대로는 형식을 갖추느라 촛불도 켜고 향도 피웠다. 어느새 향 내음은 나의 유일한 친구가 되었다. 그만큼 사랑스런 향기가 된 것이다.

어느 추운 겨울날 기숙사에 불이 났다. 10여 명이 넘는 사상자를 낸 큰 불이었다. 당시 피신을 했던 학생들은 영하 20도가 넘는 추위 속에서 밤을 지냈다고 한다. 소방대원들이 내 방문을 도끼로 부수고 들어왔을 때 비로소 상황을 알았다. 나중에 안 사실이지만 소방대원들은 내가 연기에 질식되어 죽었다고 생각했단다. 그런데 이상하게도 내 방에는 단 한 점의 연기, 탄 냄새도 없었다. 거짓말 같았다.

부끄러웠다. 그 때 문득 ‘내가 과연 진정한 불교 신자일까?’ 라는 의문이 생겼다. 지난 시간들을 돌이켜 볼 때 나의 존재 자체가 온통 죄의 덩어리로 뭉쳐있다는 생각을 했고, 가식적인 웃음을 보였던 그 순간순간이 한없는 후회뿐이었다. 세상에서 가장 부족하고 어리석었던 내가 더군다나 나만을 위한 기도를 했을 뿐 당시엔 진심으로 다른 사람을 위한 기도를 해본 적이 없었다.

순간 내가 하고 있었던 기도가 얼마나 가식적인 것이었는지 깨달았다. 생하고 멸하는 것도 없으며 나도 남도 없는데 무엇을 그토록 집요하게 붙잡고 있었나 하는 생각에 그 날 난 108 배를 하며 뜨거운 눈물을 흘렸다. 그 시간 이후 부끄러움과 나의 위선적이었던 기도에 질책을 가하며 부처님의 가르침을 몸소 실천하고자 노력했다.

잠시 머물다 가는 이 세상에서 스스로를 얽매이게 함으로써 고통이 시작된다는 간단한 진리를 그 때서야 깊이 느끼게 된 것이다. 모든 것이 내 마음에 있는 것을, 이렇게 모든 집착을 놓으면 되는 것을, 무엇이든 잡아 보겠다는 욕심과 어리석음으로 모난 돌처럼 살아 왔던 내가 둥글어지기 시작한 것이다.

하지만 금세 그렇게 부처님의 가르침을 실천하며 산다는 것이 쉽지는 않았다. 마음을 비운다는 것이 말처럼 쉽지 않았다. 공부는 여전히 힘이 들었고 생활환경은 악조건인지라 때로는 미쳐버릴 것 같은 충동을 느끼며 애써 나를 붙잡고 있었다. 그렇게 하루하루를 참고 이겨낸 어느 날 갑자기 모든 것이 절실하게 감사하고 즐겁게 다가왔다. 그 참회의 눈물을 흘린 후에도 순간순간 나를 찾았던 욕심과 집착들이 나를 괴롭혔지만 나는 쉽게 굴복하지 않았다. 이후에도 계속 나는 기도를 하며 자주 눈물을 흘렸다. 난 이겨낸 것이다.

남보다 내가 뛰어나야 한다는 강박관념에서 벗어나고, 내가 최고여야 한다는 생각에서 벗어나고, 다만 하루하루를 최대한 성실하게 보내려 했다. 그러다 보니 그 힘들었던 공부도 즐겁게 다가온 것이다. 남에게 보이기 위한 것이 아닌 자신에게 떳떳하고 부끄럽지 않은 것이 최선이라는 생각을 한 것이다. 처음 유학시절 내가 외국인이라는 이유로 얕본다는 생각, 그들보다 뒤떨어진다는 생각을 떨치기 위해 오기로 똘똘 뭉쳐 무엇이든 최고가 되어야 한다는 강박관념 때문에 불쾌한 감정을 일으킨 적도 있었다.

불교공부를 하고 마음을 열면서 그들의 문화와 역사와 모든 것을 따뜻한 마음으로 보고 듣고 익혔다. 그러면서 강한 자아도 부드러워지기 시작하였고, 공부도 즐거운 것이 되었다. 부처님 가르침을 가까이 하면서 나는 모든 어리석은 집착으로부터 벗어나기 시작했다.

내가 처해 있는 현실을 그대로 받아들였고, 실패한 결혼 생활을 만회하기 위해 무엇인가 꼭 이루어야만 한다는 피해의식으로부터도 자유로워졌다. 지금도 나는 많은 것이 부족하다. 하지만 마음만은 풍부하다. 그리고 뒤늦게 시작한 공부를 계속하고 싶다. 학문적인 면에서 유식한 말을 많이 안다거나 이론적인 공론이 아닌 진정으로 실천하고 사람답게 살아가기 위한 공부를 우선으로 하고 싶다.

인간의 가장 아름다운 모습 중 하나가 최선을 다하는 모습이라는 생각에는 변함이 없다. 남의 흠을 말하기 전에 나의 부족함을 헤아려 팔정도로 나아가려고 노력하는 자세를 위해, 그리고 모든 것을 놓아버림으로써 모든 것이 넉넉해지는 마음을 위해 부처님의 가르침을 더 깊이 있게 공부하고자 한다.

오늘 저녁 나는 또 천수경을 읽으며 하루를 반성할 것이다. 마음을 비우고 열심히 살아가는 모든 사람들을 위해 기도할 것이다.
-연극영화과 강사, 월간 불광 2002년 10월호

세세생생
부처님 시봉하겠습니다

차봉기

저의 한의원에 진료 받으러 오신 보살님과의 인연으로 금강경을 읽게 되어 지금까지 아침저녁으로 나누어 금강경 7독과 정진을 하고, 낮의 진료시간 중에도 마음을 들여다보면서 만나는 사람들과 환자들을 부처님으로 보는 연습을 꾸준히 하려고 하고 있습니다.

물론 공부를 놓치는 경우가 더 많이 있습니다. 요즈음에는 환자들이 가끔씩 말씀하시길 "이 한의원에 들어오면 마음이 편안하고 머리가 시원하다."고 하십니다.

대학시절에는 대불련 활동을 하면서 스님 법문도 듣고 수련대회와 법회도 다니고 여러 서적을 통해서 불교에 관한 지식을 쌓았고 각종 사찰행사에 많이 참여했으며, 그 당시에는 그렇게 하는 것이 훌륭한 불자생활이라고 생각했습니다. 그런데 사회생활을 하면서 언제부터인가 부처님은 어디 간 곳 없고 한편으로는 오욕락(五欲樂)을 즐기면서 또 한편으로는 사회의 부정적인 면을 많이 알게 되면서 분노와 비판의 마음으로 사회 부조리의 일부분이라도 고쳐 보겠다고 시민운동도 열심히 했습니다.

그러던 중에 '금강경 독송회'를 만나게 되었으며 "남의 허물은 내 허물처럼 덮어주고 내 허물은 남의 허물처럼 파 뒤집는 마음을 연습하라. 남의 허물이 보이면 그게 곧 내 허물인 줄 알라."로 시작되는 독송회의 마음 살림살이 6가지를 읽는 순간 지금까지 내가 안다고 자부했던 불교에 관한 여러 지식들이 얼마나 형식적이었고, 내 자신의 불교에 관한 수준이 이 정도라 생각하니 몹시 부끄러웠습니다.

남의 허물과 잘못을 꼬집어 지적하고 다시는 반복하지 않도록 가르치는 것이 일반적인 교육이고, 약간의 차이는 있지만 종교도 큰 차이는 없을 것이라는 저의 고정관념이 여지없이 깨지는 순간이었습니다. 더구나 어떠한 상황에서라도 상대에게 내 마음을 빼앗기지 말고 내 속에서 올라오는 내 마음을 주시하며, 그 마음이 어떤 것이든지 '싫다, 좋다'는 분별심 내지 말고 부처님께 공경심으로 공양 올리라는 가르침이 있었습니다.

마음이 부처님께 올릴 공양물이라는 가르침은 정말 신비하였습니다. 더구나 "부처님께 드리는 공양은 깨끗하고 좋아야만 하는 것이 아니고, '깨끗하다, 더럽다, 좋다, 나쁘다'는 생각은 네 자신의 분별심일 뿐이다. 네 자신의 분별심을 부처님께 드

리는 것이 진정한 마음공부이며, 또 부처님께 드리는 공양물이
니 엄청난 복을 짓게 되는 것이다. 그것이 바로 부처님을 제일
기쁘게 하는 일이며 불자들이 해야 할 일이 바로 그것"이라는
가르침은, 그 동안 까마득히 잊고 지내던 부처님을 다시 생각
나게 하였고 새로운 신심을 솟아 올라오게 하였습니다.

그 순간 이후에는 진료하는 일을 제외한 대부분의 사회활동
을 중지하고 오직 마음 닦는 공부에만 전념키로 결심하였습니
다. 그래서 독송회 선생님의 가르침대로 하루의 기운이 가장
밝은 새벽에 금강경을 읽고, 하루 일과 중에도 마음 들여다보
는 일을 게을리 하지 않고 마음속으로 '미륵존여래불…' 독송
하여 귀에 들리도록 연습하기 시작했으며, 아침저녁으로 장궤
한 자세로 30분씩 정진하였습니다.

그러나 처음에는 마음을 들여다보면서 그 마음을 부처님께
바친다는 것이 보통 일이 아니었습니다. 마음이 어디에 있는
지, 생각이 마음인지 올라오는 여러 가지 잡념이 마음인지도
모르겠고, 그것을 계속 들여다 볼 수도 없었는데 그것을 부처
님에게 바친다는 것은 정말 힘들고 짜증이 나기 시작했습니다.
그러나 힘들고 하기 싫고 짜증나는 그 마음을 부처님께 바쳐
쉬는 것이 공부의 시작이라는 것을 알게 되었습니다. 그러다
보니 마음이 고요해지기 시작했으며, 그 고요한 마음 속에서
여러 가지 분별심이 일어나는 것이 보여지기 시작했고, 그 분
별심을 놓치지 않고 계속 정진하여 바칠 수도 있었습니다.

그리하여 과거 생부터 연습해온 여러 가지 '습'이 있다는 것

도 알게 되었습니다. 때로는 그 '습'을 보고 바치다가 가슴이 답답해지면서 무엇인지도 모르는 감당하기 힘든 상황이 일어났고, 그것이 나의 '습'으로 인해 알게 모르게 저질렀던 과거 생의 업장 중의 일부가 일어났다는 것도 알았습니다. 그리고 이 업장을 부처님 전에 하나씩 하나씩 바쳐 해탈시키는 것이 바로 마음공부이며, 모든 일에서 진정으로 자유로워질 수 있는 것이어야 비로소 부처님을 가장 기쁘게 해 드리는 귀한 공양이라는 것을 알게 되었습니다.

그러던 어느 날 평상시와 마찬가지로 공부하면서 마음을 들여다보는데, 공부에 대한 탐진치로 가득 찬 용심으로 탐진치를 닦는다고 발버둥치고 있는 제 모습을 보았습니다. 마음공부하고 마음 닦는다는 것이 일반 학문과는 달리 내가 열심히 한다고 해서 되는 것이 아니라, 부처님 전에 복 짓고 부처님과 밝은 이들을 향하는 만큼 되어지는 것이지 '내'가 한다고 하면 나를 향하게 되고 결국은 아상 연습밖에 안 된다는 것도 알았습니다.

그리고 공부하여 알아진다는 것과 알아진 것이 무엇을 의미하는지와 알아진 것을 실천한다는 것은 새로운 차원의 문제라는 것도 알았습니다. 불과 얼마 되지 않은 공부기간이었지만 제 자신이 얼마나 독선적이고 위선적이었는지와 문제점투성이로만 보여졌던 사회의 혼탁상이 내 마음의 혼탁상이라는 것도 알았습니다. 잘난 체하면서 살아온 지금까지의 생활방식이 탐진치의 결정판이었으며 나의 탐진치를 만족시키기 위해 밥도 먹고 진료도 하고 사회운동도 했다는 것을 알고 나니 부끄럽고 참담하기도 하였습니다.

하지만 이제는 이런 부끄러움도 부처님께 바칠 수 있는 귀중한 공양물이 될 수도 있으니 정말 다행스럽습니다. 이 공부를 가르쳐주신 법사님과 선생님들이 얼마나 고마우신지, 이 밝으신 분들이야말로 저의 부처님이라는 생각이 듭니다. 이렇게 철두철미하게 공부시켜 주시는 부처님이 계시고 법사님과 선생님 그리고 공부하시는 모든 밝은 이들과 함께 있다는 것이 정말 행복하고 감사합니다.

저의 한 호흡 한 호흡 한 동작 한 동작 한 걸음 한 걸음이 부처님의 국토를 장엄하는 재료가 되어지고 이 한 생명 다 바쳐 세세생생 부처님 시봉을 밝은 날과 같이 하고, 복 많이 짓기를 발원합니다.

-한의사, 금강경독송회 포항법당, 월간 불광 2001년 12월호

참불자로 사는 길

박현숙

제가 불교에 입문하게 된 것은 지금부터 9년 전입니다. '91년 큰딸이 고등학교 3학년 때였습니다. 다니던 직장의 동료가 불자여서 자연스럽게 몇 사람이 절을 찾게 되었지요. 그저 산사의 편안함이 좋고 딸아이의 대학입시 합격을 기원하며 가끔 따라 나섰습니다.

처음으로 3배를 배우면서 무척 어색해 했습니다. 그리고 108배를 올리고는 "아! 할 수 있구나!" 하며 기뻐하였고 그 뒷날 계단을 오르내리며 약간은 불편한 다리를 보면서 흐뭇한 미소를 지었습니다.

이렇게 몇 개월이 흐른 뒤 직장 동료를 따라 소림선원과 인연을 맺게 되었는데 스님은 우리를 만날 때마다 "'관세음보살' 염송을 일념으로 하라."고 하시면서 불교에 대해 많은 것을 가르쳐 주셨습니다.

그렇게 3년이 흘렀습니다. 그러던 어느 날 제게 도저히 있을 수 없고 있어서도 안 될 어려움이 찾아왔습니다. 아들이 경찰서에 가게 되었습니다. 경찰서에 가면 어떻게 되는지조차 모르고 사는, 그런 우리에게 참으로 큰 시련이었습니다.

이런 상황이 되었지만 진정한 불교인의 삶이 아니었기에 종교인으로서 대응〔기도〕은 상상도 못하고 그저 방안에 박혀 멍하니 있을 뿐이었습니다. 그 때 전화벨이 울렸습니다.

"보살님 댁에 일이 있다는 소식을 듣고 전화했습니다. 시간 정해서 '관세음보살' 염송을 매일 1,000념씩 하세요, 그러면 일이 잘 될 것입니다."라는 스님 전화를 받고, 자식의 일이 잘 된다니, 스님께서 시키는 대로 관세음보살을 열심히 염하게 됐습니다. 일은 잘 됐지만 그 과정에서 다니던 직장을 그만두게 되었습니다. 돈, 직장, 명예 모든 것을 미련없이 버리고 아들을 찾았습니다. 그 당시 도반들의 지극한 보살핌은 지금도 항상 감사하게 생각합니다.

그제서야 조금 철이 드는지 다른 사람의 어려움도 조금씩 알게 되고, 옆에 누가 어떻게 지내는지 돌아봐지는 마음이 생겨나고, 그 때부터 스님의 가르침이 조금씩 가슴 깊이 다가오고 받아들여지기 시작했습니다. 겨우 불교인으로서 실눈을 뜨기 시작한 것입니다. 전생의 업에 대해서도 생각하고 업장 소멸에 대해서도 이해할 수 있었습니다.

불교에 대해서 더 많이 알고 싶었습니다. 책도 읽고 스님 말씀도 귀담아 듣고 도반들의 이야기도 들으며, 불교예절과 의식에도 많은 관심을 갖게 되었습니다. 이런 상황에서 부처님의 가르침을 보다 더 알고 실천할 기회를 갖고자 몇 명 안 되는 사람들과 함께 법회를 갖게 되었습니다.

그 시기에 남편은 승진시험을 준비하고 있었습니다. 시험 날짜가 며칠 안 남았을 때 스님께서 일러주셨습니다.

"보살님, 처사님의 시험 날짜에 맞춰 1일 3,000배 일주일 기도를 하면 처사님 일이 잘 될 것입니다."

시험 결과가 좋을 거라는 스님 말씀에 어떻게 하는 건지 어떤 어려움이 있는 건지 아무 것도 모르고 망설임도 없이 3,000배 기도를 시작하게 되었습니다.

기도 시작 첫날 절에 행사가 있어 오후 2시에 절을 하기 시작했는데 500배 하고부터 머리와 배가 아프고 체한 것처럼 힘이 들었습니다. 관세음보살을 속으로 부르며 저녁 늦게까지 하여 마쳤습니다. 그 뒷날부터 새벽 4시 반에 시작했지만 계속 몸이 아파 수액제(링겔)를 맞기도 했습니다. 지쳐서 빨리 할 수가 없었지만 저녁이 되면 스님은 죽비로써 우리를 일깨웠습니다.

그래도 기도는 계속되었습니다. 힘이 들면 염주를 얼마나 돌렸는지 새우눈으로 옆눈질하며 '왜 이렇게 안 끝나나' 하며 힘들게 기도하였습니다. 집에서 시어머님은 혹시 병이 나는 것 아니냐며 걱정이 태산 같으셨습니다. 5일째부터는 한결 가볍게 오후에 일찍 끝내고 즐거운 마음이 생겼습니다. 일주일기도를 무사히 마치고 회향을 했습니다. 살면서 이런 기쁨과 환희와 자신감을 갖게 된 것은 처음이었습니다.

그 후 두 번째의 어려움은 쉽게 지혜로이 극복할 수 있었고, 지금 생각하면 '스님께선 어려움이 올 것을 이미 알고 계셨구나' 하고 느껴집니다. 그래도 한편으로『관음경』같은 불가사의한 경전을 읽을 때면 반신반의하는 마음이 잔재해 있었습니다.

하지만 이제는 혼자서 일주일기도, 21일기도, 49일기도, 100일기도로 기도생활을 시작하여 매일 기도하며 아침을 여는 박묘심행으로 살고 있습니다.

제가 전생에 불교와 인연이 깊었던지 그렇게 쉼없이 열정적으로 가르쳐주시는 스님을 만나게 되었고, "호흡간의 자리를 관하라."는 한 말씀은 저로 하여금 참선의 길로 들어서게 했습니다. 그 때부터 '이 뭣고' 화두를 받아 정진하게 되었으며, 스님께선 "정념으로 하면 물어 볼 말이 생길 테니 꼭 물어보고 어떤 변화가 있으면 즉시 물어 보라"고 당부하셨습니다.

스님께서는 수시로 공부를 점검하십니다. "요즘 정진 상태가 어때요?" "요즘 어떻게 하고 있어요?" 하고 물으시면 진정 열심히 하고 있지 않다는 생각에 얼굴은 빨개지고 가슴은 두근거립니다. '이것을 물어봐야 하나? 아무 변화도 아니어서 무안하면 어쩌나?' 이렇게 짧은 시간이지만 많은 생각을 갖게 됩니다. 말이 잘 안 나와 말더듬이가 된 적도 여러 차례 있었습니다.

그렇게 해서 저는 불교인의 삶을 살게 되었으며 시간이 지남에 따라 부처님의 명훈가피력을 느끼며 늘 행복했습니다. 우리 가정에 좋은 일만 있었습니다. 원하는 일은 다 이루어졌습니다. 남편은 승진하여 과장이 되었으며, 저도 직장을 다시 갖게 되어 새로운 곳에서 좋은 사람들과 인연이 되어 새로운 일을 하는 것도 두려움 없는 즐거움이며, 아이들 셋이 원하는 대학을 졸업하고 직장생활을 하며 건강하고 건전하게 생활하고 있답니다.

부처님 법은 저를 너무 편안하고 평범하고 순수하게 만들어 주었습니다. 한번은 도반들과 스님을 모시고 무위사에 갔었습니다. 무위사의 뜻을 물어보시는데 '없을 무(無), 할 위(爲)'라는 말밖에는 아무리 해도 몰랐습니다.

"함이 없다."라고 말씀하시지만 도저히 그 뜻을 알지 못했습니다. 그런데 금강경을 읽으며 '아! 이렇게 좋을 수가' 하며 너무나 기뻐서 계속 3독을 하였습니다. 그 후로도 여러 번 읽고 매일 3독씩의 기도를 하기도 하였답니다. 거기에서 나는 '함이 없다' 라는 숙제를 확실히 알았습니다. 부처님의 가르치심은 말의 뜻에 얽매이지 않는 정진 속에서만이 알 수 있다는 것을 또 체험했으며, 계속하여 마음의 변화와 정진상태는 달라지고 있었습니다.

'행주좌와(行住坐臥) 어묵동정(語默動靜) 회광반조(回光返照)'는 늘 쓰시는 말씀이십니다. 늘 강조해서 실천하라 하십니다. 그게 왜 이렇게 어려운지… 저도 잘 하지 못하여 할 말은 없습니다만, 다른 일은 좋다면 서로 하려고 돈과 시간을 들이면서 왜 부처님 가르침을 실천하는 데는 자투리 시간조차 아까워하는지 제가 봐도 답답합니다. '스님께서 우리를 볼 때 얼마나 답답하실까?' 참으로 한심하실 겁니다. 스님께서는 그렇게 많은 것을 주려고 해도 받지 못하는 무지함을 나무라시지도 않고 항상 혼신의 노력을 아끼지 않으십니다. 그리고 늘 이렇게 말씀하십니다. "한번 해 보고 이야기해라. 찬물인지 더운물인지 먹어봐라. 아무리 좋은 음식이 있어도 내가 먹지 않으면 내 배는 부르지 않는다." 하고 가르치십니다.

"잘 사는 방법이 무엇입니까? 돈입니까, 명예입니까?" 잘 사는 것은 나 자신을 다스릴 줄 아는 것, 진정한 나를 찾는 것이 아닐까요? 평소 법문하실 때, "망상은 놀다가라고 놔 두고 회광반조해라." 하신 말씀이 이해가 안 갔습니다. 어떻게 헛생각을 하면서 마음을 제자리에 두고 회광반조할 수 있을까 하는 의심만 들었습니다. 그 후 여러 도반들과 1일 3,000배 기도를 하면서 이런 의심을 순간에 깼습니다. 이것은 실천해 봐야 안다는 사실을 자연스럽게 증명했습니다.

'98년 여름이었습니다. 도반들이 1일 3,000배 일주일기도를 하겠다 하여 저도 동참하게 되었습니다. 그 때의 제 상태는 상기되어 있었으며 숨이 가쁘고 머리가 아팠습니다. 스님께서는 염불을 하라고 하셨습니다. 아침기도, 신묘장구대다라니, 108배를 하면서도 좀처럼 안정되지 않은 상태였습니다. 이런 상황에서 꼭 3,000배 기도를 해야겠다고 생각하고 가족의 협조를 받게 되었습니다. 기도를 하게 된 것만으로도 감사와 행복이었습니다.

새벽 4시 반부터 기도는 시작되었습니다. 이틀 동안 신묘장구대다라니를 하면서 절을 했습니다만 머리가 아팠습니다. 조금은 불안해지기도 했습니다. 3일째 되던 날 새벽 1,000배를, 죽비 소리도 들리지 않는 화두 속에서 끝냈습니다. '야! 이제 됐다. 완전히 치료됐다.' 그 때부터 그렇게 가벼이 절을 할 수 있다는 사실이 믿어지지 않았습니다. 회향할 때는 너무 즐겁고 깊이 있는 정진 속에 들 수 있었습니다.

저희 집 처사는 매일 아침 3배를 올립니다. 그리고 휴가 때면 제가 가보지 못한 절로 안내하여 불자로서 함께 보냅니다. 이렇게 마음을 열고 함께 해준 데 대해 감사하며, 욕심이 있다면 함께 참선수행하여 노후를, 참 불교인의 삶에 동행할 수 있기를 기원하며, 꼭 그렇게 되리라 믿습니다.

저는 5시에 아침예불 30분 올린 후 30~40분 좌선하고, 오후 시간에는 되는 대로 약사경 1독(동생의 완쾌를 위해), 저녁에는 108참회문에 의해 절을 하며 참회를 하고, 10분 좌선 식으로 하루 일과를 보냅니다.

이렇게 제가 참불자로 사는 길을 열어주신 삼보님께 마음을 다 바쳐 감사드리며 제 마음의 꽃 구슬을 한없이 보내 '상구보리 하화중생'의 길이 환히 밝아지길 기원합니다.

나무 석가모니불 나무 석가모니불 나무 시아본사 석가모니불.

-주부, 월간 불광 2000년 7월호

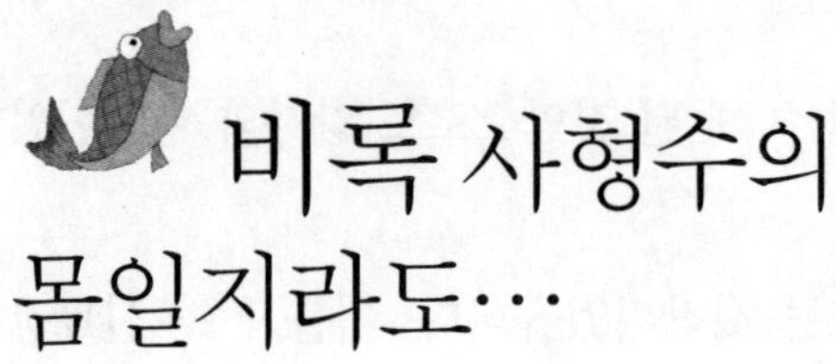 비록 사형수의
몸일지라도…

조심공

나무 불 나무 법 나무 승.

삼보전에 귀의하옵고 일심으로 참회하옵니다. 본래면목이 아닌 과거 저의 몸으로 무명과 무지 속에 지나온 날을 생각하니, 이 순간 모든 생각은 애잔한 슬픔으로, 순간 자리에서 석상이 되어버립니다. 이렇게 후회하고 번민 속에서 지내는 가련한 인생이 저 한 몸으로 끝맺음 되기를 합장하며 빌어봅니다.

먼 거리에서 불교라는 이름만 알았고, 불교가 자비와 지혜의 종교라는 것을 몰랐던 중생이기에, 지금 이 처지 인과필보(因果必報)의 맺음 너무나 당연하지만 부끄러움을 무릅쓰고 가슴치는 조그만 감동 있기에 감히 지면에 옮겨 봅니다.

사형수라는 굴레를 벗지 못한 이 몸으로서 불법을 안다고 말하는 자체가 민망한 일이지만 일체 중생이 모두 불성을 지녔다

138

는 불법을 만났기에, 새로 태어난 기쁨으로 창살 안 햇빛을 새
롭게 대하게 되었습니다. 인간이란 절대로 남에게 나쁜 짓 하
지 말며 오계를 지키고 육바라밀을 행하며 보살행의 자유로운
삶을 살아야 한다고 뉘우쳐 보지만 후회막급입니다. 인간도 비
인간도 아닌 전도몽상(顚倒夢想)으로 살아온 저였지만 이제는
한시도 불교를 떠나서는 살 수 없을 것 같습니다. 무지의 소치
와 순간을 참지 못해 영어(囹圄)의 몸이 되었지만 부처님의 가
르침을 진정으로 이곳에서 이해할 수 있게 되었기에 이 은혜
어떻게 표현해야 할지….

앞으로 얼마 안 있어 한 호흡에 숨이 멎겠지만, 지금은 세상
의 유혹을 떠나 어머님 품에 잠이 든 아기처럼 느껴진다면 너
무 자신만만한 표현이 될까요! 사형집행이 꿈이 아니라 현실인
데도 불교책을 접하면 환희용약(歡喜踊躍)하는 기쁨으로 자주
입정(入定)을 하는 버릇이 생겼습니다.

온갖 장애 벗어날 수 있는 굳건한 믿음이 생겼고 참회와 정
진으로 하루를 보내다 보면, 지옥 중생까지 한 사람도 남김없
이 구원하시겠다는 지장보살님의 대원 속에 제 자신도 있기에,
불법은 감로 자체였습니다.

지은 죄로 보면 엄청난 대죄이지만 광명진언처럼 일심에서
행한 속죄의 3,000배를 하며, 눈물 속에서 교차하는 명암을 가
져보면서 불법의 요체는 마음가짐에 있다는 것을 알게 되었습
니다. 제 몸은 죄의 대가로 형극의 길을 걷고 있지만, 마음으로
는 과거에 제가 지은 모든 악업을 참회하면서 부처님의 진실한

뜻 알게 해달라는 원을 가지고 하루도 소홀히 하지 않는 신심으로 오늘까지 만 4년 동안 십만 배 오체투지를 성취했고, 반야심경·천수경·금강경까지 독경하는 불자가 되었습니다.

이곳 부산구치소 교화위원이신 정각 스님께 오계를 수지하고 심공이라는 법명을 받아 이제는 자신있는 참회 불자가 된 것입니다. 불법 안에서 불심으로 현실에서 모든 것을 이겨내고 있기에 지금은 주위 분들에게 미력이나마 전도 전법하는 포교사의 역할도 하고 있습니다.

세상을 원망만 하면서 불만과 불안으로 소일하다가 불교를 알게 된 후로는 생사의 두려움에서 벗어나 편안한 기분으로 전화되었기에 주위의 환경과 세상이 한없이 고맙게 느껴집니다. 이러한 일을 우리 불법에서는 인과법칙이라 하지만, 부처님의 자비광명이 없었다면 저의 무명 언제까지나 캄캄한 미혹 속에서 방황했을 것입니다. 부처님의 한없는 은혜에 감사하며 세세생생 부처님 품안에서 살겠다고 다짐해봅니다. 저의 조그만 발심공덕도 회향하는 신심을 가졌기에 몸은 사형수이오나 이젠 어떤 바람에도 꺼지지 않는 법의 등불 밝히고 있습니다.

인과법칙에 따른 인과응보에는 약간의 두려움이 없는 것은 아니지만 부처님 말씀 따라 배우는 환희심이 더 크기에 부처님의 고행을 생각하며 더욱 정진·정정진하고 있습니다.

육근이 있어 항상 여러 가지 잡다한 생각으로 인해 못난 행동만 했었지만 지나온 모든 잘못을 진정 참회하며 하루하루를 보내고 있습니다. 초발심이 변정각이라, 저도 언젠가는 꼭 불도를 얻을 수 있다는 희망을 또한 가지게 되었습니다.

불광의 인연 계신 여러 불자님! 자타를 건짐이 어찌 자비라 이름하지 않겠는지요. 무지한 몸에서 10대 대승경전과 성철 스님 법어집 11권 모두 불심으로 정독하고 역대 선사들의 선어록인 전심법요, 임제어록, 육조단경, 선림고경총서까지 두루 전독한 연고로 출가의 뜻까지 가지게 된 이 현실이 어찌 불법 아니면 가능했겠습니까.

우리 불법에서 제행무상이라 했듯이 불법 속에서의 변함은 적멸위락(寂滅爲樂) 자체가 아닐는지요. 삶이 철로 주변에 펼쳐진 풍경 같은지라 저마다 특성이야 있지만, 광명은 하나로되 그 모두야 한 빛 안에 섭수되고 근기가 제각각 다른 고로 다양한 삶이 펼쳐지지만 불성이야 어찌 자타의 구별이 있고 다르다고 하겠습니다.

법화경의 비유품 말씀처럼 제 옷 속에 보배불성 감추어져 있는 것처럼 모든 중생도 다 가지고 있기에, 불광의 빛처럼 20여 년간 신행의 햇살된 자비의 행렬에 부끄러운 신행수기를 감히 드려봅니다.

불광의 빛이 있었기에, 불심을 대신심으로 옮긴 인연 또한 크기에, 음지의 불자님께 용기를 드리고 싶고, 청명한 불자님께는 자비의 법등을 더 밝게 켜시라는 무례한 부탁을 감히 드리고 싶고 주제넘게나마 투박한 제 수기를 통해 조그마한 법열이라도 느꼈으면 하고 일심으로 합장합니다.

무연의 중생은 제도할 길 없다고 하시지만 그 근본 뜻은 모든 중생이 무명에서 벗어나야 한다는 채찍으로 알아, 여러 보살님의 전도 전법 큰 원력으로 지장보살님이 서원하신 지옥 중생과 이웃들에게 이 생에서 성불의 씨앗 뿌려둠은 대승불자의 자비심 아니겠는지요. 저의 모든 매듭이 이렇게 법다이 된 연고가 인간방생 대원력으로 불철주야 정진하고 계신 정각 스님의 감화어린 법음이 이루어진 향내음이라 거룩한 스님께 다시 한번 합장합니다.

부처님께서 과거 전생에 대보살행을 하신 교훈을 배우고자 저의 장기를 기증했습니다. 너무나 크신 불법 은혜 갚고자 기증을 했지만 죄지은 몸인지라 청정한 보시행을 흐리게 하지는 않았는지 자문해 봅니다.

이 세상엔 몰라서 죄짓는 사람이 의외로 많다는 사실입니다. 한 사람이라도 더 포교하여 불법 안에서 살 수 있다면 이 사바 세계가 정토가 되겠지요. 불법 안에서 내생에도 심공처럼 되고자 얼마 남지 않은 생이지만 대참회하며 정진하겠습니다.

인과필보인 진리 엄연하오니 불법 인연 둘도 없는 보배로 생각하시어, 염주가 두루두루 둥글 듯이 자리이타 법수레 세세생생 이어지길 삼보 전에 엎드려 기원하옵니다.

나무 아미타불 나무 관세음보살 나무 지장보살마하살.

-재소불자, 월간 불광 1995년 3월호

내 마음 어디로 향하고 있나

권용화행

어렸을 때 어머니와 함께 백성욱 박사님을 친견한 것은 제 인생에 가장 획기적인 사건이었다고 할 수 있습니다. 그날 백 선생님께서 "금강경을 아침 저녁으로 읽고 미륵존여래불하고 바쳐라." 하셔서 그때부터 금강경을 계속 독송해오고 있습니다. 오로지 금강경 밖에 모를 정도로 한 우물만 파고 있는 셈이죠.

요즘은 인생의 황혼기에 들어 '부처님의 인연, 금강경과의 인연'이 없었으면 어찌 되었을까 생각할수록 감사한 마음뿐입니다. 저는 침착한 것 같으면서도 매우 급한 성격이었는데 법문을 자주 듣고 금강경 공부를 하면서 성격이 고쳐졌습니다. 예전에는 마음이 급해지면 화가 나고 남을 탓하게 되는데 공부한 뒤부터는 차츰 그것이 없어져 지금은 오히려 느려지는 것 같습니다. 제 성격대로 하려면 급해지고 부처님께 그 마음을 바치면 실수가 없습니다.

석가모니부처님께서 바로 '그 마음을 쉴지어다' 하신 그 말씀, 마음이 쉰다는 것에 심취해서 발심이 되었다 해도 과언이 아닙니다. 사람이 살다보면 좋은 인연도 만나지만 나쁜 인연 업보도 만나게 되는데 좋지 않은 인연을 만났을 때 마음을 바치지 않고 그대로 밀착이 되면 거의 서로가 상처받게 되고 좋지 않은 감정이 남게 됩니다. 그리고 나중에는 미움의 그림자가 남습니다. 그럴 때 그 미운 마음에 대고 부처님께 잊어버려질 때까지 바쳐서 해결했습니다. 결국 내 마음에 없으면 모든 것은 다 없는 것이라는 것을 알게 되었습니다. 이렇게 모든 상황 상황마다 부처님께 바치면 대인관계가 아주 원만해 질 수 있습니다.

젊은 사람들이 이렇게 한다면 사회생활에서 친구나 동료간의 관계도 가족관계도 모두 부드러워질 수 있습니다. 그런데 그때그때 바치지 못하고 놓쳐서 화를 내게 되면 시비가 벌어지고 공부한 것이 헛것이 되어버립니다. 결국 불법은 번뇌 망상 분별(쓸데없는 궁리)을 본래 없었던 것으로 알고 한 생각 한 생각 바꿔 없애면 즉 바쳐서 습이 없어지게 하는 진리임을 깨달았습니다.

예를 들어 사소한 일이지만, "맹인을 보면 답답한 일이 생긴다."는 말을 들은 적이 있어 그것이 입력되었는지 그 생각이 마음에 있었는데 공부하면서 그 한 마음이 바뀌어 요즘은 오히려 그분들을 위해 원을 세울 줄도 압니다.

또 한 가지는 무서워서 상갓집에 가기 싫고, 상갓집 음식을 먹기 싫었는데 그 생각도 바치는 공부를 하면서 버렸습니다. 죽음도 본래 없는 것임을 알게 되어 이제는 그 마음이 전혀 없어지고 영가를 위해 원을 세우는 상태가 되었습니다.

그리고 또 불구부정(不垢不淨)을 깨치게 되었는데, 원래 제가 결백증 비슷한 것이 있어서 그릇을 씻고 또 씻고 손을 하도 자주 씻어서 남들에게 흉을 잡혔습니다. 그런데 한 번은 약초를 끓여 먹으려고 할 때 냄비 안에 아주 더러운 것이 들어 있었습니다. 그전 같으면 다 쏟아 버렸겠지만, '아! 그래 불구부정(더러운 것 깨끗한 것도 없다)이라고 하셨지' 하고 건져내고 먹었습니다. '더럽고 깨끗한 것이 따로 있는 것이 아니라 다 내 마음이지' 하면서 원효 대사가 해골물을 마시고 일체유심조 도리를 깨달은 사실이 생각나기도 했습니다.

한편 이제는 대화를 하면서 흑백논리도 전개하지 않고 가만히 바치기만 합니다. 그러다 보면 용심(用心)도 원인도 조금씩 알아지는 듯하고 약간의 지혜도 나오는 것 같습니다. 그리고 또 예전엔 남이 지루한 얘기를 하거나 명철한 법문을 하지 못하면 듣기 싫어 했는데 이제는 끝까지 경청할 줄도 알게 되었으니 얼마나 좋은 현상이겠습니까.

참으로 부처님께 감사드립니다.

저는 10년 전에 큰 병이 걸려 수술을 받게 되었습니다. 그때 '긴 세월 동안 금강경을 읽고 바쳤는데 왜 병이 생겼나' 하는 원망이 아니라 '금강경을 읽고 바치지 않았으면 죽었을 것이 살아났다'는 생각이 들어 '부처님 시봉 잘 하기를 발원' 하고 원을 세웠습니다. 마침내 병을 다 고쳐 지금까지 건강하게 공부하고 있습니다.

그런데 사실 그 당시 그 병의 원인이 될 만한 저만이 아는 한 생각이 있었는데 그것은 다름아닌 '아! 이제 55세까지(그 당시) 몸에 칼 안 대고 살았으니 이만하면 잘 살았다' 하는 생각이 났는데 그 생각을 하자 마자 얼마 안 가서 그런 일이 생겼고, 몸에 칼을 대게 된 것입니다. 그래서 한 생각이 그렇게 무섭다는 것을 절실하게 체험했지요. 이것이 다 공부거리입니다.

하여튼 저의 생각(다 틀린 생각)이 문제입니다. 오직 바쳐야 할 뿐이죠.(한 생각 일으킬 틈 없이) 그래서 이제는 병도 본래 없는 것, 병이 병이 아니다 하면 조금 아프려 하던 것도 없어집니다. 몸은 마음이 지배하여 아프다는 생각 때문에 아픈 것이라는 것을 확실히 믿게 되었습니다.

그리고 또 한 가지, 저는 남들이 예의를 잘 지키지 않고 무례하게 굴거나 마구 행동하고 게다가 잘난척하면 아주 싫어하고 흉도 보곤 했습니다. 이제는 남의 허물을 보고 걸리는 것은 제 허물이라는 것을 깨닫고 보니 이제 그 사람 정도가 그러려니 하게 되어 얼마나 편하게 사는지 모릅니다.

저도 편하고 남도 편하고 아니 이젠 남의 허물이 보이지도 않고 볼 겨를도 없습니다. 저를 들여다 보고 저의 허물 고치느라고 바쁘기 때문입니다.

이렇게 금강경 공부는 실생활에 도움이 됩니다. 금강경 공부를 하면서 탐진치는 물론 많이 먹고 많이 자고 음주, 흡연, 색, 게으르고 부정적인 사고 등 그런 악습을 자꾸 고쳐 나간다면 건전한 사회가 저절로 이루어질 것이라는 생각이 듭니다.

세상일도 중요하겠지만 마음을 늘 부처님께 향하면 세상일도 순조롭습니다. 아침 저녁으로 금강경 독송하는 것을 지키기 위해 집에 일찍 들어가는 습관을 들이면 탈선하는 일 없겠고, 생활이 항상 정돈되고 마음을 쉬니까 정신이 맑아져서 일 처리도 잘 할 수 있을 것입니다.

일이 왜 이렇게 안 되느냐 하는 생각(瞋心:성내는 마음)만 없으면(잘 바치면) 된다는 생각만 남아 될 일은 다 되는 것도 많이 체험했습니다. 불법에는 신심이 가장 중요한 것 같습니다. 부처님 말씀 잘 믿고 실천하여(신심불역) 끝까지 잘하여 구경열반(최고의 행복)에 들어가야 할 줄로 믿습니다.

저는 금강경 수지독송하고 몸으로 복짓고 철저한 수행을 통하여 행주좌와어묵동정으로 위타인설을 실천하시는 분들의 수행처인 원당법당 '바른법 연구원'에서 매주 일요일 10시에 법사님으로부터 법문을 듣고 배우고 있습니다.

『마음은 어디로 향하고 있나』라는 책과 『성자와 범부가 함께 읽는 금강경』이라는 책을 수십 번 읽고 많은 것을 배웠습니다.

　무엇보다도 진심(瞋心)을 그리고 바라는 마음을 잘 닦으라고 늘 강조하시는 법사님의 말씀과 특히 금강경 해석을 자세하게 해 주셔서 뜻을 거의 알게 되니 독경하는 것이 즐겁고 공경심이 납니다. 금강경의 뜻을 알게 되니 다른 경도 저절로 이해가 잘 됩니다.

　우리는 부처님께 좋게 해 달라고 하지 말고 바라는 그 마음을 닦아 부처님이 기뻐하실 일만 하면 된다고 생각합니다

-도서출판 공경원 홍보이사, 월간 불광 2002년 5월호

업장 녹여 행운 여는 법

선덕화

해인사 법당에서 예불을 드리려고 좌복 위에 앉아 있다. 학인스님들의 청정하고 단아한 모습이 나를 울먹이게 하고 법고소리와 범종소리가 나를 잊어버리게 한다.

저녁예불이 시작되었고 장엄한 예불 소리에 나도 하나가 되었다. 반야심경이 끝나고 스님들이 금강경을 독송하였다. 내가 그 동안 십수년간을 독송해온 익숙한 경문이다. '여시아문 일시불 제사위국….'

지금으로부터 18년 전 어머니와 같이 대둔산 태고사를 찾아갔다. 그 때 우리 집안은 여러 가지 어려운 일들로 평안하지 못한 나날을 보내고 있었다. 우리는 어디엔가 의지하고 싶은 마음에 안정을 찾을 수 있는 사찰을 찾았고, 때마침 주위 분에게서 태고사를 다니면 좋다는 이야기를 듣고 태고사를 수소문하여 찾아갔다.

태고사에 오르는 길은 매우 길었다. 포장이 되어 있지 않은 그 길을 어머니와 함께 오르며, 현실에 처한 상황을 극복할 힘을 달라고 부처님께 간절히 기원을 드렸다. 근 두어 시간을 올라 도착한 태고사는 대둔산 줄기 자락에 위치한 조그마한 절로 한창 불사 중이었다. 비록 조그마한 사찰이었지만 왠지 큰 힘이 있음을 느낄 수 있었다.

그 날 어머니와 나는 처음으로 법당에서 부처님께 1,080배를 하였다. 절을 많이 하면 무엇인가 부처님의 가피가 있을 것이라는 믿음에 온몸을 적시는 땀방울이 소중하게만 느껴졌다. 천 배를 마치고 집으로 돌아가려는데 정안 스님이 우리 모녀를 부르셨다. 스님은 앞으로 열심히 기도하라는 말씀과 함께 천수경과 금강경이 수록되어 있는 불자독송집과 108염주를 주셨다. 얼마나 감사한지 몰랐다. 그 날부터 나의 기도생활이 시작되었다. 날마다 천수경, 금강경을 독송하기 시작하였고, 어려운 집안의 일들이 조금씩 풀려 나가기 시작하였다. 일이 잘 풀리지 않을 때마다 1주일씩 기간을 잡아 기도를 하면 잘 풀려 나갔다.

그 후 결혼을 하였고 기도생활을 꾸준히 계속하였다. 그러나 악연이라고 해야 할까. 나와 남편과의 인연은 10년을 가지 못했다. 남편은 결혼 후 잦은 외박과 나에 대한 차가운 냉대로 우리 사이는 좋지 않았고, 남편의 사업은 점점 어려워지더니 결국은 부도를 맞고 말았다. 그리고는 나와 어린 세 아이를 버리고 집을 나갔으며, 약 7년을 사귀어 온 여자와 다른 곳에서 살림을 차려 급기야는 이혼을 하는 지경에 이르렀다. 이혼 후 나에게 남은 것은 여기 저기 벌여놓은 산더미 같은 빚과 허탈한 절망감이었다. 그와 과연 어떤 인연이길래 이렇게 내 가슴에 못을 박아 놓고 떠나 버렸는지 부처님 전에 눈물을 흘리며 통곡을 하였다. 그 때 문득 예전에 꾼 꿈이 생각났다.

몇 년 전 둘째 아이를 갖기 위해 열심히 기도를 하고 있었는데 비몽사몽간에 꿈을 꾸게 되었다. 어딘지는 모르겠는데 내 발 밑에 관이 하나 놓여 있었다. 그리고는 어떤 남자가 슬픈 표정으로 앉아 있었고, 한 여자가 세 명의 아이를 안고 관을 노려보고 있는 것이었다. 그리고는 그것이 너의 전생이라면서 어떤 스님이 나에게 말씀하셨던 것이다. 아! 나의 전생의 일이 지금 현실로 나타나고 있구나. 나와 남편은 악연이었구나. 전생을 보려면 지금의 모습을 보아야 한다는 말처럼 내가 전생에 지었던 과보를 이생에 이렇게 똑같이 받고 있구나.

하염없이 눈물이 흘렀다. 부처님이 말씀하신 인과응보를 뼈저리게 느꼈고 부처님의 말씀은 한 치의 오차도 없다는 것을 내가 직접 확인하게 되었다. 앞으로는 부처님의 법을 포교하면서 살겠다고 다짐하였다.

나는 아버지로부터 버림받은 어린 세 아이를 보면서 결코 약해져서는 안 된다는 생각으로 열심히 살아갔다. 아이들을 데리고 사글세를 전전하였고, 직장에서 타는 월급으로 남편이 지어놓은 빚을 갚기에 빠듯하였다. 그래도 나의 업을 소멸하는 과정이라는 생각으로 열심히 기도를 하며 어떠한 원망도 없이 살아갔다. 비록 경제적인 어려움에 처해 있지만 착한 아이들과 부처님의 법을 따르기에 내 마음은 넉넉하고 여유 있었다. 그리고는 나중에 잘 살게 되더라도 결코 사치를 하지 않고 남을 돕겠다고 다짐을 하였다. 그 때부터 남을 돕는 작은 실천을 시작하였다.

그 남을 돕는 첫 번째의 일로 일요일마다 아이들을 데리고 관음사에 가서 법당청소를 하였다. 법당을 쓸고 닦을 때마다 나의 업장을 참회하며 남편이 지어 놓은 그 많은 빚을 갚게 해 달라고 하였다. 그런데 얼마 후 꿈에 스님이 빚을 갚으라고 하시면서 백지수표를 나에게 주셨다. 스님이 무슨 돈이 있어서 수표를 주시냐고 물으니, 스님이 자신의 사재를 털어서 준다고 하셨다. 그런 꿈을 꾸고 얼마 후 집에 불이 났다. 사글세를 전전하다가 대출을 받아 전셋집을 마련하였다. 그런데 그 집에서 약 1년 정도 살다가 집을 비운 사이 전기 누전으로 불이 났다.

무척이나 놀랐고 하늘이 무너지는 듯이 암담하였다. 왜 자꾸 이런 시련이 끊이지 않는 것일까? 하지만 전화위복이라고 해야 할까 오히려 직원들, 청년회 회원들, 친구들이 불우이웃을 돕겠다고 화재의연금을 모아 주었는데 그 금액으로 빚을 갚게 되었다. 꿈에 스님이 빚을 갚으라고 주신 것이 현실로 맞아 들어갔던 것이다. 다시 한 번 부처님의 가피를 느꼈고 불법의 전파를 위해 열심히 기도 정진하리라고 발심을 하였다.

어려운 생활 속에서 기도를 계속하였고 대한불교청년회 금강회와 인연이 닿아 능엄경, 금강경, 기신론 등 경 공부도 하면서 신행생활을 꾸준히 해왔다. 또한 내가 지킬 수 있는 계를 지켜가며 열심히 지장기도를 하였다.

그 후 나는 청양 정혜사 중암에 계신 옥호 스님과 인연되어 마음 비우는 공부를 배웠다. 그 때 중암에서 도반을 만났는데, 남편이 사업을 하다가 부도가 나서 빚이 1억원이 넘어 살기가 힘들다고 하였다. 나는 그 이야기가 남의 일이라는 생각이 들지 않았다. 그것은 바로 나의 고통과 같았다. 그러면서 문득 나에게 또 다른 발심이 일어났다.

현실의 모습이 전생의 모습이라고 하듯 내 행동의 결과로 지금 상황에 있으니, 그것을 깨닫고 더 이상의 원인이 되는 행동을 하지 않으면 고통스런 미래는 없을 것이다. 중생들이 단지 오랜 습에 물들어 있어 자신의 행동을 깨닫기가 어려우니, 기도하면서 참회하고 마음을 비우고 주위의 어려운 사람을 도와준다면 빨리 그 고통에서 벗어나리라는 생각이 들었다.

남을 도와 주는 것은 자신의 탐욕심을 가장 빨리 버리는 방법일 것이다. 꼭 물질적인 것이 아니더라도 작은 친절, 따뜻한 말 한 마디, 어려운 사람을 위하여 기도하여 주는 일 등 남을 위하여 행동하는 습관을 만들면 마음을 비우는 데 큰 도움이 되리라 생각하였다. 내가 깨달음을 얻어 그들을 제도해야겠다는 발심이 강하게 일어났고 더욱 기도 정진하였다.

4년 전 녹야원의 박형권 법사로부터 대전에 불교상조회를 만들자는 제의를 받았다. 우리는 주위의 뜻을 같이 하는 사람들과 더불어 아미타상조회를 설립하였다. 홍보물을 만들어 절마다 홍보하고 법회, 모임이 있는 곳마다 가서 유인물을 돌렸다.

아미타상조회는 한 달에 한 번 일정기간 동안 회비를 내면 수의, 장의차 등 일체(음식물은 제외하고 최소경비)를 불교식으로 해주므로 장례를 치르는 분은 저렴하고 편리하다고 하였다. 회비만으로는 유지가 되지 않으므로 아미타상조회의 직원들은 정말 박봉으로 열심히 일을 한다. 그야말로 봉사정신 없이는 할 수 없는 일이었다. 나는 상조회 일을 도와 주면서 열심히 영가들을 위해서 기도를 해주었다.

아미타상조회를 만들고 태고사에 홍보를 하러 갔다. 승진시험이 불과 2주 남아 있었지만 700~800매의 홍보 전단지를 가지고 태고사를 찾았다. 그리고 법당에서 부처님께 삼배를 하면서 간절히 기도를 드렸다.

'부처님 저는 돈도, 명예도, 공덕도 바라지 않고 다만 대전시내 사람들이 마지막 임종시에 불교식으로 장례식을 치루어 불교와 인연을 맺어 줌으로써 나중에는 성불하기를 간절히 원하옵니다.'

그 다음날 새벽에 꿈을 꾸었다. 깨끗한 방을 쓸고 있는데 방바닥에 구멍이 있고 그 속에서 실뱀이 길게 나와서 죽어 있는 것을 치우는 꿈이었다. 순간 나는 나의 전생의 업장이 사그라지고 있다는 것을 느꼈다. 그리고는 소화불량과 가위 눌리는

154

지병이 없어졌고, 승진시험도 합격을 하였다. 모두 부처님의 가피력이었다.

18년 전에 처음 불법과 인연을 맺으면서 지금까지 계속 기도를 해왔다. 나는 기도를 할 때 나를 위한 기도는 거의 하지 않는다. 나보다는 중생을 위한 기도를 한다. 기도를 통한 공덕이 내가 아닌 이 무명의 중생들에게 회향되기를 기도한다. 남편과의 10여 년 세월 동안 나는 인욕과 무주상 보시를 배웠다. 지금은 어떠한 누구에 대해서도 원망이 없으며 중생들이 빨리 부처님의 법을 배우기를 원한다.

이제 아파트도 사고 몸도 많이 건강해져서 직장도 잘 다니고 있으며 세 아이와 함께 행복한 가정을 이루어 살고 있다.

요즘은 기도와 함께 참선의 즐거움에 빠져 한 달에 두 번 해인사 원당암에 다니면서 참선수행으로 행복한 나날을 보내고 있다.

-공무원, 월간 불광 2001년 6월호

행복한 나

강숙희

제가 언제나 느끼는 것은 부처님의 자비 광명은 무한하고 모든 이에게 평등하다는 것입니다. 그런데 이렇게 무한한 자비광명으로 살고 있으면서도 무심코 지나칠 때가 많습니다. 제가 이러한 느낌을 받고 이해하기까지의 얘기를 들려드릴까 합니다.

저는 '친정어머님이 절에 다니시니 나 역시 불교인이다'라는 막연한 생각만을 갖고 있었으며, 결혼한 후에도 역시 초하룻날과 큰 행사가 있을 때만 절에 가끔씩 다녀온지라 불교에 대한 지식은 거의 우매했습니다. 다행히 불교 교리에 밝은 여동생의 도움으로 반야심경과 천수경을 접해 볼 기회가 있었습니다. 그러던 중에 우리 가족은 가슴 아픈 일을 겪어야만 했습니다.

남편, 아들, 딸 그리고 저 이렇게 우리 네 식구는 서로 사랑하며 행복하게 사는 지극히 평범한 가정이었습니다. 그러던 어느 날 뜻하지 않은 사고로 아들을 가슴에 묻어야만 했습니다. 15년 넘게 길러온 자식을 떠나보내야 한다는 것, 너무나도 받아들이기 힘든 현실이었습니다. 하늘이 무너지고 땅이 꺼진다는 말을 실감할 수 있었습니다. 세상이 원망스럽고 정말 억울했습니다. 그런 와중에 '내가 이토록 사랑하는 아들이 마지막 가는 길이라도 마음 편하게 떠날 수 있도록 해주는 일이야말로 내가 해줄 수 있는 마지막 사랑'이라는 생각이 들었습니다. 제 아들이 편안하게 떠날 수만 있다면 어떤 일이든지 다해주고 싶었습니다.

그런데 출상하던 날 새벽에 갑자기 삼귀의조차 불러본 적 없는 제가 '찬불가를 불러주면 죽은 아들이 극락세계에 편안히 잘 갈 수 있을 것 같다'는 생각에 잘 알지도 못하는 찬불가 몇 곡을 소리 내어 부르기 시작했던 것이었습니다. 친지 분들과 식구들은 저를 걱정스런 눈빛으로 바라봤지요. 그 때의 제 행동은 영가의 뜻이 아니었을까 하는 생각도 듭니다. 또 동생의 도움으로 가까운 사찰의 스님이 오셔서 염불을 해주셔서 아들을 더 편하게 보낼 수 있었습니다. 슬픔에 빠져 정신없이 장례식을 치르고 나니 마음이 어수선했습니다. '죽은 아들을 위해 내가 더 해줄 수 있는 일은 없을까' 생각하던 중, 친정어머니와 동생이 49재를 올려주는 게 좋겠다고 했고, 가까운 곳에 불광사가 있다는 것을 알게 되었습니다.

동생의 소개로 주지스님의 안내를 받을 수 있었고, 영가 법문도 들을 수 있었습니다. 그 법문을 듣고 나니 혼란스럽던 생각들이 사라지면서 마음이 편안해졌습니다. 그 날의 법문은 아들의 죽음을 받아들이고 불교에 귀의할 수 있도록 도움을 주었습니다. 그렇게 아픈 사연을 갖고서 불광사와 인연을 맺기 시작한 날이 96년 1월, 그 해 겨울은 유난히도 추웠던 걸로 기억이 됩니다.

아들의 49재를 계기로 새벽기도에 참석하게 되면서 무상계를 외우게 되었고, 아미타경도 매일같이 독경하였습니다. 그렇게 기도를 열심히 할 수 있었던 원동력은 제 마음의 소리였습니다.

'아들의 죽음을 인정하자. 엄마이자 아내로서의 내가 강해져야지.' 하고 마음을 다잡았습니다.

하루는, 아들을 잃은 슬픔에 매일 밤 술에 취해 늦게 귀가하는 남편과 동생이 떠난 것을 받아들이지 못하고 있는 고3 수험생 딸을 바로 잡아줘야겠다는 생각에 셋이 모여 대화하는 자리를 마련했습니다. 그 자리에서 저는 가족들에게 우리 사랑스런 아들을 부처님 전에 유학 보낸 거라 생각하자고 했습니다. 건강하고 순수하게 행복하다가 갔으니 어디를 가든 기쁘게 갔을 거라고 말이죠. 우리가 슬퍼하며 마음을 잡지 못하면 우리 아들도 우리 곁을 마음 편안하게 떠나갈 수 없을 거라고, 더 이상 슬퍼하지 말고 우리가 더 잘 살아야 아들이 좋은 곳에서 우릴 웃는 얼굴로 바라볼 수 있을 거라고요. 아들을 위해서라도 힘내자고 했습니다.

저는 사랑하는 아들이 좋은 곳에 갈 수 있게, 가족들이 다시 웃음을 찾을 수 있도록 도와달라고 더욱더 열심히 기도했습니다. 아들을 보내는 49일 동안은 구구절절 마음에 와 닿은 아미타경을 읽어주며 매일 기도했습니다. 그렇게 기도하는 동안 마음 한편이 따뜻해지는 것을 느꼈으며 아들이 웃으며 저를 바라보고 있는 것 같은 느낌에 한없이 좋았습니다. 부처님의 도움이 있었기에 그렇게 슬픈 와중에도 정신을 차리고 힘을 낼 수 있었던 것 같습니다.

나중에 알게 된 일이지만 남편이 아들 49재를 끝내고 꿈을 꾸었는데, 산길을 걸어가는데 둥근 보름달이 환하게 길을 비춰주더라면서 이렇게 기분 좋은 꿈은 처음이었다는 것이었습니다. 혹시 죽은 아들이 아버지가 슬퍼하는 게 못내 안타까워서, 그런 아버지를 위해 마음이나마 편안하게 해드리고자 꿈속에서 빛을 보여준 것이 아닐까 하는 생각이 들더군요. 49재를 끝내고 불광사 옆으로 이사를 하고 더욱더 불광사에 의지하게 되었습니다. 부처님이 없었다면 지금의 제가 있을 수 있었을까, 아니 더 나아가 우리 가족이 지금처럼 잘 지낼 수 있었을까 하는 생각도 듭니다.

다음 해 4월 8일, 저는 장이 유착되어 수술을 받아야만 했습니다. 저는 그 수술이 3번째 수술이라 정말 힘들었습니다. 제 몸 하나 가누기 힘들 때 '우리 가족에게 더 이상의 불행은 없어야 된다, 내가 하루 빨리 나아서 남편과 딸에게 힘이 되어 줘야 한다'는 생각이 들었습니다. 그 때 불광사의 여러 보살님들이 와주셔서 기도도 해주고, 다 나으면 합창단에 들어 같이 노래를 부르자며 용기를 북돋워 주셨습니다. 어려울 때의 말 한마디가 제겐 굉장히 큰 힘이 되었습니다.

저는 여러 도반들의 기도에 힘입어 용기를 얻고 고마운 행동에 느낀 바가 커서 그 이후에는 어려운 불자들에게 조금이나마 도움이 되고 싶어 틈틈이 그 보살님들과 함께 병문안을 다니면서 기도를 드리곤 했습니다. 아픔을 겪었기에 남의 아픔도 이해가 되며 제가 도움을 받았듯이 나도 남에게 조금이나마 도움을 주고 싶은 마음이었습니다.

그러던 어느 날 몇몇 보살님과 함께 국립극장에서 마하보디 합창단의 부모은중경 공연을 관람하게 되었는데 공연 모습에 깊은 감명을 받아 합창단에 들어가게 되었습니다. 그 때까지도 합창단에 입단하는 것이 제 인생에 그렇게 큰 전환점이 되어줄 줄은 정말 꿈에도 몰랐습니다. 합창단에 들어간 지 얼마 되지 않아 그해 11월에 남편과 함께 계를 받았는데 저는 지혜림, 남편은 도해라는 법명을 받고 새롭게 태어났습니다.

그 후 12월 어느 날 친정어머님으로부터 아버님이 편찮으시다는 연락을 받았습니다. 아들의 죽음에 대한 아픔이 채 가시기도 전에 겹쳐서 온 불행이었습니다. 사실 아버님께도 사랑하는 손자의 죽음이 적잖은 충격이셨을 것입니다. 방학이 되면 손자가 오기만을 손꼽아 기다리시다가 여기저기 데리고 다니시는 것을 낙으로 삼곤 하셨는데, 그렇게 아끼던 손자를 자신

보다 먼저 머나먼 곳으로 떠나보낸 심정이야 오죽하셨겠습니까? 아버님은 연세도 많으시고 췌장암 말기라 수술조차 할 수 없는 상태로서 고통없이 편안히 보내는 일만 남았다고 했습니다. 아버님이 돌아가시기 전에 기도를 많이 해드려야겠다는 생각에, 보살님 세 분과 함께 부산의 친정집에 내려가서 아버님을 위해 철야기도를 했습니다.

어느 보살님이 말씀하시기를 『지장경』 칠독은 꼭 마쳐야 한다고 하시기에 곧바로 집에 와서는 향을 피워놓고 15일 정도의 기간을 두고 『지장경』 칠독을 하기 시작했습니다. 아버님은 제가 마지막 칠독 회향을 마친 날 저녁 6시에 임종하셨습니다. 그래서 그런지 사랑하는 손자 곁으로 편안히 가셨을 거라는 생각이 들었습니다.

그렇게 두 번의 아픔을 겪고 다시 일어 설 수 있었던 건 우리 가족과 불광 가족들이 있었기 때문입니다. 그래서 더욱더 가정에 충실하려고 노력했고 불광 일에 적극적으로 나섰고 기도도 열심히 하였습니다. 98년 2월에는 불광불교대학 1기를 마쳤습니다. 이 때 받은 교육덕분에 목탁도 칠 수 있게 되었고, 전법에 자신감도 생겼습니다. 이 글을 빌어 열강해주신 여러 선생님들께 진심으로 감사를 드리고 싶습니다.

이렇게 기도며 봉사활동을 열심히 하던 중 어느 날 승가대학교 원장선생님께서 불광사에 오셔서 "하나밖에 없는 불교보육교사 교육원이 학생이 모자라서 교육원 문을 닫게 된다."고 하시기에, 용기를 내어 나이가 많아도 다닐 수 있느냐고 물었더니 고등학교 졸업장만 있으면 누구나 다닐 수 있다는 말씀에 도반들과 함께 등록을 하게 되었습니다.

저는 불교보육교사 교육원(승가대학교 부설)에서 아동심리학 등을 배우고 20~50대로 이루어진 주, 야간 학생들의 열기 띤 배움의 전당에서 교수님을 모시고 공부할 수 있다는 것이 참으로 행복합니다. 제가 불교보육교사 교육원에 다니면서 공부할 수 있도록 묵묵히 지켜봐 준 남편과 공부하는 데 도움을 준 딸에게 고마울 뿐입니다. 끝까지 최선을 다해 수료하여 불광에서의 봉사활동은 물론, 부족하지만 있는 힘껏 최선을 다해 자원봉사자의 도움이 많이 필요한 보육원에서의 봉사활동을 열심히 할 것입니다.

마지막으로 부처님은 우리 불자들에게 희망과 용기 성취의 길을 열어주십니다. 불자 여러분께 그러한 부처님의 자비광명이 충만하시길 바라면서 이만 줄이겠습니다.

-불광법회 임원, 월간 불광 2002년 9월호

죽음보다 깊은 병고 속에서 만난 부처님 은혜

이성애

이제 내 나이 서른다섯, 많지 않은 나이에 나는 내 인생에서 가장 힘들고 고통스러웠던 때를 겪었고 다시는 그런 고통이 있을 것 같지는 않다.

5년 전, 세 살 된 딸아이 그리고 남편과 아무런 걱정 없이 지내던 중 아무 이유 없이 온몸이 아프고 열이 나는 증세로 대수롭지 않게 병원을 찾았다. 그러나 병원에서도 뚜렷한 병명을 밝히지 못해 이 병원 저 병원으로 전전하던 중 모 종합병원에서 류머티즈 관절염이라는 진단을 받게 되었고 그 결과 평생 약을 먹어야 된다기에 그때부터 약에 의존하기 시작하였다. 그런데 약에 의한 부작용 탓인지 목에 계란만한 혹이 생기는 것이었다. 너무 놀라 또다시 병원에 갔더니 임파선 결핵이라는 것이었고 의사가 처방한 임파선 결핵약을 먹기 시작하였다.

게다가 약을 먹으면 토하고 밥을 못 먹는 위궤양이 생겨 류머티즘 관절염, 임파선 결핵에 위궤양이라는 또 한 가지 병이 붙었다. 그런데 엎친 데 덮친 격으로 목에 난 혹을 수술로 제거했는데 똑같은 크기의 혹이 그 밑에 또 난 것이다.

밥도 제대로 못 먹어 기운은 날로 쇠약해져 갔고 내 육체는 하루하루가 다르게 말라가 병은 깊어졌으며 마음까지도 쇠약해 갔다. 내가 할 수 있는 일이라곤 침대에 누워 천장만 쳐다보고 화장실에 가는 일과 가끔 온 몸에 힘을 내어 베란다에 나가 밖을 내다보며 건강한 사람들을 부러워하는 일이 전부였다. 그리고 나를 아는 사람들은 "젊은 사람이 안 됐다."며 혀를 끌끌 차는 것이었다.

어린 딸아이와 병든 아내를 위해 남편은 직장을 사직하였고 친정어머니는 내 치료비와 생활비를 책임져야만 했다. 나는 이내 우울증에 빠져 밤마다 죽음이란 사신이 와서 내 몸을 괴롭히는 꿈과 육체적 고통 때문에 잠을 못 이루고 짐승같이 울부짖으며 소란을 피웠다.

그러나 그것도 모자라 갑자기 심장이 멎을 것 같은 증세로 응급실 드나들길 내 집 드나들 듯하여 정말 사람 사는 게 아니었다. 이런 것이 바로 지옥이구나 싶었다.

이렇게 하루하루를 지옥같이 보내며 눈물로 나날을 지새우고 있을 때 내게 새 삶을 찾아준 가장 절친한 친구이자 이제는 평생의 은인이 된 친구가 몸도 제대로 가누지 못하는 나를 이끌고 안양에 있는 '한마음 선원'이라는 곳에 데리고 갔다.

그때 나는 그저 병만 낫게 해 준다면 무슨 일이든 하고 싶은 심정에 아무 것도 모르고 친구만 따라갔다. 절에서 병을 낫게 해 준다는 것이 잘못된 생각인 줄 알면서 그때는 그것이 문제가 아니었다. 그저 병이 나을 수 있다는 말에 이끌려 대행 큰스님을 친견하게 되었다.

처음 친견하던 날 나는 나의 고통을 호소하고 병 좀 낫게 해 달라고 하였다. 그랬더니 큰스님께서는 "관(觀)하는 법 알아요? 관하는 법 알고 가세요." 하시는 거였다. 나는 관하는 게 무엇인지 몰랐고 그날 큰스님의 말씀은 그게 전부였다. 나는 그래도 무조건 매달리기로 하였다. 어찌할 방법이 없었으므로…. 두 번째 큰스님을 친견하던 날 큰스님께서는 아무 대답 없이 가만히 한참을 계시더니 "알았어요." 하시는 거였다.

나는 당시 무슨 뜻인지도 모르고 무조건 친견을 하러 다녔다. 네다섯 번째 친견을 하던 날 나는 큰스님의 말씀을 듣고 뭔가 머리가 맑아지는 느낌을 받았다.

"너는 네 자신이 구덩이에 빠져서 허우적거리고 있어, 빨리 나와서 걸어, 충분히 걸을 수 있으니까." 하시고는 나를 혼내시는 거였다. 그 자리에서는 그 말씀을 이해를 못하고 그냥 집에 왔는데 가만히 생각해 보니 이건 보통 말씀이 아니었다.

'맞아 이거야! 나는 병이 없어! 병도 내가 만들어 놓고 내가 아프다고 허우적거리고 있었던 거야.'

이때부터 나는 관하는 공부를 하기 시작하였고 모든 일체 경

계를 놓는 연습을 하였다. 닥치는 대로 책을 읽고 큰스님 테이
프를 들으며 하루를 보냈다.

"병과 내가 둘이 아니니 부처님 한 마음으로 돌아가게 해 주
십시오."를 매일 매일 수없이 관했다. 그러다 보니 밥을 못 먹
던 내가 밥을 조금씩 먹게 되었고 목에 두 번째 생겼던 혹은 수
술을 하지 않았는데 저절로 없어졌다.

어느덧 선원까지 혼자 갈 수 있을 정도가 되기는 하였으나
완치가 되지는 않았다. 석연치 않은 기분으로 1년여를 보낼 무
렵 병마는 나를 떠나지 않았다. 그때 결핵약을 먹고 있었는데
무슨 이유에서인지 자가 면역이 떨어지고 백혈구 수치가 떨어
져 한동안 정신적 고통을 당해야 했다.

그럴 때마다 선원에 계시는 스님들과 법사님을 못살게 굴었
다. 아무 때나 전화를 하여도 짜증내지 않고 항상 따뜻하게 대
해주시며 '믿고 맡기는 공도리'를 가르쳐 주셔서 그럴 때마다
위기를 무사히 넘기곤 하였다. 정말 무어라 표현할 수 없이 감
사할 따름이다. 병을 앓은 지 3년이 되던 날 나는 의사로부터
"이제는 병원에 오지 마세요."라는 말을 듣게 되었고 그 순간
내 얼굴 위로는 무어라 말할 수 없는 눈물이 하염없이 흘러내
렸다.

"부처님 감사합니다. 큰스님 감사합니다."

모든 이들에게 감사했고, '이제 정말 시작이야! 그래 나는
다시 태어난 거야!' 하고 마음을 다졌다.

항상 큰스님을 뵐 때마다 언제나 변함없이 "모든 경계를 둘

로 보지 말고 모든 경계를 나의 주인공(본래 자리) 자리에 되돌려 놓아라. 그리고 묵묵히 살아가라(순간 순간 처함에 최선을 다해 집중하라)."고 가르치신다.

그 어떤 것을 큰스님께 여쭈어도 결론은 언제나 참된 마음, 간절한 자비심, 주인공을 향한 철저한 일심, 삼계를 하나로 보시는 확연한 삶의 시현(示顯)으로 귀일하심에 부드러움과 자유자재하심 속에서도 변하지 않는 일미(一味)가 있다.

병과 나를 둘로 보지 않는 가르침으로 나의 병 아닌 병은 치유가 되었고 또 마음 법을 공부하는 계기가 되어 나는 또 우리 절 상계동 동대표로 나누어도 나누어도 줄지 않는 부처님 법을 나누며, 나에게 행복을 찾아준 스님, 법사님, 남편과 친구 등 모든 이에게 감사하며 열심히 살고 있다.

-주부, 월간 불광 1997년 12월호

3

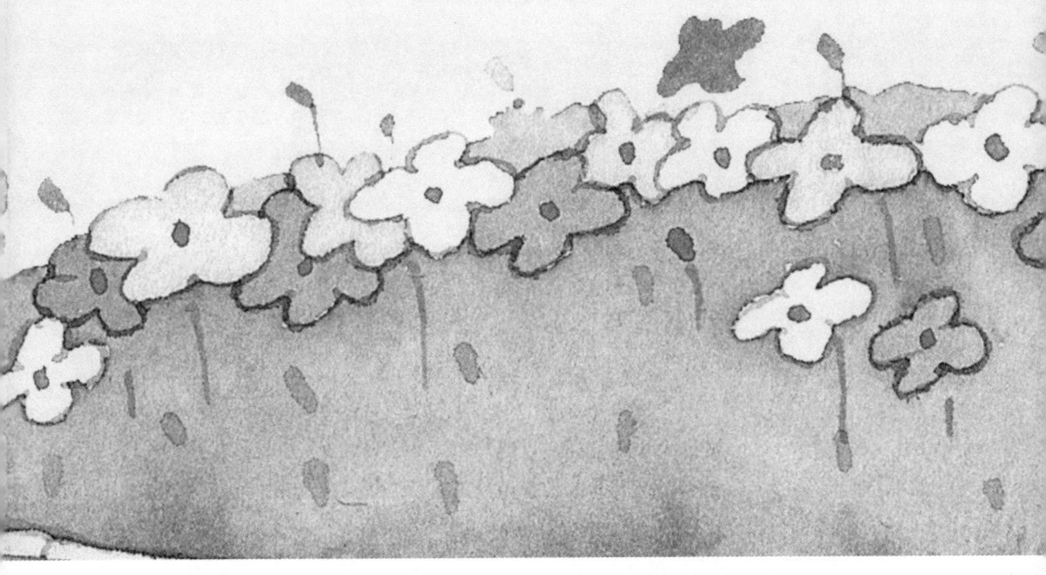

나의 수행 이야기

죽음에서 벗어나자면

전근홍

국민(초등)학교 6학년 때로 기억된다. 평소에 친하게 지내던 같은 반 친구가 어느 날 갑자기 장티프스 병에 걸려서 앓다가 죽었다. 갑작스러운 친구의 죽음을 접하자 처음 며칠간은 친구가 불쌍하다는 생각도 들고 보고 싶기도 하였다. 그런데 한 일주일쯤 지나자 나도 언젠가는 죽게 된다는 생각이 문득 들었다.

어찌된 일인지 그 날 이후부터는 내가 죽는다는 생각이 머리에서 떠나질 않았다. 얼마 뒤 중학교에 가서도 이런 생각은 머리에서 떠나질 않았다. 심지어 학교 수업 중에도 끊임없이 죽으면 어찌될까 하는 생각에 잠기곤 하였다.

또 그 때쯤 학교에서 과학 시간에 가도 가도 끝없는 우주에 대해 배우고 나서는 더욱 죽음에 대한 생각을 떨칠 수가 없었다. 끝없는 우주가 있다는 사실과 아무리 생각해도 알 수 없는 죽음과는 깊은 연관이 있는 것 같은 생각이 들었다. 자꾸 우주와 죽음에 대한 생각을 하다보니 나중에는 '죽음이란 아무도 없는 캄캄한 우주에 혼자 둥둥 떠다니는 상태가 아닌가' 하는 생각이 들었다.

그 뒤 고등학교에 가서도 앞으로 닥쳐올 죽는다는 엄연한 사실에 대한 두려움이 끝없이 자꾸 일어나서, '도대체 그 죽음에서 벗어날 방법이 없을까' 하고 수없이 생각하게 되었다. 죽음에 대한 문제가 해결되지 않고서는 무엇을 하든지 삶의 의미를 찾을 수 없는 것 같았다.

그러던 중 대학에 들어가게 되었는데 그 곳에서 중학교 때 단짝이었던 친구를 우연히 만나게 되었다. 이 친구는 자기 형님의 영향을 받아 불교공부를 열심히 하고 있던 친구였다. 매일 학교에서 만나 같이 어울려 다녔는데 어느 날은 절에 한 번 가보자고 권했다. 당시까지만 해도 우리 집안은 기독교 집안인데다 일요일마다 교회를 다니고 있었을 때였다.

그러나 종교보다도 직면한 죽음에 대한 문제의 해결을 위해 정신적인 해결 방법을 찾고 있던 나로서는 선뜻 마음이 내켰다. 이유는 절에 가면 참선을 한다고 들었는데 나는 참선 대신에 정신집중을 해서 '죽음에 대한 문제를 풀어볼 수 있지 않을까' 하는 생각으로 친구를 따라 절에 가고자 한 것이다.

절에 도착해서 법당으로 따라 들어가 친구가 하는 대로 좌선하는 자세로 앉아 정신집중을 하여 보니 어느새 마음이 가라앉고 아주 편안해짐을 느꼈다. 처음이었지만 절에 와서 정신집중을 해보니 다른 때와는 달리 차분히 마음이 가라앉는 것 같아 과연 절이라는 곳이 정신집중하기에 아주 좋은 장소구나 하는 생각이 들었다.

그리고 또 며칠 뒤에는 친구가 어떤 도인에게 불교 공부하러 다니는데 같이 가지 않겠느냐고 물었다. 얼마 전에 절에 갔을 때 어떤 다른 곳보다 정신집중이 잘 되고 마음이 편안해지는 것을 경험한 터라 또 가보고 싶은 생각이 나서 선뜻 따라 나섰다.

그 곳 보림선원에서 처음으로 백봉 김기추 선생님을 뵐 수 있었고 불교에 대한 설법을 생전 처음 듣게 되었다. 그 날 한 시간 가량 설법을 들었는데 제일 먼저 귀에 들어온 것은 불교 공부란 죽고 사는 문제를 해결하는 것이라는 말씀이었다. 그리고 다음은 허공에 관한 설법이었다.

"여러분들 허공 속에서 살면서 허공을 생각해 본 적이 있습니까? 우리 육신이 허공에 살고 있어요. 허공을 여의지 않고 있어요. 그런데 허공을 무시하고 있거든요. 여러분들이 죽고 사는 문제를 해결하기 위하여 불교공부를 하는데 이 허공 문제를 해결하지 않으면 생사 문제가 해결이 안 돼요. 그렇기 때문에 허공을 말하는 거예요. 가도 가도 끝이 없는 허공 중에 수없는 별들이 있고 태양이니 달이니 또 산하대지가 있다 해도 이거 다 허공성이에요.

뿐만 아니라 여러분이 이 몸뚱이가 있다 할지라도 성품이 없

어요. 우리의 몸뚱아리가 성품이 없기 때문에 볼 줄도 들을 줄
도 모르는 겁니다. 그럼 내가 보고 듣는 것은 눈이나 귀라는 기
관을 통해서 빛깔도 소리도 냄새도 없는 법신이 보고 듣는 것
이에요. 다시 말해서 허공으로서 내가 하는 것이지요.”

　백봉 선생님의 확신에 찬 설법을 듣는 순간 이제껏 내가 혼
자 생각해 왔던 죽음에 대한 문제가 도저히 풀리지 않았던 까
닭이 몸뚱이로서의 나로만 단지 생각해왔기 때문이었다는 것
을 알았다. 그리고 실감이 당장 나지는 않았지만 처음으로 법
신으로서의 나라는 것이 있다는 사실을 인식하게 되었다. 그래
서 ‘만약 이것이 실감이 난다면 정말 죽고 사는 문제를 해결할
수 있겠구나’ 하는 생각이 들었다.

　그러자 오랫동안 가져왔던 죽음에 대한 공포가 사라지는 것
같았다. 그리고 불교공부를 하면 정말로 죽고 사는 문제를 해
결할 수 있다고 생각이 들기 시작하니 안심이 되었다.

　당연히 그 날 이후 나는 매일 저녁마다 설법을 들으러 다
녔으며 토요일마다 하는 철야정진에도 계속 참석하게 되었다.
그렇게 다닌 지 몇 개월이 지난 그 해(73년) 여름 선원대중들이
용인에 있는 동두사라는 절을 빌려 제1회 일주일 철야정진을
하게 되었다.

　그 동안 항상 설법만 들어왔지 참선하는 방법을 따로 배워본
적이 없는 나로서는 앉는 자세조차도 모른 채 그냥 일주일 내
내 앉을 수밖에 없었고 화두를 들어보아도 어찌나 잠이 오는지

174

나중에는 화두가 들리기는커녕 지금 어디에 있는지조차 모를 정도로 비몽사몽 상태가 계속 되었다.

또 계속 며칠 동안 한 번도 눕지를 못하니 허리는 끊어지게 아팠다. 그러나 3~4일이 지나자 조금씩 정신이 차려지고 마음이 점점 차분해지는 것을 느꼈다. 정신도 조금씩 맑아지고 몸도 차차 나아지자 어느 틈에 일주일 철야정진이 지나가버렸다. 그렇게 일주일 철야정진을 마치고 나서 반나절 정도의 시간이 나자 도반들이 함께 절 근처에 있는 저수지에 뱃놀이를 가자고 해서 모두 나섰다. 저수지에 도착하자 도반들과 배를 빌려 타고 얼마간 노를 저어갔을 때 문득 나는 전혀 움직이지 않는데 배가 가고 오고 한다는 생각이 확 느껴졌다.

절로 돌아오자마자 선생님을 뵙고 느낌을 말씀 드렸다. 그리고 "일주일 철야정진이 저에게는 상당히 도움이 된 것 같습니다."라고 말씀 드렸더니 아주 기뻐하시면서 "너에게도 크게 도움이 되었지만 다른 사람들에게도 도움이 됐을 것이다."라시며 앞으로 철야정진을 놓치지 말라고 당부하셨다. 정신없이 보냈던 일주일 철야정진이었지만 마음을 가라앉히는 데는 정말 필요하다는 것을 느낄 수 있었다. 철야정진을 다녀온 이후에는 더욱더 열심히 설법을 들으러 다니게 되었을 뿐 아니라 매주 토요일마다 하는 철야정진과 여름, 겨울 일 년에 두 번 하는 일주일 철야 정진에도 빠짐없이 참석하게 되었다.

불교공부를 하는 데 있어서 선지식의 가르침은 참말로 중요한 것 같다. 선지식의 설법을 통하여 어떤 것이 불교공부인지,

또 어떻게 공부를 해나가야 할 것인가 하는, 공부할 수 있는 바탕부터 마련하는 것이 무엇보다 중요하다고 본다. 선지식이 가르치는 불교공부란 사실을 사실대로 알아서 사실대로 행하는 공부지 다른 것이 아니라는 것이다.

구체적으로 말하자면 우리가 아침에 눈을 떠서 잘 때까지 보고 듣고 말하고 생각하는 모든 것이 몸뚱이로서의 내가 하는 것이 아니라 빛깔도 소리도 냄새도 없는 법신이 한다는 사실을 놓치지 않는 공부(행)를 하라는 것이다.

더구나 우리와 같이 세속에서 맺어진 생업(生業)을 가지고 혈연(血緣)을 보살피면서 불교공부를 하고 있는 재가불자로서는 오랫동안 이 몸뚱이를 나로 알고 살아온 습(習)에 의해 진짜 자기 법신을 드러내지 못하고 있으니 주말이나 휴가기간을 통하여 철야정진을 꾸준히 해 나간다면 법신으로서의 나를 놓치지 않을 수 있는 좋은 방편이 될 수 있다고 본다.

따라서 백봉 선생님이 돌아가신(1985년) 이후에도 가르침에 따라 거의 매주 토요일마다 철야정진에 참여함은 물론이고 일년에 두 번 일주일 철야정진도 빠짐없이 하고 있는 것이다.

−성북동 길상사 사무장, 월간 불광 2004년 10월호

철석 같은 신심

김창열

처음 제가 절에 다니게 된 것은 고교 1년 여름방학 때였습니다. 부산에 있는 조그마한 절이었는데 머리가 허옇게 쉰 연로하신 어른들께서 108배가 훨씬 넘는 절을 하시더니 이어서 각자 좌복을 깔고는 서너 시간을 자리에 앉아있는 것이었습니다.

그 때까지만 해도 제 상식으로는 절에 가면 부처님께 그저 복이나 명을 비는 것인 줄로만 알았는데, 처음 보는 이러한 모습이 도무지 이해가 되지 않았습니다. 좌복 위에 앉아 있는 것이 참선, 즉 좌선이라는 것도 처음 알게 되었습니다.

그 뒤로 고등학교를 졸업할 때까지 수업을 마치면 절에 가서 저도 어른들처럼 절을 300배씩 하고는 좌복 위에 앉는 흉내를 내기 시작했습니다. 시간을 정해 놓고 하는 것이 아니라 적당히 형편에 맞게 하였습니다. 그러기를 한 1년 정도 한 것으로 기억합니다. 하루는 학교에서 수업 중이었는데, 칠판의 판서 내용을 노트에 옮겨 적다가 깜짝 놀라게 되었습니다.

고개를 숙이고 있었는데 갑자기 칠판의 내용이 다 보이는 것이었습니다. 뿐만 아니라 교실 천장의 모습과 천장에서 내려다보이는 교실의 모습, 제 뒤의 친구들이 하고 있는 행동이나 양옆의 친구들 모습까지, 그야말로 교실 안의 모든 현상들이 동시에 보이는 것이었습니다. 바닥에 떨어진 동전의 모습까지도 환하게 보였습니다. 그 이후로도 장소에 관계없이 여러 번 그러한 현상을 겪었지만, 그 때는 당연히 그런 것인가 보다 하고 넘겼습니다.

대학 1학년 여름방학 즈음, 출가는 아니지만 제가 다니던 절에서 학교를 다니기로 하고 스님을 모시며 나름대로 공부를 시작하였습니다. 그 때서야 제가 있는 곳이 성철 큰스님의 가르침을 따르는 도량이라는 것을 알게 되었습니다. 처음 절에 다니기 시작할 때부터 삼천배 참회기도와 아비라기도, 능엄주 독송 등 당시 백련암에서 하고 있는 수행을 자연스레 하게 되었던 것입니다.

그렇게 수행이랍시고 하면서 남들에게 백련암도 알리고, 성철 큰스님 이야기도 하면서 자랑 아닌 자랑을 하고 다녔습니다. 그러나 당시 웬만한 부처님 말씀이나 불교에 관한 내용은 자신이 있었지만 시간이 흐를수록 알 수 없는 공허함이 일기 시작하였습니다. 특히 참선이나 화두에 관한 것이라면 도통 아는 것이 없었고 결국 제대로 참선에 관해 공부를 해야 할 필요성을 절감하게 되었습니다.

백련암에서 삼천배를 하고 '심전(心傳)'이라는 불명과 '마삼근(麻三斤, 부처님을 물었는데 어째서 삼서근이라 했는고?) 화두'를 받았습니다. 그리고 충격적인 사실도 알게 되었습니다. 고교시절 교실에서의 그러한 현상들은 화두를 제대로 하지 않았기 때문에 생기는 병통(病痛)이라는 것이었습니다. "간절히 화두에만 전념하면 그러한 환몽(幻夢)이나 경계(境界)는 나타나지 않는다. 스승은 바른 길만 일러줄 뿐이지 공부가 되고 안 되고는 자신의 노력 여하에 달렸다."고 하셨습니다. 제 자신의 참선 정진의 새로운 출발점이 되었습니다.

그러나 나름대로 화두에 몰입하려고 애를 써보았지만 제대로 되질 않았고, 하루하루 시간이 지날수록 오히려 퇴보(退步)하는 것 같았습니다. 그러다 보니 차츰 정진에 대한 열의도 식어졌습니다. 열심히 정진도 안 하고, 그렇다고 아예 정진을 하지 않는 것도 아닌 어정쩡한 상태로 지내다 성철 큰스님의 열반 소식을 듣게 되었습니다.

해인사에서 장례기간 동안 이런저런 일을 거들며 나름대로의 아쉬움을 삭이고 있었습니다. 이레째인 다비식 날 오후부터 밤늦게까지 백련암 뒷산에서 방광이 일었습니다. 워낙 무지했던 터라 오후의 방광은 보기만 하고 지났지만, 밤에 일어난 방광은 저도 모르게 저의 카메라에 담을 수 있었습니다.

큰스님의 열반을 계기로 정진의 고삐를 다시금 죄게 되었습니다. 더욱 모질게 마음을 가다듬고 화두를 참구하였습니다.

큰스님께서 일러주신 "화두는 간단없이 간절하게 참구해야 익어진다. 그리고 공부에는 인정이 원수다. 공부를 위해서라면 이 육신이나 목숨 정도는 기꺼이 버릴 수 있어야 한다. 철썩 같은 바른 신심으로 결코 흔들림 없이 나아가야 한다."는 말씀처럼 정말 부지런히 한다고 해 보았지만, 얼마 안 되어 또 다시 예전처럼 되돌아가려 하였습니다.

마음처럼 생각처럼 쉽게 나아가지를 못했습니다. 화두는 간절함이 생명인데 이러다간 화두마저 놓치겠다는 생각이 도리어 더 간절하게 다가왔습니다. 이때 생각을 바꾸어 '간절하지 못하다면 차라리 간단없이라도 해 보자'며 정진하였습니다.

좌복 위에 앉아 정진하는 것은 물론, 혼자 차를 운전할 때면 큰소리로 화두를 하기도 하고, 노래가 부르고 싶으면 노래 가사 대신 화두를 곡에 붙여 하기도 하였습니다. 절을 하면서도 화두를 잊지 않기 위해 방석 위에다 화두를 써놓고 입으로는 불을 외우며, 눈으로는 화두를 읽으면서 하기도 했습니다. 때로는 하루에 몇 시간 또는 몇 번이라는 양을 정하여서 해 보기도 하였습니다.

이 때부터 서서히 화두가 들리기 시작하였습니다. 아침에 눈을 뜸과 동시에 화두를 같이 들고, 저녁에 누워 잠이 들 때까지 화두와 함께 한다는 다짐으로 하다보니 하루 종일은 아니더라도 제법 오랫동안 화두가 끊이지 않고 이어지게 되었습니다.

하루 종일 화두가 성성하게 이어지기만 한다면 오죽 좋겠습니까만 지금까지의 노력으로 가장 길게 이어져 본 것이 하루 중 15시간 정도였습니다. 자는 시간을 제외하면 어쩌면 제법 긴 시간인 듯하지만, 계속해서 성성하게 이어가지는 못하고 있습니다.

옛 조사스님들이 "내 말대로 해서 공부가 되지 않으면 내 목을 치라."고 하신 말씀처럼, 큰스님의 가르침에 따라 어떻게 해서라도 화두를 놓치지 않고 이어가려는 자신의 노력 없이는 어떤 공부도 될 수 없다는 것도 절실하게 알게 되었습니다. 이젠 제법 간절함도 알게 되었습니다. 참회 기도를 하거나 능엄주를 독송하면서도 화두를 이어갈 수 있게 되었습니다.

큰스님께서 일러 주신 "모름지기 화두란 '행주좌와(行住座臥) 어묵동정(語默動靜)'에 일여하지 않으면 제대로 하는 것이 아니다. 그러니 우선 동정일여(動靜一如)가 근본이며, 그 다음 꿈 속에서도 화두가 일여한 몽중일여(夢中一如)는 되어야 그래도 공부가 조금 되는 것이다.

그리고 깊은 잠 속에서도 화두를 여의지 않는 숙면일여(熟眠一如)를 지나 오매일여(寤寐一如)가 되어 확철히 깨달아야만 한다. 그 이전의 것은 공부가 아니고 전부 망상이다."라는 지침대로 따르고는 있지만, 아직 근본도 못 이룬 상태에서 이렇게 주접을 떠는 것이 그저 송구하기만 합니다.

큰스님께서는 "몸이 아프거나 공부가 되지 않을 때에는 자신의 게으름 때문이니 매일 삼천배를 하되, 일주일 이상 특별 기도를 하라."고 하셨습니다. 이러한 가르침에 따라 하루 삼천배

씩 백일기도도 해 보았고, 매일 하루 일과(日課)로 육백배씩을
하고 있습니다. 때때로 철야 용맹정진이나 삼천배 참회기도 그
리고 아비라기도 등 화두 참구를 위해 나름대로 애를 쓰며 정
진하고 있습니다.

영가 스님의 '증도가' 중 "근본만 얻을 뿐 끝은 근심치 말
라."는 구절을 지남(指南) 삼아 함께 정진 중인 선배님들과 도
반들, 그리고 백련암의 여러 스님들의 격려와 성원도 결코 빼
놓을 수 없는 고마움이자 채찍이 되고 있습니다.

"영원한 진리를 위해 일체를 희생한다."고 하신 큰스님의 가
르침을 아직은 생각으로만 따르고 있는 형편이지만, 온몸으로
이어가는 날이 되어 지도록 불퇴전(不退轉)의 의지와 세세생생
철석 같은 바른 신심으로 정진 또 정진할 것을 부처님께 서원
합니다.

나무 석가모니불.

-부산 백련불교문화원, 해인사 백련암 수련법회 지도법사,
월간 불광 2004년 10월호

있는 그대로 알아차림

이애형

우리들은 누구나 자신의 고통이 어디서 오는지조차 모르면서 욕심을 내고, 화를 내고, 어리석은 행동을 하고, 고통을 스스로 만들어가면서 살아가고들 있다. 나 또한 그런 생활을 하면서 내 욕망대로 행동을 하였고, 그것이 열심히 사는 방법인 줄로만 알고 살아왔다.

잘 살고 싶고, 명예를 얻고 싶고, 즐겁고 신나게 살고 싶은 것은 모든 사람들의 욕망일 것이다. 그러나 행복과 즐거움이란 단어들도 잠시뿐 바로 고통이 올 것이라는 것도 모른 채 살아가고들 있다. 왜 그럴까? 누구 탓일까? 무엇 때문인지도 모르는 채 왜 이렇게 살아가고 있는 것일까?

이렇게 시작도 끝도 모른 채 반복되는 고통에서 완전히 벗어나는 법, 이 수행이 부처님이 깨달음을 얻으신 사념처 위빠사나이다. 위빠사나 수행은 몸과 마음에서 그 현상과 본성을 있는 그대로 보아 번뇌를 제거하여 생사 없는 열반을 실현하는 것이다. 위빠사나 지혜가 향상되는 만큼 번뇌는 소멸되어간다. 나는 사념처(四念處)수행을 통해서 나를 바로 봄으로써 번뇌를 소멸해 가고 있는 중이다.

가난한 집안 7남매 중의 5번째로 태어나 무척이나 공부를 하고 싶었지만 가정 형편이 어려워서 중도에 공부를 포기해야 되는 상태에서 학문에 대한 열망이 컸다. 그러나 집안의 경제력 악화로 아버지를 도와 돈을 벌기 시작하였다. 무엇이든지 하면 돈이 되었고, 결혼 후 아이들을 낳으면서 무척이나 열심히 살았다. 운영하던 난 농장은 확장되어갔고 우리나라에서 제일 크고 고급 난이 많은 난 농장으로 변하기 시작하였다.

그런데 항상 변하지 않는 것은 없는 모양이다. 사업은 번창하고 하고 싶은 경영학 공부도 시작하였지만 집안에 우환이 들기 시작하였다. 1등만 하던 큰아이가 20등으로 성적이 떨어져 가고 있었고, 남편은 화가 치밀어 몽둥이를 들기 시작하였지만 아들과의 전쟁에서 지고 말았다. 그 때부터 간경화 직전으로까지 이르게 되었다. 주위 사람들은 이 모든 일들의 책임을 나에게 돌리기 시작했다.

왜 이럴까. 내가 무엇을 잘못했을까. 아무리 되뇌어보아도 도대체 알 수 없는 일들이었다. 주변과의 인과에서 나는 고통을 느끼기 시작하였고, 나의 뜻대로 세상은 안 된다는 것을 깨달았다.

고통이 어디서 오는지 모르는 채 서점에 들러 몇 권씩 책을 사보는 버릇이 생겼다. 그러던 중에 눈에 확 들어온 책이 마명 보살의 『대승기신론』이었다. 나는 무의식중에 어디서 본 듯한 책을 얼른 손에 잡았고 매일 밤 식탁에 앉아 저녁이면 아이들 공부를 시켜놓고 그 책을 보기 시작하였다.

책에서 손을 떼고 산 지 20여 년, 한문 투성이인 책을 보기란 너무도 어려웠다. 6개월 간 틈틈이 그 책은 읽어졌고 조금씩 마음에서 소화하기 시작했다. 농장으로 가게로 서너 군데씩을 오가며 너무나 바쁘게 살면서도 불교학을 공부하기로 마음을 먹고 대학원에 진학하여 불교학을 공부하기 시작하였다.

그러나 생각과 행동이 일치가 되질 않았다. 육바라밀 중 정(定)과 혜(慧)의 문제점, 특히 혜는 어떻게 이루어질까? 그렇게 고민을 하면서 무척 몸이 아프기 시작하였고, 도저히 장사와 아이들과 남편을 감내하기가 어려웠다.

그러던 중 우연히 김열권 법사님의 『위빠사나』 책을 읽고 강의를 듣게 되었고, 용기를 내어 찾아갔다. 1주일에 2시간 가량 수행 방법을 공부하면서 의문점도 많았고 질문을 하고 싶어서 쪽지에 써 가지고 간 적도 많았다. 장사만 했던 사람인지라 질문하는 방법을 몰라서 어물어물하면 그분은 냉혹하게 '봄' 하세요 한다. 다시 집에서 경행과 참선을 해보고 다음 번 수행 때 또 질문을 하면 또 '봄' 하세요 한다.

나는 너무도 슬퍼서 많이 울었다. 세상 속에서 많은 사람들과의 생활에서 나는 아픔이 많은지라 그 때만 해도 선생님을

처음 본 순간 부처님 같은 생각이 들었고 그분께 기대고 싶었
다. 그런데 그럴 때면 더욱 차갑게 대하셨다. 다른 사람에게
는 친절한데 나에게는 도대체 왜 저렇게 쌀쌀맞을까. 이 세상
에 기댈 곳이란 하나도 없었다. 그러나 울면서 수행을 계속해
갔다.

남들이 보기에는 돈도 잘 벌고 아이들도 남편도 다 잘 되
는 것 같았지만 나는 늘 혼자였다. 갈 곳이 없었다. 가야 할 곳
이란 집과 가게뿐이었다. 수행을 하고 싶어도 어디서 편하게
앉을 자리가 없었다. 그렇다면 어떻게 해야 되나. 그래, 있는
이 자리에서 수행을 해보기로 마음을 먹었다.

가게에서 전화 소리가 들리면 얼른 알아차리고, 전화 받는
것도 알아차리고, 손님이 오면 오는 것도 알아차리고, 화장실
가는 것도 알아차리고, 아침에 눈뜨면 눈을 뜨는 것도 알아차
리고, 세수하는 것도 알아차리고, 화가 나면 화나는 것도 알아
차리고, 무엇이든지 내가 행동하는 것을 알아차렸다. 손님과의
대화 속에서도 내가 지금 무슨 얘기를 하고 있는지 나를 알아
차리고, 화가 나면 화나는 것도 알아차리고, 무엇이든지 남을
먼저 보는 버릇에서 나를 주시하는 버릇으로 바꾸어 갔다.

이렇게 알아차림을 계속해가자 행동하기 이전이 더욱 세세
하게 알아차려지면서 행동, 말, 생각하기 이전의 의도를 알아
차리고 몸과 마음의 인과를 알게 되었다. 마음이 순간순간 변
화하면서 지나가고 있고, 모든 것은 변화하여 가고 있음을 알

게 되었다. 고통이 어디서 오는지 조금씩 알아졌다. 그러면서 자주 좌선을 하게 되었고, 방문을 잠그고도 해보고, 어느 때는 방석을 들고 화장실로 살짝 가서 해보기도 하고, 베란다에 살그머니 가서 앉아보기도 했다. 이제는 베란다에 방석 2개가 완전히 자리를 잡고 있다. 밥을 하다가 앉는 것이 버릇이 되었고 가게에서도 손님이 없으면 신문지를 깔고 방석 2개를 놓고 수행을 하면 그 곳이 도량이 되었다.

저녁 늦게야 퇴근을 하지만 저녁을 먹고 나면 소화도 시킬 겸 뒷동산 공원에 가서 체조를 하고 경행을 하기 시작한다. 지(地)·수(水)·화(火)·풍(風) 속에서 지(地)의 느낌이 강하면 '지'의 느낌의 변화를 관찰해본다. 연이어 일어나는 딱딱함, 부드러움, 미세함 등도 관찰한다. 이끄는 느낌, 다리의 들어올림, 목탁을 치려 할 때는 목탁을 치려고 손을 들어올림, 다리를 내려놓음, 다리를 내려놓으려고 함, 목탁을 치려고 손이 이끌리는 느낌, 발바닥의 땅에 닿음, 딱딱한 느낌과 목탁을 탁 치는 느낌을 알아차린다.

경행을 빨리도 하고 느리게도 해보고, 이리저리 왔다 갔다 해보며 목탁을 빨리 치기도 해보고 천천히 치기도 해보았다. 밤새 절에서 목탁을 치면서 염불하는 느낌으로 이어져가고 있었다. 이렇게 알아차려지면서 내가 왜 매일 밤 산에서 경행을 하고 수행을 하게 되는지 알아지게 되었다.

또한 어느 때는 집중이 깊어지면 귓가에서 책을 살살 넘기는 소리, 때로는 현미경으로 책을 세세히 보듯이 책 속에 글이 다

보일 듯도 하였다. 내가 지금 이곳에 있게 된 존재 이유와 아이들과의 인과를 차츰 알게 되었고, 남편과의 인과도 주변사람들과의 인과도 차츰 알게 되면서 나의 고통이 어디서 오는지 고통을 어떻게 멸해 갈 것인지 알게 되었다.

회음에서 단전, 가슴, 백회까지의 기의 흐름을 관찰하고, 과거 현재 미래의 색 · 수 · 상 · 행 · 식 오온의 관찰을 통해 생멸의 흐름을 더욱 세세하게 알게 되면서 번뇌가 소멸해 가고 있다. 그간 수행을 하면서 아이들의 업을 알게 되었고, 아이들을 '있는 그대로 보면서' 아이들을 이끌어주고 남편의 습도 알아서 도와주고 생활하고 있다.

그러나 본인의 모습을 있는 그대로 보기란 어려운 일이다. 「부모미생전 본래면목(父母未生前本來面目)」 아마도 내가 조금 더 일찍 사념처 수행을 하였더라면 지금보다 훨씬 번뇌 없이 살았을 것이고, 주변사람들과의 관계도 더욱 잘 이루어지고, 모든 것을 있는 그대로 보면서 올바른 방법으로 도우면서 원망도 성냄도 슬픔도 없이 살았을 것이다.

이 수행을 통해서 나는 확실히 알게 되었다. 모든 것은 변하고 있고 세상 속에서의 삶도 변하고 있다. 지금 이 순간 순간의 어떤 인연의 법칙에 따르고 있지만 순간 순간의 통찰로 알아차리지 못하고서는 고통을 알지 못한다.

무상(無常), 고(苦), 무아(無我) 모든 현상은 실체가 없는 것이라고 하지만 세상사람들은 어리석기 때문에 그 고통에 힘들어

하고 있다. 오온의 일어나고 사라짐을 내가 아니라고 볼 때만 실재는 있는 것이다.

변하지 않는 것은 없다. 이것은 수행을 통해서만 바로 볼 수가 있고, 이 지혜가 이루어질 때 고통에서 벗어날 수 있다. 이 법은 높은 법이라서 수행을 하지 않으면 깨달을 수가 없지만 또한 어려운 것만은 아니다.

김열권 법사님이 안 계셨다면 수행에 어려움이 많아서 중도에 포기했을 지도 모른다. 멀리 계시면서도 전화를 통해 수시로 수행점검을 해주시고 이끌어주신 법사님께 감사드린다. 법사님이 불광출판부에서 펴내신 『위빠사나 1·2권』은 위빠사나 수행에 있어 최고의 교과서이다.

보고 또 보고 이제는 책 내용을 다 외울 정도가 되었다. 한국어로 번역이 되어서 나온 팔리어 경전도 수행에 많은 도움이 되고 있다. 팔리어 원전을 읽을 수 없는 사람에게 깨달음의 기회를 주신 분들께도 역시 감사를 드린다.

마음 마음 마음! 하 하 하 하!

-천안 금강식물원 대표, 월간 불광 2004년 10월호

깨어있는 마음 닦기

손정곤

아침 5시 기상! 정신이 맑아오면서 머릿속에는 우선 부처님의 모습이 떠오른다. 반가부좌로 삼보에 귀의하고 오늘 하루의 서원을 세운다. 육바라밀을 실천하는 하루가 될 것을 다짐하며 참선수행과 함께 하루 일과를 시작한다.

내가 일하는 분야는 환경과 관련된 기술적인 일들로 통상적인 회사일 말고도 관련 국가기관에 가끔 자문을 해 주기도 하는데, 요즘 들어 부쩍 요청하는 횟수가 많아지고 있다. 회사에서 내가 받는 보수와 지위도 그런 대로 만족할 만하며 가정사도 원만하여 자식들이나 아내 역시 나에게 큰 불만이 없는 편이다. 나 역시 하루하루를 매우 편안한 마음으로 생활하고 있다.

그러나 내가 여기까지 오게 된 데는 나름대로 많은 정신적인 갈등과 힘든 역경계를 겪어야만 했다. 작년에 어떤 일로 그 동안 13년씩이나 다니던 회사를 그만두고 지금의 직장으로 자리를 옮긴 것이 금년 2월 초다.

50대의 나이에 전보다 좋은 조건의 직장을 구한다는 것도 쉽지 않을 뿐더러 옮긴 후 새로운 곳에서 적응하기도 만만치는 않다. 직장마다 나름대로의 직장문화가 있기 때문에 오랫동안 몸에 밴 타성을 하루아침에 바꾸어 새로운 환경에 적응시켜 나가는 것이 말처럼 그렇게 호락호락하지 않다. 요즘 말로 장난이 아니다. 그러나 방법이 없는 것은 아니었다. 나는 이 역경계를 위빠사나 수련을 통해 극복해 가고 있다.

내가 부처님을 알게 된 것은 2년 전 이맘 때다. 정신세계원에서 위빠사나 수련을 약 100일간 하고 나름대로 일상생활에서 알아차림을 생활화하였다. 외부 경계를 대하여 일어나는 마음의 변화를 관찰하고, 일어나는 마음에 동요되지 않는 관찰자의 입장이 되려고 무척 노력했다.

몸과 마음에서 일어나는 무수한 변화들, 이것은 항상하지 않기 때문에 순간 순간 알아차리기만 하면 그저 지나가는 통과의식의 일부분에 불과할 따름이었다.

기쁠 때는 기쁜 대로 관찰하고, 슬플 때는 슬픈 대로 지켜보았다. 잘 관찰해 보니 슬픔과 기쁨은 있으나 슬픈 자와 기쁜 자가 없다는 것을 깨달았다. 막연히 내가 슬픈 자이고 기쁜 자라는 관념만 있을 뿐 결국은 '슬픔과 그것을 관찰하는 마음'만 있다는 것을 알게 되었다. 물론 깨달음은 있으나 깨달은 자는 없는 것이다.

대부분의 우리는 그 마음이 곧 자기라고 의식하기 때문에 아상(我相)이 생기는 것이고, 이어서 인상과 수자상과 중생상 등등이 줄줄이 생겨 있지도 않고 계속 변화하는 허상에 따라 이리 뒤척 저리 뒤척 하면서 고달픈 생을 마감하게 되는 것이다. 그래서 "사는 것이 고(苦)다."라고 하신 부처님의 말씀이 실감난다. 그러나 진정한 깨달음이란 이와 같은 것을 머리로 이해하여 아는 것, 즉 해오(解悟)나 좌선수련 중의 짧은 시간 동안 어떤 경계에서 경험한 것과는 천지 차이이다.

이런 모든 일련의 생각과 체험을 통해 알게 된 것들이 일상 생활에서 행동으로 그대로 나타나야만 진정한 깨달음으로 이어지는 것이다. 말 따로 행동 따로, 아는 것 따로 실천 따로라면 앞으로 계속적인 바른 정진이 필요할 것이다.

이렇게 하려면 항상 깨어 있어야 하고 항상 일행삼매 속에서 생활해야 한다. 순간순간 우리의 51개 심소(心所)에서 일어나는 모든 작용들을 끊임없이 관찰하여 그 일어나는 마음이 내가 아니라는 것을 즉각적으로 알아차려야 하는 것이다. 어떤 경계를 접하더라도 동하지 않는 마음이 최선이며, 차선으로 만약 마음이 일어나도 그것에 따르지 않으면 그뿐이다.

이렇게 약 2년간의 수행으로 이제는 일상 중에도 관찰하는 마음이 스스로 작용하고 있으며 이것이 생활의 지혜를 발휘하는 데 많은 도움을 주고 있다. 나름대로 안목이 생긴 것이다.

첫째 매사를 부처님께 감사하고 있으며, 또 '부처님의 말씀을 믿고 실천하는 것이 신행생활의 근본이다' 라고 생각하며, 이것과 무관한 것들의 주변을 정리하며, 어떤 경계를 당하더라도 의심하지 않을 것을 다짐하고 있다.

둘째 '나의 말과 행동과 생각들이 항상 타인에게 불자로서 모범이 되도록 깨어있자' 라는 것.

셋째 하루하루의 신심있는 행동과 깨달음을 참구하는 마음과 부처님을 생각하는 마음이 일구월심 지속적으로 이어져 나가도록 항상 자신을 반조할 것.

넷째 하루의 일과 중에서 할 수 있는 한 탐진치 삼독심을 항상 경계하여 이것들 때문에 악업을 짓지 않도록 조심에 또 조심을 하고, 참회하는 마음을 가지고 살다보니, 전에는 그렇게도 불안하고 힘들던 하루하루가 이제는 편안하고 행복한 나날이 되고 있다.

사실 우리가 진리를 탐구하는 불성의 참된 마음만 있으면 이 세상이 곧 극락정토인 것이다. 아무리 경쟁이 치열하고 속임수가 판치는 세상이라도 이 세상의 강을 건너는 나의 배를 비워버리면 아무도 나에게 화를 내지도 해를 끼치지도 않을 것이다. 우리는 너무 긴장 속에서 살고 있다. 혹시 내가 있으므로 남이나 내 가족들이 나 때문에 신경을 쓰는 것이 아닌 지 하심하여 살펴볼 일이다. 나의 무엇이 남들에게 불편함과 화를 나게 하는지, 언제나 성성하게 깨어있어야 할 것이다. 알면서도 속아주고 또 모르고도 속으면 그뿐이다. 좀 멍청하게 살면 되지 않겠는가? 똑똑하고 잘난 사람 많은데 나 하나쯤 꺼벙하면 어떤가!

또 부처님의 도를 구하는 사람은 이 세상 사람들과 무언가는 좀 달라야 할 것이다. 자기 것 다 챙기고, 먹는 것이면 무엇이나 다 먹고, 입는 데 치장하고, 이해관계에 탐착하고, 남과 같이 8시간씩 자고, 배고프지 않는데도 하루 세 끼 꼬박꼬박 먹고, 남에게 할 말 다하고, 재물을 쌓아놓고 자랑하고 산다고 하면 무엇이 배울 게 있겠는가?

우리는 아무리 시대가 변했다고 해도 부처님같이 생활하려고 노력해야 할 것이다. 그래야만 부처님같이 깨달음의 근처에라도 가지 않겠는가!

이런저런 생각들로 하루 일과가 마무리되어 통상 집에 오는 시간은 저녁 7시에서 8시경이다. 저녁식사는 죽 한 그릇에 과일 몇 조각이면 족하다. 먹는 욕심을 줄이기 위해 몇 달간 하다 보니 이제는 습관이 되어 불편하지 않고 오히려 소식으로 건강도 좋아지고 머리도 맑아져 일거양득이다.

나는 집에서 그렇게 말을 많이 하는 편은 아니다. 나머지 시간은 주로 불교 관련 인터넷 사이트나 관련서적들을 공부하며, 약 1시간 정도 명상수련을 한 후 통상 밤 11시에서 12시 사이에 잠자리에 든다.

이상이 대체적인 나의 하루 일과로 특별한 일이 없는 한 앞으로도 계속하려고 한다. 혹자는 이렇게 사는 것이 너무 무미건조하고 재미없지 않느냐고 말하는 사람도 있다. 저녁에 친구들이나 회사동료들과 어울려 술도 한 잔 하고 노래방에도 가지 않느냐고 묻는다. 물론 전에는 자의반 타의반 별짓을 다 해봤다. 그러나 마음은 언제나 허전하고 무언가 답답하고 불안하여 '이게 아닌데' 하면서 무언가를 찾아 방황하고 있었다.

그런 생활에 문제가 있다는 것을 머리는 완전히 이해하고 잘못됨을 인정하고 있었으나 여전히 행동은 과거의 습을 따라갔으며 그 틀을 깨지 못해 무척이나 고심했다. 꼭 담배 피우는 사람이 담배의 해독을 알고 끊으려고 마음은 먹으나 뜻대로 되지 않는 것과 같은 이치였다.

결국 비결은 마음을 관찰하는 데 있었다. 명상을 통해 마음에서 일어나는 생각들을 잘 관찰하기만 하면 신통하게 그 오랜 세월의 업장들이 서서히 소멸되는 것을 체험하게 된 것이다. 이치는 간단하다. 우리는 죽음을 생각할 때 '내가 죽는다' 라고 착각한다. 이것이 잘못된 생각이다.

왜냐하면 '나=육체' 로 잘못 알고 있거나 또는 막연히 지금까지 '관념=나' 로 생각하고 있기 때문이다. 그러나 과연 그럴까? 미세하게 관찰하면 정답은 죽음과 죽음을 생각하는 마음만 있을 뿐이다.

우리가 기쁨을 느낄 때 불행과 상반되는 기쁨은 분명히 있다. 그리고 동시에 기쁨을 아는 마음도 있다. 그러나 그 기쁨이 곧 내가 될 수는 없다. 즉 기쁨이 나의 신체가 될 수는 없는 것이다. 또한 그렇게 생각하는 마음도 물론 내가 아니다. 어떤 경우든 마음이 일어나지 않으면 마음이랄 것도 없는 것이고 그것이 곧 좁은 의미의 무아가 될 수도 있는 것이다.

내가 본래 없는데 무엇 때문에 내가 고통을 받아야 하겠는가? 그러나 고통을 아는 불청객인 마음은 있기에 그저 무심하게 바라만 보면 되는 것이다. 그러면 곧 그것마저 사라짐을 알게 될 것이며, 이어 또 다른 마음이 일어날 것이고 또 다른 마음이 계속될 것이다. 잘 관찰하면 이 마음의 변화하는 속도가 과연 한 찰나간에 9백 번 생멸함을 체험할 수 있을 것이다.

이 허깨비 같은 마음을 자기로 알고 여기에 속아 울고 웃고 별짓을 다하니 부처님께서 보시면 정말 기가 차실 것이다. 중생이란 어쩔 수 없구나 하시고….

이제 여기에서 나의 수행담을 끝낼 때가 온 것 같다. 저녁 9시가 훨씬 넘은 회사 사무실에서 이 글을 쓰고 있자니 시장기가 동한다. 그러나 이 육신의 허기는 이 몸이 없어지면 자연히 해결될 것이나 이 내 마음의 배고픔은 언제나 가실 것인가? 얼마나 많은 생이 필요할 것인가?

그러나 오늘도 나는 내가 원래 왔던, 내 마음의 고향으로 가서 편안한 휴식은 취할 수 없고 고단한 수행자의 한 사람으로 육신의 배고픔을 해결하기 위해 참으로 무거운 내 육신 속에 가여운 영혼을 안고 집으로 발길을 돌릴 수밖에 없구나!

아제 아제 바라아제 바라승아제 모지사바하!

-동일기술공사 환경부 전무, 월간 불광 2001년 7월호

능엄주력 수행의 공덕

강선희

되돌아보면 부끄럽기 그지없는 삶의 연속이었다. 세상의 모든 일들은 내가 처리해야만 하는 줄로 알고 온갖 일에 해결사로 자칭하고 나섰는가 하면, 음식에서부터 옷 입는 일, 지나친 소비 등으로 그 욕망은 끝없이 점점 확대되어 가고 있었다.

그렇게 살아가다 보니 항상 심신이 지쳐서 건강이 극도로 악화되어 악성빈혈과 위궤양, 골다공증 등등으로 걸어 다니는 종합병원이라고 할 만큼 건강이 나빠지게 되었다. 또한 의협심이 강하여 잘못되었다고 생각되어지는 일에는 참지 못하고 일에 관여하다 보면, 좋은 결과도 나쁜 결과도 결국 중생의 잣대로 재는 일들인지라 그릇된 결과를 남겨서 세상이 다시 시끄러워질 뿐이었다.

이렇듯 자신이 어디로 가고 있는지조차도 모르고 헤매다
가 어머니의 임종 앞에서 내 자신은 너무나 작고 초라하였으며
부끄러움 그 자체였다. 그런데 친정어머니와 금생의 인연을 하
직하던 날! 어머니의 좌탈 입망하시는 모습을 본 이후 본격적
인 수행을 하게 되면서 생활태도와 사고방식이 달라지기 시작
하였다. 우선 근검절약하는 생활이 점점 익혀져 가고, 성격과
언행이 참으로 많이 변하였다고 주변에서 말들을 한다. 무엇보
다도 태어난 이후 건강이 가장 좋아져서, 과거에 결핵 4기였던
몸이 지금은 감기 한 번 걸리지 않을 정도로 강인한 체력으로
변하였다.

이렇게 살아가다 보니 주변의 모든 대상들을 보는 눈도 대하
는 태도도 함께 변해가고 있음을 스스로 알아질 정도가 되어가
는 것 같다. 몇 년 전만 하여도 수행을 하면서 도움이 될 만한
자료들이 부족하여 수행을 하고자 하여도 체계적인 수행방법
을 몰라서 쉽게 마음을 낼 수가 없었다. 나 역시 오래 전부터
수행을 하기 위해 여러 자료들을 뒤져보고 이런저런 경전들을
외워보고도 하였지만, 그러면 그럴수록 갈증만 더할 뿐 부처님
께서 말씀하신 깨달음의 길은 요원하게만 느껴졌다.

그래서 삼칠일 동안의 계획을 세워 열심히 기도를 하면서 부
처님께 대답을 들어보기로 결심을 하고 계획한 대로 매일 봉은
사에 다니면서 기도를 하였다.

21일 간의 기도를 회향하고 내려오다가 도량 내의 서점에 들
렀는데, 『대불정여래 능엄주』라고 써진 한 권의 책이 눈에 들어

왔다. 그 책을 펼친 순간 '부처님께서 내게 준 선물이 바로 이것이다' 라는 생각이 듦과 동시에 정수리에서부터 발바닥까지 마치 번개가 내리치는 듯한 느낌이 들었다.

그 후로 오로지 그 길(능엄주를 열심히 읽고 외우는 일)을 향해 앞만 보다시피 하고 정진을 계속하여 불보살님의 가피를 입게 되었으며, 모든 일들이 어려움이 없이 순조롭고, 또한 혜안이 조금씩 열리게 되었다. 처음 능엄주를 하게 되고, 외워서 본격적인 주력을 하면서도, 그리고 지금 이렇게 계속 흐르는 시간 중에도 참으로 많은 불보살님의 가피를 입었다.

능엄주를 하는 속도가 어느 정도 빠르게 되자, 하루에 108독씩을 100일간 하기로 계획을 세우고 본격적인 주력을 하였다. 처음에는 108독을 하는 데 하루에 16시간 걸리다가, 매일 그 속도가 빨라지면서 15시간, 14시간 등으로 줄어들면서 4시간만에 108독을 마칠 수가 있었다.

시간이 남으면 또 다른 생각이 끼어들게 되므로 횟수를 늘려 하다 보니 이쯤 되었을 때는 하루에 400~500독씩을 하게 되었고, 이런 속력으로 한 지 3일째 되어(100일 입재시작으로부터 40일째 되던 날) 몸이 사라지고….

능엄주는 긴 다라니이고, 범어이기 때문에 발음을 하기도 어렵거니와 외우기도 힘이 든다. 처음부터 무리하게 외우려고 하다보면 힘에 부쳐서 쉽게 포기해 버릴 수도 있다. 그러므로 처음 시작하는 사람은 외우려 하기보다는 우선 자연스럽게 읽는 연습을 꾸준히 해가야 한다. 발음이 어려워서 경우에 따라서는 입술이 부르트기도 하고, 몸에 열이 나기도 하며, 이가 시리기도 한다. 그럴 때는 속으로 해가면서 몸을 잘 컨트롤(Control)해 가며 하루하루 몇 독씩 더 해 나아가는 걸로 서서히 해야 한다.

발음이 자연스럽게 되면 읽는 속도가 차츰 빨라지게 되고, 그럴 때는 읽는 횟수를 점점 늘려간다. 횟수를 늘려 읽다 보면 반복되는 구절부터 자연스럽게 외워지게 된다. 그렇게 십수 일이고 몇 달이고 혹은 더 긴 세월을 걸려서라도 하다 보면 어느 날 능엄주가 자연스럽게 몸에 익어서 마치 몸 전체가 다라니인 것 같은 느낌이 들고 언제 어디서나 항상 든든하다.

능엄주가 다 외워지면 하루에 7독을 일주일간, 그 다음은 21독을 일주일간, 그 다음은…, 이렇게 횟수를 본인의 형편과 몸에 맞게 늘려 나아가야 한다. 그러면서 매일매일 몇 독을 하였는지 기록하고, 또한 스스로 정한 횟수가 일찍 끝나면 계속 횟수를 늘려가면서, 속도를 점점 빠르게 하는 훈련을 해 가다 보면, 숙련이 되어 망상이 들어 올 틈이 차츰 줄어들게 된다.

시끄러운 곳에서나 집중이 잘 안 되는 곳에서는 소리를 내어서 하면서 그 소리를 마음으로 들어가며 하여야 한다. 다라니를 외는 소리를 들으면서(耳根圓通) 하거나 큰소리로 더욱 빠르게 하면, 다른 데 관심이 없어지면서 생각이 들어올 틈이 없어지게 되어 있다. 주력을 하면서는 구절구절 주의 깊게 들으려고 노력해야 한다.

그 소리를 주의 깊게 관하다 보면 무념에 들게 되며, 무념에

드는 열쇠는 이근원통밖에 없다고 능엄경에도 기록되어 있다. 소리가 없어지고 아는 마음까지 없어져서 무념처에 들게 될 때까지 규칙적으로 노력해야 한다.

이렇게 수련해 가다 보면 능엄주를 하는 횟수가 하루하루 빠른 속도로 늘어나게 되고, 나중에는 입으로 소리를 내어 할 수 없을 정도로 속도가 빨라지게 된다. 그러다가 더욱 빨라지면 몸의 어느 한 곳에서 자리를 잡고 전광석화(電光石火)처럼 빠른 속도로 그냥 자동으로 돌아간다.

이쯤 되면 애써 하지 않고 지켜만 보고 있게 되는데, 마치 자동으로 녹음 테잎이 돌아가듯 그렇게 흐르는 것처럼 계속 이어진다. 무엇을 하든 자리 잡은 능엄주는 계속 돌아가고 능엄주가 몸을 끌고 다니며 일하고, 능엄주가 음식을 먹고, 행주좌와 중에도, 꿈속에서도 계속 능엄주가 끊어지지 않는다. 꿈속에서도 수행이 이어질 때는 일어나 보면 알 수 있다.

보통 그냥 잠이 들었을 때 아침에 일어나면 몸도 경직된 것처럼 굳어 있고, 아무 생각도 없이 마치 묵직한 느낌이지만, 자면서도 수행을 하게 되면 일어났을 때, 선정에서 깨어날 때와 똑같이 몸이 가볍고 정신도 맑게 깨어 있다.

뿐만 아니라 그 시작과 중간, 끝까지 알 수 있게 이어진다. 이 정도 숙련이 되면 몸은 하늘에 뜬 풍선처럼 가벼워지고, 진공(眞空) 상태처럼 느껴지게 된다. 잠이 저절로 줄어들고 망상도 어디로 갔는지 송두리째 뽑힌 것 같음을 알 수 있으며, 혼침이 없어져서 항상 깨어 있다. 몸의 가죽을 마치 한 꺼풀씩 벗겨

낸 듯 나날이 새롭고 상쾌하여 지면서, 이런 날이 시작되어 며칠 지나지 않아 드러나는 자리가 있다.

이런 상황이 되면 반드시 스승을 찾아 지도를 받아야 한다. 이 때 눈 밝은 선지식을 만나게 되면 얼굴만 보고도 벌써 수행의 경지를 알고 다음을 일러 주실 것이다.

이 주력의 힘(테크닉)은 화두를 드나 관(觀)을 하나 무슨 수행을 대상으로 하여 하든 망상이 거의 없이 자기에게 주어진 수행의 주제를 끌고 갈 힘(선정력)이 되고, 이후에도 어떤 수행을 하든 쉽게 오매일여가 되어, 짧은 기간 동안에 각성(覺性)이 일어나게 된다.

또한 무슨 일을 하든 그 힘의 밑천으로 세상을 자신감과 포용으로 대하며 살아가는 에너지가 스스로 끊임없이 생겨남을 알 수 있게 될 것이다. 무엇이든 다 녹여버릴 수 있는 용해제와 같은 자비심이 스스로 방사되어짐에 환희와 행복감은 날로 확장되어질 것이다.

자신이 한번 정한 시간과 정진 일수 등은 꼭 지키는 강인함이 있어야 한다. 예를 들어 100일을 정진하기로 계획을 세웠으면 그 100일을 채우기 위해 첫 번째로 몸 단속부터 철저히 해야 한다(처음부터 긴 날수를 계획하면 지루하여 포기할 수 있으므로 7일의 기한부터 정해 놓고 한다). 재가불자로서 또한 부득이한 사정이 아니면 기본 오계(五戒)를 지키려고 노력해야 한다.

두 번째로 건강을 유지하기 위한 음식 조절, 환경을 비롯해서 오랫동안 정진할 수 있는 강인한 체력을 위해 보조수단으로 몸을 호흡에 잘 맞추어 절을 한다거나, 복식호흡과 선체조를 필히 곁들여 가면서 몸을 이완시킨 다음 정진을 하여야 된다.

(국가대표 양궁과 사격선수들의 실험 결과, 그냥 활을 쏘고 방아쇠를 당기는 기록과, 몸을 이완시키는 운동을 하고 명상을 5분 이상 한 후의 기록에서 후자의 경우가 훨씬 좋은 기록의 결과가 나왔다.)

몸은 내팽개치고 무작정 정진만 온 종일 하겠다는 것은 얼마 지나지 않아 수행을 포기하겠다는 징조이고, 결국 선정력이 길러지는 것이 아니고, 수행을 잘못하여 상기(上氣)되거나, 갖가지 병(골병)만 남게 되는 경우를 많이 보아왔다.

처음 본인도 무작정 많이 앉아서 정진만 하면 되는 줄 알았다. 그러나 육신은 그렇게 호락호락하지 않았다. 용쓰고 참아가며 억지로 눌러보지만, 입술이 부르트고 목이 부어오르는 것은 다반사였으며, 또한 몸살이 나서 며칠씩 혼침 속에서 그야말로 비몽사몽간 약기운에 정신없이 정진의 흉내만 내게 되는 경우가 가끔 있었다.

이후 선 체조와 호흡을 몇 가지 배워 조금씩 꾸준히 하면서 수행을 하였더니 건강이 눈에 띄게 좋아지고, 선정력이 생기면서 24시간 정진을 해도 혼침과 피곤함이 없고, 몇 시간씩 앉아서 정진을 해도 몸의 상태를 느끼지 못하기 때문에 다리가 저리거나 허리 등이 아파서 정진을 못하는 경우는 없어졌다. 오히려 몇 시간씩 앉았다가 일어나면 몸은 더 가볍고, 수행도 그대로 이어져 흐름이 완만하여 삼매의 상태가 지속되어진다는 것을 알 수 있다.

망상이 없으면 아무리 오래 앉아 있어도 몸을 느낄 수 없으므로, 다리가 결리거나 허리가 아프는 등의 육체적인 느낌과 고통이 없다. 망상이 들어옴과 동시에 호흡과 몸이 느껴지게 된다. 화엄경에서 말하는 "우주의 주체가 곧 우리의 한 생각"이라는 사사무애(事事無碍)의 법계관(法界觀)을 체험할 수 있게 된다.

이러한 노력으로 수행을 하다보면 자신의 체험이 스스로에게 참고가 되고, 다음의 수행은 마음이 알아서 저절로 방향을 제시해 주게 되어 있다.

우리는 흔히 헌신한다는 이름으로 자신을 내팽개치고 살아가는 경우가 많다. 특히 우리 한국 사람에게는 더욱 그러한 경향이 많은 것 같다. 그것은 자신을 학대하는 행위이며, 자신을 학대한다는 것은 곧 밖으로도 사람과 동식물, 그리고 환경에까지 그 학대의 악영향을 끼치게 되어 있다. 자기 자신을 존중하는 사람은 남을 존중한다. 자신을 아는 만큼 남을 알고 세상을 안다고 한다. 진정한 자기 자신의 내면으로 향한 자비와 존경심이 진지할 때, 타인에게도 그 자비스러움이 방사되어 퍼져갈 수 있게 될 것이다.

아울러 매일 수행일기를 써야 한다. 어떤 수행을 선택해서 하든, 수행을 하는 데 있어서는 기한을 정해 놓고 하면서 반드시 매일 기록을 해야만 한다. 예컨대 능엄주력을 하는 사람은 어제는 몇 독을 했고 오늘은 몇 번을 했는지를 주욱 기록해 나아간다.

왜냐하면 그날 하루 사정이 있어 수행을 하지 못하였을 지라도, 수행일기를 써야만 하는 이유 때문에 반드시 조금이라도 수행을 하게 되고, 또한 다른 생각이나 방황을 하고 있다가도, 자신이 하고 있는 수행의 대상으로 돌아가 조금이라도 수행을 하게 되기 때문이다. 수행을 기록하다 보면 스스로에게 참고자료가 되고 평생 수행을 하는 데 나침반 역할을 하게 되며, 어느 수행지침서보다도 값진 것임을 자연스럽게 알아진다.

그리고 수행이 숙련이 될 때까지는 산만한 곳이나 외출 등을 자제하고 바깥 경계에 끄달리지 않도록 각별히 주의해야 한다. 어떤 대상과 부딪치더라도 그것이 안으로 해석되어지거나 좀처럼 흔들리지 않는 훈련이 될 때까지는 주의하고 삼가지 않으면 퇴보하거나 스스로 좌절하게 된다. 연잎에 어떠한 물방울이 떨어져도 잎에 물이 스며들지 않는 것처럼.

-주부, 월간 불광 2004년 6월호

철두철미하게
계율을 지키다 보면

김용남

"영양실조 안 걸렸어요?"

육식(肉食, 육류 및 어류 일체)과 오신채(五辛菜)를 먹지 않는다는 사실을 알게 된 미국의 친구는 가끔 그렇게 안부를 물어오곤 하였다. 상식으로는 도저히 버틸 수 없을 거란 염려 때문이었을 것이다.

영양실조에 대한 염려는 그 친구뿐만이 아니었다. 친분 있는 분들이나 부모형제는 물론이거니와 같이 식사하는 사람들에겐 언제나 염려의 대상이 되었고, 꼭 육식을 먹어야 하는 이유를 교육받아야 했다. 그러면서 다시 한 번 확인하는 말은 "정말 멸치도 안 먹어요? 골다공증 걸릴 텐데…. 우유는요?" 하는 질문이었고, 나는 일관되게 "전 부처님을 믿어요."라는 대답으로 더 이상 말을 잇지 않았었다. 그러나 어언 몇 년이 지난 지금은 그런 말들이 모두 필요 없게 되었다. 알 만한 사람들은 모두 다 아는데다가 이렇게 멀쩡하게 살아있기 때문이다.

대체로 보살계를 받다 보면 계사스님께서는 불살생(不殺生)·불투도(不偸盜)·불사음(不邪淫)·불망어(不妄語)·불음주(不飮酒)의 오계에 대한 가르침을 주시고 적어도 불자라면 이 다섯 가지를 꼭 지키라고 강조하신다.

그러나 대부분의 불자들은 불살생을 제외한 나머지는 모두 쉽게 수긍하면서도 음식에 이르러서는 받아들이기가 그리 쉽지 않다. 나 역시 마찬가지였다. 불교 경전을 읽거나 역대 조사 스님들의 가르침을 들으면서도 한결같이, "어차피 내가 죽이지 않은 이상 동물을 먹건 식물을 먹건 모두 남의 몸이라면 남의 몸이고 내 몸이라면 또한 모두 내 몸인데 굳이 동·식물을 가려야 할 이유가 뭐람?" 하고 속에서 항변하고 있었기 때문이었다. 뿐만 아니라 주변의 친구들에게까지 동의를 구하면서 살았었다. 그런데 어느 날 홀연히 나를 깨는 계기가 찾아왔다.

꼭 5년 전 박사논문을 쓰면서『원통불법(圓通佛法)의 요체』를 읽은 것이 인연이 되어 첫 친견 이후부터 14년여 만에 나는 청화 큰스님을 다시 찾아뵈었었다. 당시 큰스님은 세간에 알려진 대로 일생 동안 철두철미하게 계율을 준수하시어 일종식(一種食)으로 일관된 삶을 사셨으므로 석가모니 부처님의 6년 고행상과 흡사하셨다. 나는 나의 서원(誓願)을 말씀드리고 불명(佛名)은 이미 있었으므로 '호'를 지어달라고 청하였다.

　며칠 후 나는 큰스님으로부터 다시 불명으로서의 ‘영헌(永憲)’이라 칭하신 우편물을 받았다. 그리고 큰스님을 계사로 모신 수계의식에 동참하였다. 법문 내내 큰스님의 말씀은 엄정하게 계율을 지킬 것을 강조하셨다. 그 법문을 계기로 수십 년 마시고 피워 온 술·담배를 끊은 사람도 있었다. 물론 나는 애초부터 술이나 담배를 하는 사람도 아니었고 육식을 즐기는 사람도 아니었다. 워낙에 채식을 좋아하여 고급 음식점보다는 절에서 먹는 음식을 더 좋아하던, 이른바 ‘절 체질’이었던 터였다. 따라서 그 수계식을 계기로 무엇을 더 어떻게 바꾸어 실천하여야겠다는 생각은 들지 않았다. 단지 계율을 지키는 것이 얼마나 중요한 일인가를 가슴 속 깊이 새기는 정도에서 머물렀다.

　그렇게 몇 개월이 지난 어느 날 큰스님을 친견할 기회가 있었는데 스님께서는 이미 준비해 두신 듯한 서찰을 한 장 건네셨다. 그리고는 다시 한 번 계율을 지킬 것을 강조하셨다. 집에 돌아온 나는 순 한문으로만 씌어진 글을 해독하기 시작했다. ‘지계엄정(持戒嚴正)’이란 제목이 굵게 눈에 들어왔다. 쉬지 않고 써내려 가신 듯한 그 다음 글들은 육재일(六齋日, 음력 8, 14, 15, 23, 29, 30)엔 꼭 사시(巳時, 09~11시) 한 끼만 먹을 것과 성생활을 하지 말 것, 오신채를 먹지 말 것, 술 담배를 먹지 말 것, 육식을 금하고 오직 삼보(三寶)에 귀의할 것만을 생각하라는 내용이 있었다. 이어서 각각의 계율에 대한 출처를 경전 내용 하나하나 짚어가면서 일목요연하게 정리해

놓으신 것이었다.

　우선 오신채를 금하는 이유는 그 음식을 먹을 경우 냄새가 고약하게 풍기므로 천신들이 싫어한다는 것이었다. 천신들이 주변에 계셔야 생각도 더 바르게 판단하게 되고, 삿된 길로 빠지지도 않을 것인데, 훈채(薰菜)를 먹음으로 하여 그 냄새를 싫어하셔서 멀리 떠나버리신다는 말씀이었다. 사실 이 말씀은 잘 새겨들어야 할 내용이다. 전해져오는 말에 이러한 이야기가 있다. 어떤 수행자가 길을 가다 돌부리에 걸려 넘어졌다고 한다. 그러자 어떤 호법신장이 얼른 달려와 일으켜 주었다. 수행자가, "넌 대체 누구냐?" 하니, "저는 공부하시는 스님을 지키는 호법신장입니다." 하더란다. "그렇다면 넘어진 다음에 일으켜 주지 말고 넘어지지 않게 해줬어야 할 게 아닌가?" 하니, "나도 그러고 싶지만 스님이 뒷물을 안 해서 냄새가 심하여 가까이 가 있을 수가 없었다."고 하더라는 이야기다.

　이 수행자에게선 훈채로 인한 냄새보다는 아마 환경적으로 청결하게 하지 못한 데서 비롯된 냄새였을 것이다. 우리가 늘 염송하는 『천수경』에도 도량이 청정하여 티끌이 없어야 삼보와 천룡이 내려오신다고 하는 구절(道場淸淨無瑕穢 三寶天龍降此地)이 있지 않은가. 누구나 경험하였겠지만 외국인들에게서 나는 특이한 체취는 숨을 쉴 수 없을 정도이다. 그것은 그들과 문화를 달리하기 때문에 겪는 냄새일 뿐이므로 같은 환경에 노출되어 사는 사람은 알지도 못한다. 그러므로 산 속 깊은 사찰에서 음식을 가려먹으며 청정하게 수행하는 스님들이나 기도수행자들은 고기 많이 먹고 훈채 많이 먹는 속인들과 갑자기 접촉하게 되면 그 사람에게서 나는 악취가 너무 고약해서 뭐라 설명이 곤란할 지경이다. 심지어 감각기관에 의지해서 살아가는 우리 중생들이 이러한데 천신들에게 있어서야 말해 무엇하겠는가. 분명한 것은 수행을 하고자 하는 사람들은 천신은 물론이요, 미물들까지도 감응할 정도의 지극한 정성이 있어야 하는 것이다. 그 정성이란 계율이 철저함으로부터 시작되는 것이다. 그러므로 오신채로 인하여 천신이 멀리 떠난다는 말은 충격적이지 않을 수 없었다.

그 다음은 육식을 금한다는 내용의 출처를 대승과 소승경전을 나누어 설명하셨다. 소승에서는 십종육(十種肉, 코끼리·말·용·개·사람·까마귀·독수리·돼지·원숭이·사자)을 금하지만 대승에서는 육식 자체가 우리들에게 내재되어 있는 자비의 종자를 끊어버린다 하여 일체의 육식을 금하고 있다는 것이었다. 이어서 육식의 다섯 가지 허물을 정리해 놓으셨다.

첫째는 깨끗하지 못한 것, 즉 업이 두터운 것(사람보다 동물의 업이 더 두텁다)을 먹음으로 하여 그 깨끗하지 못한 업이 내 몸에 스며들게 되므로 그것이 인(因)이 되어 결과적으로 부정한 업을 일으키게 된다는 것이다. 둘째는 나찰의 습기를 먹게 된다는 것이며, 세 번째는 천성(天聖)이 나로부터 멀리 떠나가고, 넷째는 학문, 특히 마음공부가 이루어지지 않으며, 마지막으로 죽어서는 악도에 떨어지게 된다는 것이다.

다음은 오후불식(낮 12시 이후 불식)을 할 경우의 다섯 가지 복에 대하여 말씀하셨는데, 첫째는 음욕심이 적어지고, 둘째는 잠이 줄어들며, 셋째는 마음집중이 잘 되고, 넷째는 몸이 편안해지며, 마지막으로 가스가 생기지 않으므로 몸이 맑고 깨끗하게 정화된다는 것이었다. 그 외에도 많은 내용이 있으나 지면으로 다 옮길 수 없음이 안타까울 뿐이다.

무슨 연유에서였는지 알 수는 없었다. 그저 나는 청화 큰스님의 그 글을 읽으면서 무척 환희했었다. 읽고 또 읽으면서 감사의 눈물을 흘렸다. 여러 장을 복사하여 만나는 불자들마다 나누어주었다. 물론 불자들뿐만 아니라 모든 사람들에게 나누어주어야 할 내용이었으나 먹힐 리가 만무하였으므로 일단은 주변의 불자들에게 나누어주기 시작했던 것이다.

나는 내 마음이 부처임을 확철 대오하고 싶은 간절한 소망을 지닌 사람이다. 이 말은 나의 업을 소멸시켜 부처를 이루고자 희망하는 사람이라는 뜻이다. 그런 원을 세운 사람이 음식을 가리지 않음으로써 오히려 업을 두텁게 만드는 것은 어불성설이다. 더 이상의 사족이 필요 없었다. 무조건 육식을 완전하게 끊었다. 무조건 계율을 철저하게 지키자고 맹세하였다.

이 글을 쓰는 인연에 부쳐 감사하고 싶은 사람이 있다. 항상 나보다 앞서서 시댁에서나 공식 모임에서 음식을 가려먹을 수 있도록 배려해 주는 한솥밥 먹는 도반이다. 그는 부처님께서 내게 보내주신 호법신장님이다.

-성균관대 철학과 강사, 월간 불광 2004년 3월호

저승 가는 길에

배 자인성

우리 절 영남불교대학 관음사에는 내생체험관이라는 곳이 있다. 회주이신 우학 스님만이 생각할 수 있는 기발한 아이디어로 유서도 써야 하고 관에 들어가 누우면 관 뚜껑에 못 치는 소리도 들어야 하고 깜깜한 죽음의 길을 미리 체험해 보는 곳이다. 어둠을 헤쳐 갈 때는 무서워 눈물이 났다는 먼저 체험한 보살님들의 말씀을 들으니 겁은 났지만 직접 체험해 보기로 하고 5층으로 올라갔다. 안내하시는 보살님이 '이제 내가 죽는다'고 생각하며 유서를 쓰라고 하시며 종이를 건네준다. 갑자기 숨이 턱 막히고 죽음에 대한 공포가 밀려와서 아무 생각이 나지 않았다. 한참이 지난 후에 마음을 가다듬고 유서를 썼다.

"이제 내가 죽는다고 생각하니 눈물이 앞을 가린다. 사랑하는 내 남편! 하나뿐인 내 아들! 정말 좋은 인연으로 만나 서로 사랑하고 이해해 주며 넓은 가슴으로 감싸안으며 살아온 내 가족을 두고… 잘 해준 것보다 못 해준 것이 더 많은데… 좀 더

212

살갑게 대해줄 것을… 가슴이 아린다. 모든 게 아쉬움 투성이인데 어찌 발길이 떨어질까? 행복도 불행도 잠시의 꿈인 것을… 어찌할꼬? 내가 죽고 나면 어떤 모습의 나로 당신에게 기억 될 것인지 궁금하기도 하고 두렵기도 하네요. 나만 생각하며 이기적으로 살아온 자신이 부끄럽기도 하고…. 미안하다고 뉘우치기엔 너무 늦은 것 같네요.

우리 아들! 좋은 인연 만나서 행복하게 사는 모습 못 보고 가서 안타깝지만 서로 이해하고 사랑하며 잘 살기 바란다. 이렇게 후회스러운 걸 미리 알았더라면 살아 생전에 잘 할 것을…. 50여 년을 넘게 살아오면서 그래도 부처님 법 만남에 깊이 감사하며 다음 생에 다시 태어난다면 부처님 법 깊이 공부하며 실천하는 불제자의 인연을 만나고 싶다. 나무 관세음보살."

하고 싶은 말들은 너무 많은데 글로 표현하기가 매우 어렵다. 정말 죽음이 코앞에 왔다고 생각하니 머릿속은 텅 빈 것 같고 아무 것도 생각나지 않았다 관에 들어가 누워서 관 뚜껑에 못 치는 소리를 들을 땐 등골이 오싹할 정도로 한기를 느끼며 죽으면 정말 이렇게 깜깜하고 차가운 곳에 누워서 땅 속 깊이 묻히겠구나 하는 생각에 무서워서 몸을 떨었다.

잠시 누웠다가 다시 일어나 나와서 길고 긴 어둠의 저승길을 "관세음보살"을 염하면서 기어서 갔다. 어둠 속을 더듬거리며 언덕 같은 곳도 넘고 무엇인가 얼굴에 부딪치면 놀라서 소리치며 손으로 걷어내기도 했다. 죽으면 이렇게 어두워 깜깜한 길을 혼자서 가야 한다는 것을 생각하니 무섭고 외롭고 서러운 마음에 눈물과 땀이 범벅이 되어 흘러 내렸다.

"관세음보살 관세음보살 관세음보살…."

30여 분을 그렇게 헤매고 난 뒤 드디어 마지막 고리를 잡는 순간, "잘 오셨소. 여기가 극락이요."라는 소리와 함께 옆문이 덜컹 열리는데 '아! 정말 여기가 극락인가?' 할 정도로 너무나 밝음에 눈이 부셨다. 세상에 다시 태어난 것 같은 환희로움에 눈물은 계속 흘러 내렸다. 깜깜하고 긴 죽음의 길을 가상으로 나마 체험하고 난 뒤의 마음가짐은 더욱 더 새로워진 것 같다.

사람의 몸 받기 어렵고 부처님 법 만나기는 더 더욱 어렵다고 했는데 사람 몸 받고, 불법을 만났으니 얼마나 고맙고 행복한 일인가. 이렇게 밝고 아름다운 세상에서 건강한 모습으로 있을 때 내 가족에게도 더 따뜻하게 대하고, 이웃에 봉사도 더 많이 하며, 부처님의 가르침 깊이 깨달아 사회에 보탬이 되고, 이 세상을 불국토로 만드는 데 노력을 아끼지 않아야 하리라!

누구나 죽음을 생각하며 유서를 미리 써 보는 것도 괜찮을 것 같다. 설령 왜 이생에 왔는지 모른다고 하더라도 내게 주어진 내 인생은 스스로 만들어 가고 있기에 죽는 날까지 어떻게 살 것인가. 그리고 과연 지금 바로 이 순간 죽는다고 할 때 무엇을 남길 것인가. 또 나와 인연한 분들에게도 하고 싶은 말들이 얼마나 많은가. 미리 쓰는 유서를 통해 한 번쯤은 자신의 삶을 돌이켜 본다는 것은 큰 의미가 있다고 생각된다. 아울러 삶의 소중함을 새삼 깨닫게 되는 좋은 기회가 될 것이다.

-영남불교대학 총동문회 회장, 월간 불광 2003년 12월호

삼천 배와 딸의 결혼

옥정자

딸 은주의 대학 입시가 며칠 안 남은 어느 날, 야반(夜半)에 잠이 깬 나는 불도 켜지 않고 마루로 나왔다. 한 줄기 약한 불빛이 문을 꼭 닫지 않은 그 아이의 방에서 새나오고 있었다. "아직도 공부하는가? 이제 새벽이 가까운데…."

말을 건네면 방해가 될 것 같아 발소리를 죽여 문틈으로 본 광경. 합장한 손이 올라갔다 내려갔다 하며 정신없이 절을 하고 있는 그림자가 촛불에 비쳐 벽에 너울거리고 있었다. '저 아이가 웬일로?…' 나는 숨소리도 조심하며 한참 보고 있었는데, 본인은 무중(無中)에 빠졌는지 계속 절을 하고 있었다. 나는 아무 말도 하지 않은 채 안방으로 들어와 자리에 누웠지만 왜 그런지 자꾸 눈물이 쏟아졌다. 철들어서부터 절에 가는 것이 일상생활 속에 용해되어 있는 당연한 행사로 알고 자주 같이 다니며, 단풍잎 같은 작은 손을 맞대고 엄마의 절 모양새를 곁눈

질하며 제법 절을 잘하던 딸 아이.

그렇게도 가고 싶어하던 미대를 단념시키고 다른 과를 선택케 한 것이 잘한 일인지 아닌지… 망설임, 미련, 불안, 그 모두를 덮어버리고, 고교부터는 공부에 쫓겨 제대로 절에도 못 가는 딸의 몫까지 새벽길을 재촉하던 그토록 많은 날.

"부처님 거들어 주십시오." "부처님 부탁드립니다." "부처님, 부처님."

수없이 외치며 드린 기도와 절. 겨우 동이 트기 시작하는 산길을 내려올 때면 다리가 후들거리던 기억. "자식이 뭐길래." 하면서도 그래도 부처님한테 가지 않고는 견디기 어려웠던 나날들. 은주의 절 모습에 겹쳐, 어두운 산길, 법당의 부처님, 향 내음, 촛불의 흔들림 등 여러 장면이 떠오르며 자꾸 눈물이 나오니….

…부처님 감사합니다. 은주 합격했습니다….

그로부터 4년. 졸업을 앞두고 누군가 사귀는 눈치더니, 그 상대가 몇 번인가 집에도 온 일이 있는, 3학년 때 보낸 '유럽 배낭여행' 때 사귄 K군이라고 한다. 여럿이서 늘 같이 오고, "오빠 오빠" 하기에 외톨이로 자라서 그저 따르는 정도로 알고 있었는데. 수더분한 학자형의 청년, 막연히 그려오던 사위 감의 '이미지'와는 전혀 다른 K군. 첫째 종교도 다르고, 나이 차도 많고, 출신교도 마음에 안 들고, 그쪽 가족구성원도 은주한테 힘들 것 같고, 등등의 이유도 되지 않는 이유를 나열하며

‘NO!’ 하였으니, 그것도 극히 강력하게.

어느 일요일, 은주를 데리고 간 S절에 어디선가 나타난 K군. 냉랭한 기색을 보여도 소용없다. 어디서 익히고 왔는지 오체투지를 제법 잘하며, “어머니, 어머니” 하고 반긴다. 할 말을 미처 준비 못한 나는 “삼천 배라도 하래지.” 불쑥 던지듯 말하였는데 이 일을 어떻게 하지. 두 연인들이 삼천 배를 하겠다고 정색을 하고 나섰으니, 그야말로 엎질러진 물이었다. 월정사를 거쳐 ‘적멸보궁’에서 올린 삼천 배. 그것은 김영랑의 시에서처럼 모란이 뚝뚝 떨어지던 6월 어느 무더운 날이었다. 삼천 배를 마치고 산을 내려오는 두 연인은 다리를 절룩거리면서 서로 부축하면서도 무척 만족스러운 얼굴이다.

그들과 앞서거니 뒤서거니 하면서 나는 곰곰이 생각했다. 이제 할 말이 없구나. 백기를 드는 수밖에. 그렇다. 생각을 다듬으니 웬일인가. 땀에 얼룩진 K군의 얼굴이 더없이 믿음직스러우며 이제 은주의 지친 모습에 기운을 불어 넣어 줄 사람은 이 엄마가 아닌 저 청년이구나. 이게 자연의 섭리인가. 이렇게 간단한 것이.

‘춘래초자생(春來草自生)’이라는 어느 화상의 말씀이 생각난다. ‘봄’이라는 때가 오니, 풀이 스스로 싹트고 푸릇푸릇 자란다는…. 무엇으로 막으랴. 내 품 안에 있다고 생각한 은주를 넘겨 줄 때가 이렇게 소리 없이 오는 것을. 아니지. 삼천 배를 하는 둘의 등 뒤에서 같이 올린 ‘절’이 먼저 있었지. 그리고 내 마음의 봄이 미소와 함께 왔고, 그들의 사랑이 기운을 얻어 더 푸른 기가 짙어졌지, 부처님! 저에게 주신 봄 같은 마음… 감사합니다.

그 후로 나는 흐뭇한 일이 참 많았다. 불도(佛徒)가 아니었던 K군이 휴일이면 절에 가자고 먼저 앞장서 주고 심지어 결혼 주례도 스님이 해주셨으면 뜻깊을 텐테라고 하며 신혼여행도 경주로 가 불국사 참배를 하겠다니. 또 더 기쁜 것은 엄마를 따라 습관처럼 절에 다니던 은주의 불교관이 뭔가 골을 찾은 물줄기처럼 정리되어 가면서 이전보다 무척 진지해지는 것이었다.

2월 28일 그들은 결혼을 했다. 예정대로 불국사도 다녀왔고, 지금 시가에서 살고 있다. 사위 현수의 불심은 뒤늦게나마 배운 사람답게 학구적 탐구까지 곁들여 무척 도탑다. 또 나이 차가 있는 탓인지 철없는 은주를 이리저리 감싸주는 것이 눈에 보인다. 외동딸로 늘 혼자였던 것이 외로웠던가. 아버님, 어머님, 시누이, 시동생, 이 방 저 방에 사람이 있어 이말 저말 주고받고, 이것저것 먹고 떠들고. 시집살이가 재미있고 즐겁단다. 불과 몇 달 전 내가 제기했던 문제점들은 '기우(杞憂)'라는 말로 끝나 버렸으니 이건 정말 다행이구나. 아니 그 이전에 내 시야, 내 관점, 내 해석이 곧 딸의 것이라고 생각한 짧은 잣대(尺) 근시적 안목이….

딸에게 이 난을 빌어 편지를 쓰고 싶다.

"은주야, 미안해. 작년 이맘 때 나의 강력한 반대에 부딪쳐 네가 입술이 바싹바싹 마르며 힘들어 하던 일. 그러나 엄마에게 상처를 안 주려고 무저항주의로 우회를 하며 목적을 달성한

218

네가 대견스럽고 고맙다. '맹구우목(盲龜遇木)'이라는 말 알지. 눈이 먼 거북이가 큰 바다에 떠있는 구멍 난 나무토막을 만나는 것처럼 이 세상에 인간으로서 생을 부여받기도 어렵고, 거기에 더 보태 인간으로서 불법(佛法)을 만나는 것은 더 어렵고 희귀한 일이란다. 그처럼 소중한 너와의 만남에 대한 감사를 나는 그저 부처님께 절을 올리는 것으로밖에 못 갚고 있는 것 같다. 뭔가 더 있어야겠지. 그러나 그것도 어느 날 부처님이 지시해 주실 것으로 믿고 있어. 마음이 그야말로 봄날이다.

고3 때 입시를 앞두고 야밤에 정신없이 절을 하던 너. 그 후 언젠가부터 힘들면 절을 하는 너를 보며, 앞으로의 긴 세월, 기대고, 믿고, 빌고, 부탁드릴 곳. 부처님과의 만남. 그 어려운 만남의 소중함을 네 덕분에 지난 여름의 삼천 배를 통해서 더욱 절실히 체험한 것 같아 감사할 뿐이다. 엄마와 딸이라는 관계를 떠나 염화미소처럼 어떤 본의를 느낀 동지만의 이심전심을 그 때 우린 느꼈었지. 은주야 앞으로 긴 세월, 삼천 배를 하던 그 마음으로, 부처님을 의지하며 부처님 말씀을 아주 작은 것부터라도 생활 속에 실천하며 사는 참다운 불자가 되자꾸나."

-주부, 월간 불광 1998년 5월호

삼천 배의 기도 공덕

권오선

오늘도 우리 부부는 지혜와 밝음과 자비의 따뜻함과 환희의 기쁨과 행복을 주신 대자대비 부처님께 뜨거운 감사를 드립니다. 한량없이 부어주시는 거룩하신 부처님의 은혜에 항상 감사 드리며 부처님께서 저희 가정에 내려주신 행복의 발자취를 이렇게 하얀 백지 위에나마 적어봅니다.

우리 부부는 남들보다 늦은 결혼을 했습니다. 그러하기에 하루속히 아이를 갖고 싶었지만 생각대로 되어지지가 않았습니다. 오매불망 결혼 후 1년이 지나서야 기다리고 기다리던 아이가 생겼습니다. 우리 부부의 기쁨은 이루 말할 수가 없었습니다.

그러나 그 기쁨도 잠시 아무런 이유도 없이 4개월 만에 유산이 되고 말았습니다. 너무나 뜻밖에 닥친 일이라 무어라 표현할 수 없는 절망에 빠져 눈물로 나날을 보낼 수밖에 없었습니다. 남편은 마음을 잡지 못하는 저에게 따뜻한 위로와 사랑으로 감싸주었습니다. 저는 남편의 사랑에 힘을 얻어 유명하다는 병원이나 한의원, 약국 등을 찾아다니고 몸에 좋다는 약은 다 먹었습니다. 그래서인지 두 번째 아이가 생겼습니다. 그러나 그 아이도 4개월을 넘기지 못하고 유산이 되고 말았습니다. 저는 내 삶 자체가 무섭고 원망스럽고 한스러웠습니다. 또한 여자로 태어난 자신이 한없이 한없이 밉기만 했습니다.

그러던 어느 날 저에게 희망을 주신 보살님이 저를 찾아오셨습니다. 그 보살님은 제 선배의 어머니로 아주 불심이 깊으시고 각 사찰로 다니시며 기도를 반평생 이상 해오신 무진행 보살님이셨습니다. 그 어머니 보살님으로 인해 저에게도 부처님과의 인연이 시작된 것입니다.

어머니 보살님과 함께 절에 가서 부처님을 처음 뵙는 순간 그렇게도 마음이 편안할 수 없었습니다. 부처님은 저를 보시고 웃으셨습니다. 순간 저는 부처님께서 꼭 제 소원을 들어주실 것이라는 믿음이 생겼습니다.

그 때 마침 절에서는 삼 년 간 삼천 배 기도정진을 하고 있었습니다. 그 절에 계신 법사님께서는 제 뜻을 아셨는지 저에게도 삼천 배를 하라고 권하셨습니다. 삼천 배를 한다는 것이 처음에는 너무나 고통스럽고 힘이 들었습니다. 매월 29일, 30일과 다음달 초하루 3일씩 삼천 배를 하고 회향식을 하면서 법사님께서는 저에게 매일 「관세음보살 보문품」을 하루 7편씩 독경하라고 하셨습니다.

어느 날은 하루일과가 기도로 시작해서 기도로 끝날 때도 있었습니다. 한 달에 한 번씩 하는 방생도 빠지지 않고 다녔습니다. 오로지 저의 기도는 아기를 주십사 하는 부탁뿐이었습니다. 매일 부처님께 제 소원만 빌면서 받으려고만 하는 것은 아닌가 하고 생각하니 좀 뻔뻔스러운 생각이 들기도 했습니다. 그래도 전 그냥 부처님께 매달렸습니다.

그렇게 기도하던 정월 어느 날인가 부처님께서는 제 소원을 들어주셨습니다. 저는 온 세상에 소리치며 외치고 싶었습니다. "고맙습니다, 부처님. 고맙습니다." 저도 모르게 고맙습니다. 감사합니다. 하는 소리가 중얼거려지는 것이었습니다.

임신 사실을 안 다음날 저는 남편과 함께 부처님께 감사인사를 드리려고 양손에 꽃을 한아름씩 안고 절에 갔습니다. 그랬더니 법사님과 스님께서는 이미 무엇인가 다 아시는 양 환하게 웃으시면서 반겨주시는 것이었습니다. 절을 하는 저희를 보시고 앞으로가 더 중요하다고 하시며 열심히 기도하라고 하셨습니다. 저희가 무엇인가 보답을 하고 싶다고 하니까 아이가 태어나면 110만원에 한해서 책을 법보시하라고 하시는 것이었습니다. 저희는 그렇게 하겠노라고 약속을 하고 매일 기도를 했습니다.

다달이 병원에 가서 체크할 때마다 뛰는 아기의 심장소리가 그렇게 신기할 수가 없었습니다. 남편 역시 저녁이면 아기의 심장소리를 듣겠다고 배에 귀를 기울이면서 신기해 하는 모습을 보며 얼마나 행복에 넘쳤는지 모릅니다. 여자의 행복이 바로 이런 것이 아닌가 합니다. 그리고 노산인지라 수술을 받았지만 아주 귀여운 아기가 태어났습니다. 건강하고 잘 생긴 사내아이를 얻은 것입니다. 결혼한 지 7년 만의 일이었습니다.

부처님이 주신 아이라 그런지 건강하게 잘 자라주었고, 절에 데리고 가면 시키지 않아도 절도 넙죽넙죽 잘했습니다. 그래서 인지 유치원도 불교유치원에 다니게 되었습니다. 1996년 불광사 불광유치원 유아반에 입학한 아이는 처음 엄마 떨어지는 것이 두려웠던지 입학실날도 심하게 울어댔습니다. 그러나 며칠이 지나자 유치원에서 재미있었던 이야기를 자랑하며 즐거워했습니다. 고사리 같은 예쁜 두손을 모으고 '마하반야바라밀'을 외치며 인사도 잘 했습니다.

자애로우신 원장선생님과 훌륭한 선생님들, 운전기사님들, 그리고 무엇보다도 따뜻한 부처님의 도량, 자비하신 부처님의 온기가 제 아이를 빨리 적응하도록 이끌어주신 것 같습니다.

그런데 여름방학이 지나고 10월에 부득이 저희집이 이사를 하게 되었습니다. 집과 유치원과의 거리문제로 계속 불광유치원을 다녀야 할 지가 문제가 되었습니다만 다행히 운전기사님들께서 잠실에서 자양동까지 수고를 해주시겠노라고 하셔서 2년 동안의 과정을 잘 마치고 이제 졸업을 앞두고 있습니다.

대자대비 부처님의 공덕으로 둘도 없는 아들을 얻었고, 부처님이 계신 도량에서 여러 선생님들과 기사님들, 그리고 2년 동안 함께 뛰어놀며 웃고 싸우며 지내온 어린 새싹 친구들에게 무엇인가 뜻이 담긴 선물을 전하고 싶어 지난 12월 성도 잔치

날에는 법사님과의 약속대로 책을 법보시하기로 마음먹었습니다. 유치원 자모들께는 『천수관음경』을, 그리고 유치원 어린이들에게는 원효 성사 이야기를 동화로 꾸민 『진흙 속에 피는 연꽃』을 선물하면서 이렇게 저의 마음을 담아 발원했습니다.

"위없는 진리로써 영원하시고 법성광명으로 자재하옵신 본사세존이시여, 오늘 부처님전에 발원하는 갑오생 김윤원, 계사생 권오선 불자는 결혼 후 자식이 없어 근심하던 중 매일 관음경 7편 독송과 매월 3일간 삼천배 기도를 3년간 봉행한 인연공덕으로 결혼한 지 7년 만에 신미생 김상백 불자를 낳았고, 그 불자가 부처님의 위신력에 힘입어 불광사 불광유치원에서 훌륭하신 선생님과 거사님들의 따뜻한 보살핌에 힘입어 이제 유치원 졸업을 앞두고 있습니다.

한량없는 부처님의 인연공덕에 깊은 감사를 드리며, 법공양 하오니 바라옵건대 이 인연공덕으로 이 경전을 만나는 모든 불자들이 부처님의 자비하온 위신력을 입사와 심신은 강건하고 지혜와 덕성은 더욱 빛나지이다. 그리하여 향하는 길마다 상서가 일고 만나는 사람마다 보리심 내어 모든 중생 모두 함께 무상도를 이루어지이다."

-불광유치원 자모, 월간 불광 1998년 2월호

224

무소의 뿔처럼
혼자서 가라

윤나영

"그물에 걸리지 않는 바람과 같이 소리에 놀라지 않는 사자
와 같이 진흙에 물들지 않는 연꽃과 같이 무소의 뿔처럼 혼자
서 가라."

나는 대한민국 25살 평범한 직장 여성이다. 쇼핑을 좋아하
고, 분위기 있는 발라드에 취하며, 슬픈 영화를 보면서 눈물을
흘리기도 하는 아직 철없는 25살 아가씨다. 그런 내가 주변 친
구들과 조금 다른 점이 있다면, 수행을 하면서 살아가고 있다
는 사실이다. 한창 놀기 좋아하는 20대인 내가 쇼핑, 남자, 술
보다 수행이 더 좋아진 것은 몇 년 전 법왕정사라는 절을 알게
되면서부터이다.

아버지의 사업 실패로 1년 만에 영국 유학을 포기하고 집으
로 돌아와 있을 때 나를 지배하고 있는 것은 깊고 깊은 어두움

이었다. 고등학생이었던 동생과 외국에 나가 있었던 언니 대신 부모님 옆에서 힘든 시련들과 함께 싸우는 것은 내 몫이었다. 오랫동안 살던 집에서 밤에 아무도 몰래 도망치듯 나와 버리고, 하고 싶던 공부를 포기해야 했을 때 나의 의지와는 상관없이 벌어지는 일들 앞에 아무 것도 할 수 없는 나의 무능력함과, 나의 삶이 더 이상 나빠질 것이 없을 정도로 바닥까지 왔다는 절망감으로 하루하루를 지냈다. 그러던 중 너무나 사랑하고 믿고 의지하던 아버지에게 10년이 넘는 세월 동안 다른 여자가 있었다는 사실까지 알게 되자 슬픔과 좌절은 아버지에 대한 원망과 미움으로 바뀌어버렸다. 절대로 용서하지 않겠다는 독기를 품고, 아무런 의욕 없이 세상과의 문을 닫고 좁은 나의 세상 속으로 깊이깊이 숨어버렸다.

언제나 말도 많고 잘 웃던 내가 밥도 잘 안 먹고 말도 없이 방안에서만 지내자 어머니의 걱정은 날로 커져 갔다. 집안 살림살이와 남편의 배신보다 상처받은 자식의 모습이 보기 안쓰러웠던지 당신의 아픔보다 내 상처를 어루만져 주시고자 애쓰셨다. 그러다가 평소 신심 깊은 불자이셨던 엄마는 누구에게도 알리지 않고 나를 경기도 법왕정사라는 절에 보내기로 결정하셨다. 그렇게 인연이 되어서 찾아간 법왕정사에서 부처님과 처음으로 만났다.

그 때까지도 부처님 법이 절망과 어둠의 수렁에서 나를 이끌어내 줄 희망의 불빛이 될 줄은 상상도 하지 못했다. 법왕정사 주지스님이신 청견 스님께 절, 독경, 염불 등의 수행을 배우고,

226

밝고 긍정적인 마음을 갖는 것이 얼마나 중요한지 배우면서 어둡던 몸과 마음이 나 자신도 놀랄 만큼 밝고 맑게 변하였다. 그렇게 수행을 시작한 뒤, 어느덧 수행 없는 나의 인생은 상상조차 할 수 없을 만큼 수행이 중요한 부분으로 자리잡았다.

그렇게 인생의 힘든 겨울을 부처님의 도움으로 잘 이겨내고, 건강한 몸과 마음으로 집으로 돌아와 열심히 생활하였다. 그리고 올 해 봄부터는 부산에서 학교를 졸업하고 서울에 올라와 직장생활을 하면서 법왕정사에서 운영하는 군자법당 수행센터에서 열심히 절, 호흡법 등의 수행을 배우고 있다. 아무리 피곤하고 하기 싫어도 매일 108배는 하려고 애쓰며, 호흡법을 통해 단전호흡을 하면서 호흡을 고요하게 가라앉혀 번뇌 망상으로 흔들리는 나의 마음도 고요하게 만들려고 노력 중이다. 매월 마지막 주에 하는 삼천배도 이제는 빠질 수 없는 나의 일과가 되어버렸다.

내가 직장을 다니면서 이렇게 수행을 열심히 하는 이유는 다른 무엇도 아닌 바로 나 자신을 위해서이다. 주변 친구들과 직장 동료들에게는 이러한 나의 모습이 많이 이상했는지, 젊은 나이에 너무 깊이 종교에 빠져있는 것 아니냐는 걱정과 우려의 소리도 많이 들었다. 한때 그들의 목소리에 '내가 가고 있는 이 길이 옳은 길인가, 친구들의 말대로 너무 깊이 빠져버린 것은 아닌가, 내 생활에 좀 더 많은 시간과 노력을 해야 하는 것이 아닌가?' 하는 의문들로 혼란스럽고 흔들리기도 했다.

그러나 지금은 수행과 생활이 따로 분리된 것이 아니라는 사실을 잘 알고 있다. 수행을 하면 할수록 일상생활에서 달라지는 나의 모습들을 보면서 수행과 생활은 결국 하나이며, 세상에서 행복하고 당당하게 살아가기 위해 수행을 한다는 확신을 가지고 어떤 말에도 반응을 보이지 않고 조용히 수행을 꾸준히 하면서 살아가고 있다.

수행을 하면서 내가 얻은 가장 큰 가르침은 긍정적인 마음이다. 과거에는 나에게 일어났던 아프고 힘들었던 일들이 모두 나는 아무런 잘못이 없는데 남들 때문에 생긴 거라고 생각했다. 아빠만 아니었어도 내가 좀더 행복하게 살았을 거란 생각, 엄마가 직장생활을 하지 않고 그냥 주부였기 때문에 우리가 더 힘들었다는 생각, 같은 형제이고 자매인데 왜 힘든 일들은 모두 내 차지가 되는가에 대한 불평 불만과 주변 친구들은 겪지 않는 어려움들을 나는 겪고 있다는 원망으로 가득 차 있었다. 그러한 원망심과 슬픔들이 가슴에 가득 들어차 있어 견딜 수 없었다.

그러나 수행을 시작하고 나서부터 나의 이러한 마음들이 보이기 시작했다. 그러한 마음들이 보이니, 내게 일어나는 모든 일들의 원인은 다른 누구도 아닌 나 자신에게 있다는 사실도 명확하게 알아졌다. 남의 잘못으로만 생각했던 일들이 모두 나 때문에 생긴 거라는 사소한 진리를 알자 누구를 미워하고 누구를 원망할 것도 없었다. 내가 세세생생에 그러한 원인들을 지어놓았으므로 그러한 일들이 내게 일어나는 것은 너무나도 당연했던 것이다.

그러고 나니 아버지에 대한 미움과 원망이 사라지고, 오히려 나 때문에 가족들이 힘든 시련을 겪는다고 생각하니, 아버지와 어머니께 한없이 죄송한 마음과 고마운 마음이 생겼다. 원망심과 미움이 사랑과 고마워하는 마음으로 바뀌자, 나의 몸과 마음이 밝고 향기로워지는 것이 확실하게 보였다. 수행으로 가장 행복해지는 것은 바로 나 자신인 것이다. 커다란 어둠을 수행으로 극복한 경험을 하고 나니, 세상을 살아가면서 어떤 어려움이 닥친다고 하더라도 이겨낼 수 있다는 용기가 생겼다.

수행 후 일상생활 속의 가족이나 친구들과의 관계에서, 직장 생활을 하면서 상사나 동료들과의 관계에서 일어나는 문제나 갈등도 마음 알아차리기로 극복해가는 지혜도 생겨났다. 내가 원하는 일이 아니거나, 내가 바라는 방향으로 일이 되어지지 않을 때 화내고 흥분하면서 나의 주장과 고집대로 하려는 경향이 많았었는데 최근에는 다른 사람의 입장에서 생각해보고 나 스스로를 낮추려고 많이 노력한다. '그래 그럴 수도 있지, 그 아이의 말이 더 옳을지도 몰라, 나라면 더 했을 거야, 당연히 내가 할 일이야' 하고 저절로 긍정적인 마음으로 대하는 일들이 많아졌다.

어렵고 힘든 상황에서도 긍정적으로 생각하는 나를 보고 스스로 대견해서 스르르 미소가 나오기도 한다. 이렇게 나를 낮춤으로써 잘났다고 고개를 뻣뻣이 세울 때보다 얻는 것들이 더 많아졌다. 무엇보다도 나 스스로가 행복해지고 마음이 편해진다. 화내고 불평할 때 상대보다 나의 마음이 다치듯이, 나를 낮출 때 상대가 행복해지는 것이 아니라 나 자신이 평화롭고 풍요로워진다. 나의 마음과 생각들을 놓쳐 화를 내었다가도 금방 '아 내가 어리석었구나!' 하고 깨닫게 된다. 이렇듯 수행은 누구보다도 자신을 위한 길이다.

인생을 살아가는 데 있어서 힘들고 어려운 시간은 누구에게나 찾아온다. 그것이 돈과 관련이 되었든 사람과 관련이 되었든 스스로 이겨내야 할 자신만의 몫이 존재한다. 그렇게 생각할 때 수행은 살아가는 데 가장 중요한 보험이다. 암이나 교통사고보다도 더 무서운, 마음이 병드는 것을 막아주는 것으로 현대인이 꼭 들어야 할 필수 보험 상품이다. 물론, 일상생활 속에서 꾸준히 수행하기가 말처럼 쉽지 않다는 사실을 잘 알고 있다.

그러나 세상에 공짜가 없듯이 수행으로 쌓인 복과 덕은 절대로 없어지지 않는다. 가장 힘든 시간에 든든한 버팀목이 되어 줄 것이다. 힘들고 어려운 시기를 어떻게 극복하는가에 따라서 사람은 많이 달라진다. 힘든 과거의 기억 속에 빠져서 헤어 나오지 못하는 사람도 있고, 어려운 시간들을 발판 삼아 세상에 꼭 필요한 소금처럼 빛나는 사람이 되는 경우도 있다.

그리 긴 시간을 살아보지는 않았지만, 나 자신을 되돌아 볼 때 과거 찾아온 시련은 부처님을 만나기 위한 과정이었다고 생각한다. 그러한 일들이 없었더라면 이 좋은 부처님 법을 만나지 못했을 텐데, 나에게 불법과 수행을 가르쳐준 과거의 기억들이 참으로 고맙기까지 하다. 그리고 앞으로 어떠한 일들이 나의 인생에 펼쳐지더라도 부처님의 참다운 제자로서 긍정적으로 대처할 자신이 있다. 수십 억을 주고도 사지 못할 당당함을 나는 수행을 통해 얻었다.

내가 수행하면서 얻은 이러한 소중한 것들을 보다 많은 사람들과 함께 나누고 알리기 위해 앞으로 열심히 노력할 것이다. 보다 많은 사람들이 수행으로 밝고 건강하고 행복해진다면 그것이 그들과 더불어 살아가는 내가 행복해지는 지름길이다. 세상 모든 사람들이 부처님이 될 수 있는 불성을 가슴 속에 간직하고 있는 소중한 도반들이기 때문이다. 부처님의 소중한 진리의 말씀을 생활 속에서 잘 실천하고 참된 불제자로서 어떤 것에도 흔들리거나 반응하지 않는 무소처럼 되기 위해 오늘도 그리고 내일도 나는 수행을 할 것이다.

마지막으로 이 글을 빌어서 나를 찬란한 밝음의 빛으로 이끌어주신 청견 스님께 감사의 말씀을 꼭 전하고 싶다. 스님 고맙습니다.

-회사원, 월간 불광 창간 30주년 신행수기 우수상

4

나의 인연 이야기

정말 행복해서
죽겠습니다

김병조

생각해볼수록 나는 정말 복이 많은 놈이다. 장성이 고향인 나는 백양사에 다니셨던 어머님께서 10년 불공 끝에 종가집 7대 종손으로 이 땅에 태어났고, 하늘에서 구슬이 내려오는 꿈을 꾸고 부처님보다 하루 전날 나를 낳으셨다고 하니 어디 예사로운 복인가.

게다가 원하는 일마다 척척 이루어지고, 열 가지를 알아도 한 가지도 제대로 표현하지 못하는 사람이 수두룩한데 나는 되로 아는 것을 말로 풀어먹고 있으니 이보다 큰 복이 또 어디 있겠는가.

복이 많아 불심 깊고 검소하고 훌륭한 마누라를 만나 가정이 평안하고, 아이들 또한 부처님 품안에서 잘 자라고 있으니 복중에 최고의 복이 아닌가. 우리 마누라는 일상이 불교신행 그 자체다. 또한 다도며 참선, 요가, 국악 등등 배움에 대한 향학열이 늘 타오르고 있고, 나에 대한 절대적인 지지자이기도 하니 고맙기 그지없다. 불교에 대한 나의 신심은 마누라와 장모님 덕분에 깊어졌다.

마누라 자랑은 팔불출이라고 하는데, 우리 나라 속담 가운데 가장 먼저 사라져야 할 말이 이 말이라고 생각한다. 도대체가 잘난 마누라 자랑하는 것이 무엇이 잘못인가. 또한 마누라에게 인정받지 못하고 마누라를 존경할 줄 모르는 사람이 어떻게 밖에 나가 제대로 사회생활을 할 수 있을 것인가.

가정에서 인정 받고 잘하는 사람은 밖에 나가서도 잘하는 법이다. 인생에 있어 진정한 성공은 아내로부터 인정 받고 자식으로부터 "나도 아빠처럼 되고싶어요."라는 말을 들었을 때 가능한 일이라고 생각한다.

나는 원하던 대로 5년 전부터 조선대학교에서 명심보감을 강의하고 있다. 연극영화학과(중앙대학교)에서 문학사를 전공한 놈이 개그를 한다는 것도 웃긴데 대학에서 명심보감을 가르치는 것이 다들 우스운 모양이다.

영호남 화합 차원에서 마련된 광주방송 '열창무대'의 진행을 보고 강의 요청이 온 것이다. 사회교육원생 300명(이번 학기부터는 채점의 어려움으로 200명씩 수강 중)을 대상으로 '현대생활과 명심보감'이라는 내용으로 강의를 시작했는데 생각보다 반응이 좋았다. 수강신청이 바로 마감되었고 반응이 좋자 일반학생들

대상으로 강의가 이어졌다. 방송은 대본대로 해야 하고 하고 싶지 않은 이야기도 해야 하지만 하고 싶은 강의를 하니 행복하기 그지없다. 어떻게 가르치느냐는 참으로 중요하다. 명심보감을 황희 정승께서 가라사대 식으로 가르치지는 않는다. 옛것이라고 할지라도 재미있게 설명할 수 있어야 하고 지금 우리들의 이야기, 나의 이야기로 받아들일 수 있어야 한다.

동양고전 중 진수만을 가려뽑은 명심보감을 가르친다고 하는 것이 쉽지는 않다. 그러나 어려운 이야기를 어떻게 쉽게 설명하느냐가 중요하지 않을 수 없다.

명심보감은 내 인생의 지침이다. 제대로 가르치려면 무엇보다 실천이 따라야 한다. 제대로 행하지 않으면서 남을 가르친다는 것은 어불성설이기 때문이다. 비록 남을 웃기는 개그맨이지만 우스운 놈이 되지 않기 위해서 나름대로의 인생 룰에서 벗어나지 않으며 열심히 살아왔다.

1970년 전국대학생 화술대회에서 1등을 하고 카투사로 군생활을 하면서 문화선전대로 일하다가 군 추천으로 1975년 개그맨으로 데뷔하여 '일요일 밤의 대행진'의 앵커로서 칠년 동안 인기 1위를 유지하면서 코미디 창극, 명심보감을 도입하여 새로운 코미디의 세계를 열었다는 평을 받았다. 우리들의 스타상, 최우수 연기상, 자랑스런 장성군민상도 받았다.

가난한 수재들의 전당이라고 일컬어지는 광주고등학교 시절 육군사관학교반에서 공부하던 중 뜬금없이 연극영화학과에 간 것도 개교 이래 처음이었을 뿐만 아니라 3년 전 '자랑스런 광주고등학교인상'을 연예인으로서 받은 것은 전무한 일이었다. 별을 단 장성은 아니지만 결국에 나도 스타가 된 것이다. 보시 중에 법보시가 최고라고 한다. 글을 통해서, 책을 통해서 하는 법보시도 있겠지만 언행을 통해서 부처님 말씀을 전하는 것도 법보시가 아니겠는가.

불교방송 개국과 더불어 하루 한 시간짜리 '다시 듣고 싶은 노래'를 10년 넘게 진행하고 있다. 그리고 올 봄에는 목포불교대학에서 '불교와 명심보감'을 강의했다. 알고 보면 명심보감의 내용 70% 이상이 불교 내용이다. 앞으로도 기회가 주어진다면 많은 불자들에게 명심보감 강의를 하고 싶다.

나는 제행무상(諸行無常)이라는 말과 생로병사(生老病死)라는 말을 제일 좋아한다. 우리는 누구나 태어나면 죽는다. 국민학교 때 할아버지의 죽음을 통해 모든 사람은 태어나면 죽는다는 사실과 제행무상을 깨달았다.

언제 또 이러한 만남, 이러한 기회가 주어질 것인가. 매순간 늘 지금 하고 있는 이것이 마지막이라고 생각한다. 그러하니 매사에 최선을 다하지 않을 수 없는 것이다. 지금 말을 하고 있는 이 순간도 얼마나 소중하고 고마운 일인가. 이전도 이후도 생각지 않고 다만 지금 이 순간에 최선을 다하는 것이다.

벌써 50의 나이를 훌쩍 넘겼다. 이 아비를 따라 연극영상학부에 들어간 아들놈이 어느새 군대에 가서 편지를 보내왔다. 되돌아보면 1950년 음력 4월 7일 이 땅에 태어나 이렇게 살아준 내 자신이 고맙고 이뻐 죽겠다. 스스로 사랑할 줄 알아야 다른 사람도 사랑할 줄 알고 또한 그 사람도 나를 사랑하지 않겠는가. 웃기는 놈은 될지언정 우스운 놈은 되지 않기 위해 정말 열심히 잘 살아왔다.

나의 전생, 글쎄 심각하게 생각해본 적은 없지만 전생을 알고 싶으면 현세의 자신을 보고, 내생의 자신 또한 현재의 자신을 보면 알 수 있다고 했는데 나는 아무래도 전생에 재미있는 훈장이었을 것 같다. 개그를 하면서 주로 맡는 역할이 훈장이나 사또이고 보면 그런 생각이 든다. 또 목소리가 좋다는 소리를 자주 듣고 보면 제관이었을지도 모른다는 생각이 들기도 한다.

우리 마누라는 내가 전생에는 스님이었을 것이라고 한다. 돈과 여자, 술과 담배를 좋아하지 않는 데다가 기름진 음식을 좋아하지 않고 혼자 있기를 좋아한다고 해서 그렇다는 것이다.

아무튼 좋다. 전생에 어떤 모습이었든 나는 지금의 나의 모습에 매우 만족하며 행복하기 이를 데 없다. 다시 태어나도 지금의 이 모습으로 살아가고 싶다.

아, 나는 전생에도 행복했고 지금도 행복하고 내생에도 행복할 것이다. 행복이란 행복해 하는 것이다. 누가 만들어주는 것이 아니다. 만족하면 행복한 것이다.

-개그맨, 월간 불광 2001년 11월호

내 마음의 송학사

김태곤

"산모퉁이 바로 돌아
송학사 있거늘
뭘 그리 갈래갈래
깊은 산 속 헤매냐."

내가 작사 작곡하고 또 부른 이 노래가 방송을 타고 나간 후 많은 사람들이 물었다. "송학사는 어디 있느냐고."

그 때마다 나는 잘 모른다고 할 수도 없고, 설명하려니 해야 될 말이 너무도 길고….

나는 대학에서 요업과를 전공하였는데 실습시간 도자기 가마의 이글거리며 타는 불을 응시하면 왜 그런지 언제나 '나는 어디에 있는가. 내 자리는 어디에 있는가' 하는 막연한 의문이 불꽃처럼 점멸하면서 가슴에 오가고 하였다.

그것은 어쩌면 음악을 너무도 좋아하여 전공마저 외면한 채 음악에서 벗어나지 못하는 내 삶에 대한 망설임의 아픔이기도 한 것이었다.

　그런 저런 탓으로 병역도 육군군악대로 소속, 국립묘지에 배치되어 있었다. 초병근무 시절 밤이면 고요한 누리 이곳저곳에서 때때로 들려오는 밤새의 울음소리가 가늘고 낮은 선율이 되어 가슴에 퍼지며, 지나가는 차의 '라이트'에 비쳐 묘지의 반이 밝아졌다 어두워졌다 할 때면, 으레 지난날 가마화구(火口)에서 타오르는 불을 보며 느끼던 감정, '나는 어디에 있나, 내 자리는 어디냐' 하는 회의에 사로잡히곤 하였다. 그리고 그 아픔을 동반한 목마름과 방황이 결국 음악을 선택하게 하였으며, 그 연장이 '송학사' 노래를 만들고 부른 연유가 되었다고 할까.

　그러나 이것이 동기가 되어 이 노래를 들으신 석주(昔珠) 스님의 권고로 대중포교를 위한 조계종 전법사 교육을 받고 어느덧 사찰 공연을 이 나라에서 가장 많이 하는 가수 중의 한 사람이 되었다.

　전법사라는 '타이틀'에 부끄럽지 않으려고 내 나름대로 공부를 하는 과정에서 찾아낸 여러 가지. 그 중에서도 안정의 뇌파(腦波)라고 하는 '알파' 파가 좌선이나 명상상태에서 가장 활발하게 방출된다는 사실(미국 어느 과학자의 보고)은 흥미와 더불어 더 깊이 캐보고 싶은 강한 욕구를 나에게 주었다.

　저음의, 때론 중저음의 염불소리 속에서 인체에 미치는 소리의 작용의 수수께끼를 풀어 보려고 한다면 좀 황당하게 들리겠지만, 범패(박송암 스님께 師事)를 공부하고 있는 지금은 그 실마리의 한 끝이 어렴풋이 보이는 것 같아 좀 더 좀 더 하고 스스로에게 박차를 가하고 있다.

또 경전을 풀이하여 찬불가요로써 대중화시켜보려는 작업에도 몰두하고 있으나 벅차고 힘들고 여의치 않을 때가 더 많다. 그러나 불심 속에 용해되어 있는 나의 음악, 음악 속에 용해하고 있는 나의 불심, 그 두 갈래의 길이 언젠가 꼭 혼연일체(渾然一體)가 되어 손가락 하나를 쳐다보고 홀연 깨달음을 얻는 무문관(無門關)의 이야기처럼 나로 하여 깨달음으로 이끌어 줄 순간이 있으리라고 굳게 믿고 있다.

일상적인 되풀이 속에서의 권태, 과녁이 불투명한 내일에 대한 좌절, 때로 엄습하는 절망, 사는 과정에서 인간이면 누구나가 몇 차례 느끼고 겪는 일이겠지만, 나의 경우 그 탈출을 음악에서 찾고, 음악으로 꿈과 환상을 키우며 살아왔다고 할까. 그 헤매던 시절 내 가슴에 그려본 그림.

이름 모를 산모퉁이 돌아서니 소나무에 둘러 싸여 있는 작은 절 그 곳엔 잔잔한 계곡이 있었고, 밤벌레의 울음소리가 들렸고, 별빛이 고왔고 그리고 누구를 무엇을 향한 것인지도 모르는 그리움을 무거운 짐처럼 짊어지고 서 있는 내가 있는 '절' 송학사. 내 마음속의 작은 절, 그러니 어디에 있느냐고 물을 때 어찌 대답하랴.

범패는 계곡의 청류(淸流)에 메아리치는 아름다운 송경(誦經)의 성조(聲調)를 듣고 조식(曹植 192~232)이라는 사람이 처음 불교의식(佛敎儀式) 음악으로 제정하였다고 전해져 있는데, 미숙한 나로서 언제 그 장려한 경지에 달하겠는가. 길은 멀지만 가고 가노라면 열리겠지. 그런 마음 아니 의지로 열중하고 있다.

내 마음의 송학사, 그것이 인연이 되어 입문한 불법의 세계, 전법사 '김태곤'은 음악으로써 포교를 하리라.

부처님 오신 날이 가까워지고 있다. 그날이면 으레 방송의 '백뮤직(back music)'으로서 자주 들리는 '송학사'의 멜로디.

그것은 내 젊은 날의 방황과 그리움의 노래였지만 어느덧 내 마음의 조촐한 법당으로 둔갑되어 나를 부른다. 어서 달려오라고.

나는 촛불을 켜고 향을 피우고 앉아 그토록 오래 시달려야 했던 "나는 어디에? 내 자리로?" 하던 자문(自問)에 이제 자답(自答)을 한다.

이렇게 부처님 앞에 있다고 노래하는 전법사로서 그 어느 날 범패를 제대로 부를 수 있게 해 주소서 하는 기도와 함께.

-가수, 조계종 전법사, 대학교수, 월간 불광 1997년 5월호

유서 쓰다
새 삶 찾은 기연

장명화

삼남의 금강이요, 영남의 알프스라 불리는 재약산 천황봉 아래 사자평, 드넓은 평원과 구릉지에 하얀 수염을 드러낸 억새가 흐드러지게 피어있을 그곳을 생각하노라면 지금도 감동에 젖는다.

지금부터 5년 전 깊어가는 가을날 나는 난생 처음 불가와 인연을 맺었다. 아니 불가와의 인연뿐만 아니라 그날은 죽으려 하던 내가 죽음에서 건져진 날이요, 진정한 생을 다시 부여받은 내 인생의 획기적 전환점을 이룬 날이기도 하다.

누군들 인생이 달기만 하겠는가. 그러나 필자는 시쳇말로 팔자 사납게 인생의 험난한 역정이 굽이굽이 태풍처럼 휘몰아쳐 오는 것과도 같은 나날의 연속이었다. 지금 생각해 보면 전생의 업장이 두터워 금생에 전생 빚 갚는 일이 유별나게 요란스럽고 시끌벅적했었던 듯하다.

유복한 가정은 아니었으나 교육자이신 아버님을 모시고 궁지를 느끼며 유년시절을 보냈다. 하지만 신병으로 앓던 아버님의 치료비 때문에 경제적으로 많은 어려움을 겪었고, 우여곡절 끝에 대학에서 축산학을 전공하였다.

다행히도 일찍 재물을 모으는 시절인연을 만났음인지 서른 전에 축산농장을 경영하는 등 친구지간에 선망의 대상이었다. 젊은 나이에 피땀 흘린 대가 없이 부를 쌓으니 교만해지고 아상만 높아질 뿐이었다.

그러다 서른 중반에 타의에 의해 본분에 넘치는 사업을 벌였고, 이것이 승승장구할 줄 알았던 운명의 발을 잡는 늪이 되어 질곡의 수렁에서 헤매었다. 물질에의 집착은 대단한 것이어서 탐진치 삼독심에 묶여 한숨짓고 탄식하는 화탕지옥 생활로 2년여를 탕진하였다. 긴 세월 동안 나 자신을 내팽개친 방탕한 생활을 하니 가족과 일가친척도 외면하였다. 그 외로움, 나는 급기야 나를 질타하는 함성 속에 귀는 멍멍거리고 눈앞은 빙글빙글 도는 등의 증세로 자아를 망각할 지경에 이르렀다.

민사소송이라는 역경 속에서 1심의 승소판정에도 불구하고 2심에서는 내 의지와는 아무런 관계없이 정치판에 휘말려들어 일 년 반이라는 세월을 헛되이 보내게 되었다. 몸도 지치고 마음도 지쳐 더 이상 살아갈 의욕을 상실하게 되었다. 부산 법원에서 2심 소송 중 스스로 권리 포기 각서를 써주고 법원 문을 나섰다.

무조건 밀양 가는 길을 달리다가 표충사로 향하는 길을 접어들게 되었다. 마음속에는 어떻게 어디에서 죽으면 두려움 없이 죽을 수 있을까가 화두가 되어 있었다.

가혹한 현실 앞에 무너져 내린 마흔 인생, 홀리듯 찾아간 드넓은 사자평 평원 속에서 나는 유서를 쓰려 했다. 눈물이 앞을 가려 노트에 펜을 들이대지도 못하고 있는데 웬 노파와 젊은 남자(사자암에서 수행하던 약사보살과 대성 스님) 한 분이 내 앞에 우뚝 멈춰 섰다.

나 자신도 모르게 꾸벅 인사를 하니 노보살님께서 난데없이 벽력 같은 소리로 "젊은이, 아직 할 일이 많이 남아 있는 사람이 왜 죽으려 하는가." 하고 호통을 치는 것이 아닌가. 그러더니 다짜고짜 "저 아래 개울 건너 사자암이 있으니 암자에서 기다리라."고 하는 것이었다.

멍한 기분으로 할 수 없이 노보살님이 일러주는 대로 사자암으로 향했다. 야트막한 슬레이트 지붕 밑에 창호지가 붙여진 출입문 위쪽에 법당이라고 쓰인 글귀가 보여 문을 당겨보니 불상도 없고 탱화만이 썰렁하게 붙어 있었다.

그 때 무슨 객기가 발동했는지 동전 한 푼 남기지 않고 돈을 탈탈 털어 불전함에 넣고 넙죽 난생 처음으로 삼배를 올렸다. 가만히 생각해보면 희한한 일이었다. 나는 그 때까지만 해도 천주교 신자였었는데 누구의 인도도 없이 내 발로 들어가 삼배를 했으니 사건이라면 사건이라고 할 수 있다.

그렇듯 삼배를 하고 나서 스스로에게 겸연쩍어 도망치듯 사자암에서 나와 올라올 때 봐두었던 나의 목적지인 수십 길 낭떠러지를 찾아가는데 중간에 택시가 길을 막고 서있고, 중년신사가 사자암에 약초를 구하러 가야 한다며 태워달라고 통사정을 하는 게 아닌가.

그의 애절한 하소연에 끄달려 또 한 번 사자암에 가게 되었다. 암자를 찾아가는 도중에 노보살을 만났는데 또 호통을 친다.

"젊은 사람이 웬 고집이 그리 세냐. 마음대로 죽을 수 있을 것 같으냐."라고 하는데 말문이 다 막혔다. 게다가 가관이었다. 인연을 기다리며 40년을 수행 중인데 그 인연이 나라니 환장할 노릇이 또 일어났다.

이렇듯 동화 같은 사연이 단초가 되어 불법과 인연을 맺었고, 나는 그 한 해 겨울 동안 사자암에서 지내면서 내 인생의 운명을 바꾸어 놓았다. 저녁 8시부터 다음날 새벽까지 8시간 긴 경계 속에 몰입되어 만겁의 세월 동안 겪어야 할 만상의 형상과 업을 스쳐 보낸 후 묻고 답하는 농사를 지었다.

4시 정각부터 40분간 일곱 가지의 근원에 답하고 인간이 행할 도리를 선언한 후 환희지에 들어 그 깨달음의 기쁨에 덩실덩실 춤추고, 담요 상단이 흠뻑 젖도록 주야간 내 어리석은 전생의 잘못을 뉘우치며 회한의 피눈물을 흘렸다. 수행은 두터운 업장을 소멸시키는 과정이었다.

그렇듯 필설로 도저히 형용할 수 없는 사연으로 3년을 보내고 이태 전에 미국, 중국, 동부 아프리카를 무대로 수출입을 하는 무역회사를 설립하였다. 이 일은 정당한 이윤을 창출하여 올바른 사람 만들고, 좋은 인연을 짓기 위한 원력방편의 일환이다.

세계를 무대삼아 수행하고 무역하는 업에 종사할 수 있는 것도 다 인연공덕에서 비롯된 것이다. 내게 인연 맺어진 모든 이가 자성을 일으켜 사람의 도리로 주어진 역할을 성실히 수행하는 데 생의 목적이 있음을 단언하고, 지금까지 심어놓은 성품의 씨앗이 발아하여 거목으로 자라날 그날을 기다리며 살고 있다.

복 중에서도 가장 큰 복은 좋은 인연을 만나는 것이리라. 좋은 인연 짓기에 힘쓰고, 모든 행은 성품에서 나온다는 근본 이치를 깨닫게 해준 불법에 다시금 감사드린다.

-우곡산업 대표, 우곡선원 선원장, 월간 불광 1996년 12월호

불교는 무섭다,
그 인연의 세계가

우승택

불교와의 인연이라는 주제로 글을 쓰자니 좀 싱거운 것 같아 날짜를 차일피일 미루다 가만히 그 인연을 생각해보기로 했다.

우리가 고등학교 다닐 때는 대학시험에 본고사 즉 주관식 문제가 있어, 수학시간의 경우 매일 매일이 지옥이었다. 선생님은 1분단, 2분단 식으로 아이들을 다 불러 칠판의 문제를 풀게 하셨다. 문제를 못 풀고 칠판만 쳐다보고 있으면 손으로 뒤통수를 한 대씩 치시면서 말씀하셨다. "야, 너 창경원(그 때는 창경궁이 동물원으로 더 유명했다)에 가면 곰들이 형님 오셨냐고 하겠다." 혹은 "아이구 니네 어머니 너 낳고 드신 미역값 아까워서 어떡하냐?" 등등 교단 위의 한 바탕 연극이 공부 잘 하는 녀석은 축제요, 준비 안 한 녀석들은 도살장과 같았다.

어느 날 내 차례가 왔다. 그 날 공교롭게 문제가 어려워 한참을 헤매고 있는데 아니나 다를까 뒤에서 손이 날아와 그 반동으로 내 머리가 칠판에 부딪혀 버렸다. 나는 아프고 창피해 미치겠는데 그 선생님 왈, "어라, 이 녀석 머리는 목탁소리가 나네? 아주 속이 비었구나. 이름도 경상도에서는 택자 발음이 안돼 승탁이라고 할 텐데 너는 앞으로 목탁이라고 해라."라며 아이들을 다 웃겨 놓으셨다.

그 순간 내 별명은 목탁이 되어 고등학교 3년 내내 목탁으로 불리었으며, 재수생 시절엔 조계사 옆에서 학원을 다니면서 간혹 절 마당에 가곤 했다. 대학시절 종로 3가 대각사라는 곳에서 불교교육을 한다고 어머니한테 말씀 듣고 법문이라는 것을 처음 들었는데, '아! 절도 요즘은 교회 흉내 내느라고 스님이 연설을 하시는데 무슨 소리인 줄 하나도 모르겠다.'라는 느낌밖에 없었다.

그러다 잠실에 불광사라는 절을 짓는데 시주하면 좋다고 해서, 혹시 복 좀 생기는 것이 없나 해서 절에 시주하고 절에다가 내 이름 석자를 새길 기회를 갖게 되었다. 사실 그 때가 태어나서 제일 좋은 일 한 것이나 다름없다. 시주책을 들고 다니면서 여자애들한테 1,000원씩 내라고 하며 권선문을 들고 다닐 때였으니까…. 사실 웬 남자가 귀찮게 하니까 뭣도 모르고 돈 낸 아가씨들 지금쯤 그 복을 다 받지 않았을까 싶다.

그리고는 1983년 부모님보다 나를 사랑해 주시던 할머니가 돌아가셨다. 마음이 허전했고 학교 서클룸을 기웃거리다 불교학생회에 들어가게 되었다. 부처님도 계셨지만 스티로폼에 장판까지 있어 드러누워 잘 수 있는 유일한 서클(동아리), 즉 법당이 있는 서클에 가입했다. 반야심경과 초발심자경문을 주며 공부하라고 했지만 졸업할 때까지도 나는 반야심경을 외우지 못했다.

그리고 4학년 시절 지금은 은행원으로 열심히 살고 있는 친구가 천수경과 목탁 치는 법을 가르쳐 주겠다고 해서 천수경이라는 것을 보니, 아이고 이것이야말로 내가 찾던 바로 그 경전이었다. 반야심경이니 초발심자경문이니 그런 것은 너무 어려운데, 아닌 게 아니라 드러내 놓고 소원만 이야기하는 기가 막힌 경전이 아닌가 싶었다. 나는 천수경에 미쳐 아침에 학교 가면 무조건 법당으로 가서 아무 박자도 없는 목탁을 마구 두드리며 천수경을 독경했다. 정말 신이 나서 했다. 거의 1년간을….

정말 천수경의 힘인지 4학년 때 10월, 후배들과 밤섬으로 MT를 다녀와서 아침에 학교에 도착하니 멀리서 교무과장이 막 나를 부르는 것이었다. 왜 그러냐고 하니, 외국 항공사에서 추천서가 왔는데 꼭 주고 싶은 학생이 있어 며칠을 숨기고 있었다고 한다. 이제 마감이 하루 남았는데 아무도 안 가면 앞으로는 추천서가 안 오니 떨어지더라도 누군가 가야 한다는 것이었다.

나는 그 당시 유학을 생각하고 있었으므로 취직은 생각도 하지 않고 있었는데 그야말로 어른이 부탁하니 한 번 가주자는 정도로 회사에 면접을 보러 갔다. 그런데 그 날 저녁에 합격했다며 며칠 후 홍콩 출장 가야 하니 여권을 만들라는 연락이 왔다. 당연히 그 사실을 집에서 알게 되었고, 부모님께서 '유학 가더라도 외국인 회사에 근무하면 경험이 되니 일단 취직하는 것이 어떻겠느냐' 하셔서 얼떨결에 회사원이 되어버렸다.

회사에 다니면서 이것도 다 인연이려니 하며 천수경의 파워를 반신반의하는 동안 다시 나의 불교는 유람불교 수준으로 전락했다. 유람불교가 너무 좋아 장가 가기 싫어 나중에 스님이나 할까 생각하던 중, 지금 집사람이 자기랑 살다가 애들 다 키워놓고 중이 되건 스님이 되건 자기는 상관없노라고 해서 결혼도 했다.

'90년에 결혼하고 부모님 집에 얹혀살다가 토요일만 되면 집사람하고 절에 간다며 놀러 다니던 그 수준은, 불광사 신도들로 구성된 부부들과의 만남으로 매월 18일 강화도의 정수사 철야기도를 다니기 시작하며 기도라는 것의 맛을 보게 되었는데, 어느 날 집사람이 부처님한테 기도해서 아들을 낳아야겠다며 새벽기도를 나가면서 본격화되었다. 즉 유람불교가 기도불교로 바뀐 것이었다.

그리고 '94년 12월 26일 정작 뱃속에 든 손자의 출산을 3개월 남기고 아버지가 돌아가셨다. 하늘이 무너진다던 천붕이라는 단어가 실감났다. '95년이 되어 주식이 매일 폭락하여 마음이 산란하던 어느 날 밤. 집 앞에 있던 능인선원이 어디로 이사를 가고 없어져 버렸다. 맨날 술 먹고 놀러다니느라 정신이 없었는데,

아버지 돌아가신 허무함을 달랠 겸 나도 집 앞에 있는 절이나 다녀볼까 하였더니 멀리 포이동으로 이사간 후라고 했다.

그래서 불광사, 구룡사, 대성사, 관음사, 무량사, 수안사 등 강남에 있는 절을 유람차 다니면서 능인선원불교대학을 나중에 졸업했다. 그리고는 '97년에 IMF사태, '99년 대우사태, 2001년 벤처 파동, 2003년 이라크 전쟁 및 SK 사태 등 일련의 사태를 겪으면서 본격적으로 불교서적을 탐닉하게 되었다.

반야심경, 천수경, 금강경, 신심명, 팔양경, 대승기신론 등만 아니라 3000배, 매일 108배, 1자 3배사경 등과 염불 10만회 등 등 정말이지 붕붕 떠다니는 마음을 잡을 가능성이 있는 모든 기도방법을 다 동원할 만큼 마음이 괴로운 3~4년이었다. 그러나 그 괴로움도 결국 지나가는 바람일 뿐 그 결과는 감히 금강경 해설서를 써야 되겠다라는 생각으로 번져 지금은 탈고를 마친 상태이다. 제목도 아직 정하지 못했지만 존경하는 스님 두 분과, 존경하는 신부님 한 분이 지금 그 내용을 검토 중에 계신다.

불교는 엄청난 종교다. 그리고 나는 남의 돈을 관리하는 사람이다. 그 관리를 잘 하지 못해 괴로웠지만 이제 그 아픔은 끝나간다. 나는 45살에 금강경에서 그 길을 찾았기 때문이다. 이제는 나도 다른 사람에게 길 안내자가 되고 싶다. 멋진 '남의 돈 관리자'로서 의법출생할 자신이 들었기 때문이다.

그 시작은 불광사 불사의 그 마음이 첫 시작이기에 나는 항상 불광사가 그립다.

-삼성증권 종로 Honors 지점장, 월간 불광 2003년 6월호

내 인생의 횃불

장종천

절 집안에 오래 살다 왔으니 남보다 이야기감이 많겠거니 생각했습니다. 그러나 곰곰이 생각해 보니 이야기감이 많은 것과 쓸 만한 이야기와는 별개고, 내 인생이 남에게 내세울 만한 형편도 아니기 때문에 곧 그것이 착각이라는 것을 깨달았지요.

그리고 차라리 불교라는 주제를 가지고 쓰는 글이라면 나를 무대 뒤에 숨긴 채 자유롭게 써 보겠지만 '나의 인연 이야기' 라는 제목은 나를 무대로 내미는 격이라서 사실 좀 껄끄럽기도 합니다. 그래서 고심하다 결국 내가 처음 불교와 맺게 된 인연과 출가 후, 정법을 만난 인연 등을 담담히 적기로 했습니다.

나와 불교의 인연은 아스라이 '70년대 중반으로 거슬러 올라 갑니다. 그 시절 난 무슨 고민이 그리도 많았던지, 지금 생각하면 참 철이 없었다 싶습니다. 하여간 이렇게 고민과 불만투성이로 살던 나에게 어느 날 중대한 사건이 생겼습니다. 평소 친한 후배가 있었는데 한동안 뜸하던 그에게 전화가 온 것입니다. "형, 여기 잠깐 봅시다." 후배의 목소리는 자신에 넘쳐 있었습니다. 약속 장소에 가자 웬 스님이 나를 보고 웃고 있었는데 그는 다름 아닌 후배였습니다.

왜 스님이 되었냐고 물으니, "세상사가 인연 따라 사는 거 아닙니까?" 하며 웃는 모습이 마치 모든 것을 달관한 도인과 같았지요. 본디 후배는 이목구비가 준수하였는데 머리를 깎고 승복을 입으니 마치 오랫동안 도를 잘 닦은 수행자와 흡사했습니다.

그와 헤어진 후, 나는 여러 상념에 잠겼습니다. 후배의 밝은 모습과 당당한 어투, 또 잿빛 승복이 너무 멋져 보였고 그가 살고 있다는 절에 가보고 싶은 열망에 휩싸였습니다. 점점 그 곳에 사는 내 모습을 상상했고 상념에 잠길수록 그 모습은 현실처럼 각인되기 시작했지요. 그 길만이 나를 구원할 마지막 길이라는 절박감이 번쩍 뇌리를 스쳤습니다.

그리고 아마 한두 시간이 지났을까, 창가로 어둠이 들기 시작할 무렵, 나는 미련없이 출가를 작정했습니다. 일단 마음이 정해지자 한시도 머뭇거릴 이유가 없었습니다. 또 지금 당장 가지 않으면 나의 결심이 불발로 그칠지 모른다는 생각에 더욱 조급해졌지요.

그래서 다음 날, 대충 주변 일을 정리한 후, 곧장 절로 내려 갔습니다. 그 곳에서 약 한 달 가량 행자생활을 하다가 이왕지사 출가했으니 보다 큰 도량에서 공부하겠다는 욕심으로 남행 열차를 탔습니다. 이것이 내가 불교와 만난 인연 이야기입니다. 나의 불교 인연담은 지극히 평범하지만, 한편 생각하면 학교에서 배운 불교의 지식 외에는 아무 것도 모르던 내가 후배를 통하여 내 인생을 좌우할 불교를 만나게 되었음은 아주 특별한 행운이라고 할 수 있을 것입니다.

다음, 정법(正法)의 인연, 정법이란 바른 법을 말하는데 불법을 만난 인연 못지않게 소중한 것입니다. 그 인연은 대각사에서 출발합니다. 당시 대각사는 사형사제들이 살고 있었고 나는 그들을 만난다는 구실로 틈만 나면 지방에서 서울로 올라갔습니다. 대각사가 용성 스님께서 창건하신 사찰이고 나 역시 스님의 문중이었기 때문에 자유롭게 드나들 수 있었지요.

그러던 어느 날, 오후 늦게 많은 선남선녀들(정확히 헤아릴 수는 없지만 대략 40~50명)이 대각사에 모여들었습니다. 당시만 해도 젊은 사람들이 한꺼번에 절을 찾는다는 것은 관광지가 아니면 볼 수 없는 진풍경이었기 때문에 무척 의아하게 생각했지요. 아마 큰 재가 있나 보다 생각했는데 얼마 후, 법당에서 찬송가 부르는 소리가 들리는 게 아니겠습니까? 나는 그 때 어린 중에 불과했고, 찬불가가 뭔지도 모를 때이니 당연히 '법당에 웬 찬송가' 하고 깜짝 놀랐지요. 그래서 호기심으로 법당을 기웃거려 보니 광덕 스님께서 그들과 함께 찬송가를 부르고 계셨습니다. 참으로 황당했지요. 뒤에 그것이 찬불가이고 그들이 불광회원인 줄 알았지만, 그 때 나는 '예수교를 닮은 불교' 하며 비아냥거렸는데, 돌이켜 생각하면 실은 그 곳에서 미래의 한국불교를 구할 큰 종자가 태동하고 있었던 것입니다.

지금도 생각나는 것은 공양실로 가는 길목에 광덕 큰스님의 처소가 있었고, 더운 여름 날 방문을 연 채 몇몇 불자들과 원고를 살피기에 여념이 없던 모습, 또 아픈 육신을 이끌고 열정적으로 법문을 하시던 모습, 큰방에서 담소하며 환하게 웃으시던 모습들이 마치 엊그제 일처럼 또렷이 떠오릅니다.

유독 타종교에서 사용하는 언어들을 서슴치 않아서 처음엔 '참, 별스럽다'고 생각했지만 강산이 몇 번 바뀐 후, 그것이 한국불교를 살리는 새로운 포교의 모델임을 깨달았지요. 그 길만이 허울에 빠진 한국불교를 구하고 모래처럼 가루가 되어버린 불자의 신앙을 고취할 수 있는 길임을 확신하게 되었던 것입니다. 비록 지금은 세속에 살고 있지만 이나마 흐트러지지 않고 정진할 수 있게 된 것도 다 동체대비를 바탕한 불광의 신앙 원리 때문이라고 생각합니다.

불광에 싣는 글이라서 이런 말씀을 드리는 것은 결코 아닙니다. 불광에서 원고 청탁을 받았을 때 나는 평생 맴돌고 있던, 내가 경험한 이런 소중한 에피소드를 전하고 싶었습니다. 그 귀한 역사의 현장, 막 불광이 움트는 현장을 직접 보았노라는 심경을 이야기하고 싶었던 것입니다.

내게 불광의 역사가 중요한 것은 단지 불광이 한국불교에서 차지하는 비중이 높아서가 아니라, 내 자신이 광덕 큰스님을 통해서 늦게나마 불교의 원리를 터득했기 때문입니다. 다시 말씀드려서 숱한 세월 동안, 불교 신앙의 원리를 간파하지 못해 방황하던 내게 정신이 번쩍 들게 경책을 내리친 선각자가 바로 광덕 스님이십니다. 너무나 많은 사상의 혼란 속에서 그 유혹과 위선의 테두리를 벗어나 '당당히 이것을 보라'고 일체 사상을 움켜잡게 된 것도 다 그 분의 덕이지요.

속가에 내려와 대불련 지도법사와 불교회관 법등회 등을 주관할 적에도 나는 언제나 어려운 낱말풀이보다 이 신앙의 원리를 거듭 가르쳤습니다. 그것만 그들의 가슴에 심어져 있다면 그가 외국에 가 있건, 타종교로 개종하건, 그래서 설사 불교를 망각하는 한이 있더라도 언젠가 다시 인연을 만나면 반드시 불법의 대해를 건널 수 있다고 확신했기 때문입니다.

그리고 이 신앙의 원리를 모체로 탄생한 작품은 다름 아닌 구세대비(救世大悲)의 사상이라는 것, 즉 인간을 사랑하고 살아 있는 모든 것을 사랑하고 나아가 인간의 권리만 아니라 그들의 모든 권리를 본래의 자리로 회복시켜 주는 길이 곧 구세대비의 진정한 모습이라는 것을 깨달았지요.

이제 인생의 청춘이 다 지난 지금, 나는 그 길을 나름대로 시민운동을 통하여 찾고 있습니다. 봉사가 아닌 바로 내 일, 이것만이 나를 이만큼 키워주신 부처님의 은혜를 억만 분의 일이라도 갚는 길이라고 확신하면서 오늘도 낙방생이 되지 않기 위해 열심히 노력하고 있습니다.

-월간 「산방」 발행인, 진주 참여인권시민연대 상임대표, 월간 불광 2002년 3월호

나는 내가 아니다

박치완

나는 내가 아니다.
묘한 일이다.
몸도 마음도 내가 주인이 아니니
참으로 묘한 일이다.
몸 따로 마음 따로,
머리는 더더욱 제 따로
천방지축이니,
굴렁쇠처럼 밖으로 싸돌고 있으니,
참으로 묘하고 묘한 일이다.
나는 누구인가?

예나 지금이나
눈 휘돌리며 세상 두리번거리는

나는 누구인가?
나 아닌 것이 날 이끌고 다니는
나는 누구인가?
나 아닌 것에 이끌려 사는
나는 누구인가?
나는 대체 누구란 말인가?

그러니까 난,
망상과 무지로 집산(集散)된
헛것 덩어리가 아닐까?
숨이나 간신히 쉬고 있는
오욕(五慾)으로 병들은
고깃덩어리일 수도 있고.

선업(善業)은 쌓은 바 없고
염불(念佛)은 잊은 지 오래고….
내가 누구인지 물을 겨를도 없이
숨가쁘게 살아온,
살아가는 반편이 인생.
매일 매일의 일상에 묻히어
나른하고, 고단한
무지하고, 가엾은
아! 나는 누구인가?

이런 시정잡배 같은 사람에게 불교 인연 이야기를 써달라니 나로선 너무 벅찬 주문이다. 그렇지 않아도 최근 프랑스 유학을 마치고 막 돌아와 '나'의 아이덴티티를 묻고 있던 터였다. '나는 누구인가?' 그런 차에 이 글을 부탁 받은 것이다. 이심전심(以心傳心)이라 하기엔, 그러니까, 무연(無緣)에 가깝지 않은가! 난 기자님께 되려 묻고 싶은 심정이다, "그댄 어떠시오?" "요즘 어떻게 지내시오?"라고.

사실 나와 불교의 인연은 햇수로 치자면 꽤나 오래 되었다. 30년 가까이 되었으니까 말이다. 내가 초등학교 저학년이었을 때 초파일날이면 어머님께서는 목욕재계하시고, 쌀 두어 되를 흰 보자기에 싸 가지고서 당곡이라는 마을 뒷산 중턱에 자리한 절을 가끔 찾으셨다. 자신을 위해서라기보다는 가족의 건강과 복을 빌러 다니셨을 게 분명하다. 초파일날은, 그러니까, 요즘 젊은 사람들이 쓰는 말로 하자면, 어머님께 허락된, 농삿일로 바쁜 와중에도, 일년에 딱 한 번뿐인, 유일한, 외출이신 셈이다.

두어 차례 어머님 손을 붙잡고 절에 다녀온 기억도 생생하다. 면내에 하나뿐인 절이라 절의 규모에 비해 초파일날 절을 찾은 촌농촌부 수는 많았고 산나물비빔밥을 자식들에게 조금이라도 먹이기 위해 법회 후 약간은 아수라장 같았던 풍경도 기억이 난다. 나의 가슴에선 막연하나마 그 때를 계기로 해서 불심(佛心)이 싹트고 있었다고 말할 수 있을 것이다. 불상을 처음 본 것도, 연등(燃燈)을 처음 본 것도 그 때이다. 나와 불교와의 첫 인연은 이렇게 시작되었다.

1981년 대학에 입학해선 자연 불교학생반에서 활동하게 되었다. 시대가 철학을 필요로 했다. 뭔가를 붙잡지 않으면 흔들리는 시절이었다. 대학생이라면 누구나 고민해야 했던, 정치적으로 암울한, 정신적 혼돈의 시대였다. 난 서클에서 매일 뒹굴며 살다시피 했다, 나의 내면의 정체를 찾으려고, 천하의 심법(心法)을 설하신 부처님께 호소하며 말이다.

종손인 내가 혹시 출가(出家)를 할까봐 어머님을 비롯하여 주위 친지들께서도 걱정하셨을 정도로 부처님께 매달렸던, 그러나 가장 행복했던 나의 불교학생반 시절, 난 그 때의 업으로 오늘을 버티며 살고 있다. 1987년 화계사 큰스님으로부터 묘법(妙法)이란 계명(戒名)을 받은 것도, 전공을 불문학에서 철학으로 바꾸어 버린 것도 모두 불교와의 인연 덕분이리라!

세월은, 문자 그대로, 유수(流水)같이 흘렀건만, 솔직히 그 동안 난 속사(俗事)에 나를 놓고, 넋을 잃고 살았다. 청탁을 기회로 되돌아보니 이를 더욱 절감한다. 밑동 잘린 나무의 나이테를 세고 있는 느낌이라고나 할까. 나의, 오늘의, 삶이, 감히 '불교적' 이라고 하기엔 많은 거리가 있다는 뜻이다. 출가를 생각하기도 했던 예전의 내가 지금은 일상의 삶 속에서 불교신도면 지켜가야 할 오계(五戒)마저 온전히 지켜나가지 못하고 있으니 말이다.

노력하려 한다. 꼬부랑 글씨에 구멍 숭숭 난 나의 혼을 초록심으로 가득 채우자면 다소 시간이 필요할 것이다. 나를 둘러보는 시간이 최근 많아져 다행이다. 말똥말똥한 의식으로 살고 싶다. 나의 영혼의 언어를 찾고 싶다. 부처님 품에서 노닐고 싶다, 다 버리고.

그 분은 나의 혼불이셨다.
그 분은 나의 등불이시다.
여력(餘力)을 다해 이 가을
그 분의 살내음을 맡아보련다.
맡아보려 한다,
밝고 맑은 투명 지혜로 살기 위해.

아버님께서 돌아가신 후 어머님께서 "임자 없는 수덕사에 밤은 깊은데…."를 종종 흥얼거리시는 것을 듣게 된다. 이제 당신 자신이 수덕사이신 거다. 그 깊고 깊은 사려의 등불, 인생수행의 결과로 터득하신 나름의 삶의 지혜, 그 동안 방일(放逸)했던 나에게 힘이 되어주기에 충분한 가르침이시다. 매운 고추를 씹었을 때처럼 톡 쏘는, 그러나 야단스럽지 않은 소박한 교훈이시다.

-한국외국어대학교 철학과 교수, 월간 불광 2000년 11월호

나의 불교, 나의 인생

박동원

절에는 어머니 따라 1년에 한두 번 정도 갔으며, 소풍 때나 수학여행 때 관광차 갔을 뿐이다. 어렸을 때 절에 가면 스님도 무서웠고 절의 색깔도 무섭다고 생각했다. 그리고 절에 가도 구경만 했지 관심을 가지고 보지 않아 뜻도 모르고 부처님이 어떤 분인지도 몰랐다. 그냥 왔으니까 보는 것뿐이었다. 이러한 내게 이상한 일이 있었으니, 어려서부터 지금까지 그 흔한 교회를 한 번도 안 들어 가봤다는 것이다. 참으로 신기한 일이다.

사범학교를 졸업하고 공주에서 10년 동안 교직생활을 아무 생각 없이 하다가 불교종립학교인 은석초등학교 교사로 부임하면서 불교와 인연이 있었으나 그 때도 바쁘다는 핑계로 학교에 행사가 있을 때만 참여하고 불심이 없었다.

'79년 여름방학 때 서울에 있는 초중고 교사 열 명이 국가 대표로 걸스카우트 국제 캠프에 참가하게 되었다. 45일 동안 유럽에서 훈련도 받고 여행도 하느라고 매우 피곤한 상태에서 귀국하여 쉬지도 못한 채 근무하다가 병이 나고 말았다.

급성간염으로 병원에 입원해서 치료를 받는데 발병한 지 두 달이 되어도 효과가 보이지 않았다. 퇴원하여 한약도 먹고 애를 써봐도 효험이 없었다. 다시 서울대학병원으로 옮겨 치료를 받아도 차도가 없는 터라 마지막으로 부처님께 매달려 보기로 하고 어머니와 같이 매일 새벽마다 도선사에 나갔다.

그러나 기도는 어떻게 해야 되는지도 모르는 형편이라 답답할 뿐이었다. 그러던 중 조계사에 있는 포교원에서 재가불자교육을 한다는 소문을 듣고 아픈 중에도 법회에 나가서 법문을 듣게 되었다. 그 때의 법문은 모두가 나를 위한 법문이었고 비로소 그 동안의 내 삶을 뒤돌아보는 기회가 되었다.

새 인생의 문이 열린 것이다. 그 때 포교원에서는 우리나라에서 제일 처음으로 중앙법회를 만들었으며, 무진장 스님, 암도 스님, 성열 스님 등 여러 스님들께서 정말로 열성적으로 지도해 주셨다. 나는 그 때 무진장 스님에게 기도하는 법을 배우고, 그대로 도선사에 가서 기도하고 집에서도 끊임없이 '관세음보살' 주력을 하였다. 그 결과로 병이 호전되어 2학기부터는 학교에 나가게 되었다.

무진장 스님은 나에게 새 삶을 주신 은인이다. 그 때 기도하면서 부처님의 가피를 말하면 기가 막힌다. 기독교에서는 이것을 간증한다고 하는데 우리 불교는 더 높은 은혜를 받는데도 말하지 않을 뿐이다. 하루가 다르게 병이 좋아지니까 의사들도 깜짝 놀라면서 통원치료를 받으라고 했다.

학교 휴직을 1년 하기로 했는데 2학기부터 출근을 할 수 있게 되니, 정말로 부처님이 아니시면 또 기도의 힘이 없었으면 이런 기적은 없었을 것이라고 생각된다. 나는 너무나 부처님께 감사하여 내가 보답하는 길이 무엇인가 생각을 했다. 그 때 중앙법회는 직장인을 위해 저녁법회를 해서 나는 퇴근하고 조계사로 가는 게 일과가 되었다.

중앙법회에서 시작된 불심으로 내가 할 수 있는 일을 찾았다. 쉬는 시간마다 신도들에게 찬불가를 가르치겠다고 스님께 말씀드리니까 정말 좋은 일이라고 찬성하셔서 기쁜 마음으로 열심히 지도를 했다. 그리고 또 하나 내가 기도의 가피를 받은 것은 나의 결혼이었다.

몸이 좋아지면서 부처님께 발원을 했다. 올도 미스가 결혼을 하고 싶어 부처님께 발원을 하고 100일기도를 도선사에서 시작하였다. 100일기도 회향 3일 전에 혼담이 들어와 맞선을 보았는데, 그 분과 절에서 결혼하여 미스가 미세스가 된 것이다.

부처님의 가피는 지면상 생략하며, 부처님께 기도하면 꼭 성취된다는 것을 알게 되었고 무슨 일이건 잘 할 수 있다는 용기가 생겼다. 부처님은 나의 든든한 빽이고, 부처님은 나의 보호자다. 내가 기도하면 아니 되는 것이 없고 사는 데 걱정과 근심이 없어 항상 신바람이 난다.

나는 또 부처님께 감사드린다. 왜냐하면 내가 30년 동안 근속한 은석초등학교는 불교종립학교이기 때문이다. 그런데 우리 학교는 불교학교이면서도 불교적인 분위기가 안 났다. 그래서 그 때 교장선생님께 건의를 했다. 교실 하나만 주시면 법당을 만들고 어린이법회와 어머니법회를 해 보겠다고 하니까 쾌히 승낙하셔서, '81년에 광덕 스님을 모시고 연화회를 창립하여 지금까지 왕성하게 발전하고 있다.

나는 법회를 주관하면서 연화합창단을 만들어 세종문화회관 대강단과 장충체육관에서 '부처님 오신 날'을 축하하는 합창제에 참가도 했다. 어린이를 지도하다 보니까 어린이들이 부처님의 가르침을 쉽고 재미있게 배울 수 있는 찬불가가 필요해서 노래를 만들었다. 정운문 스님이 가사를 주시면 내가 작곡을 했다.

지금도 전국의 각 절에서 내 노래가 불려지고 있음에 나는 항상 기쁘고 감사한 마음 금할 수 없다. 지금 우리 학교는 비구니스님이 연화어린이법회를 지도하시고 교사들은 관리만 한다. 나이를 먹은 나는 조용히 학급에서 어린이들에게 부처님의 말씀을 가르치고, 또 실천하는 어린이가 되도록 신행생활을 지도하고 있다.

교사생활 40년을 마감하면서 나의 불교를 되돌아보면 잘한 것도 있지만 부족한 부분은 반성도 해본다. 절 불사보다 인간교육 불사에 힘을 쏟으며 분주하게 살아왔던 삶이었다. 한편 항상 어리게만 느껴졌던 막내동생의 출가는 나의 불심을 더욱 돈독케 했다.

막내동생 스님이 지금도 열심히 동안거 참선공부를 하신다. 그 절에서 비구니스님 60명이 공부를 하신다고 해서 해제하기 며칠 전에 대중공양을 하고 왔다. 경상북도 깊은 산 속의 절이다. 가기 전에 눈이 엄청 많이 왔는데 가는 날은 날씨가 너무 좋았다. 눈이 쌓인 산이며 절의 경치는 한 폭의 동양화였다.

동생 스님을 보기 위해서 여럿이 갔는데, 불심이 약한 남동생들에게 변화가 일었다. 불교공부에 관심이 많아진 것을 보고 보람을 느꼈다. 우리 형제들은 따뜻한 요사채에서 긴 밤을 꼴딱 세우면서 인생살이를 이야기했다.

서울에 오니까 또 눈이 펑펑 쏟아진다. 부처님 가피로 무사히 다녀온 것에 감사드린다. 몸이 아팠기 때문에 만날 수 있었던 부처님. 지금에 와서 생각해 보면 몸이 아픈 것도 부처님께서 나를 깨우치기 위한 방편이리라.

병 때문에 얻은 불교와의 인연으로 나는 늙어가면서 더욱 편안하고 행복해진다. 어쩌면 그 동안 너무나 많이 받아 왔던 나의 삶, 이제는 회향하는 마음으로 살기로 했다. 불교는 멋있고 위대한 종교다.

나무 마하반야바라밀.

-전 은석초등학교 교사, 월간 불광 1998년 3월호

군대에서 만난 부처님

이현철

"아름다운 이 강산을 지키는 우리 사나이 기백으로…"

군가 '멸공의 횃불'의 처음 부분이다. 1970년대 후반, 한여름 강렬한 태양이 작열하는 가운데 그동안 살아왔던 사고방식과 상식이 멈추어진 상태에서 대전 유성에서의 훈련병 생활이 시작되었다. 목이 터져라 군가를 외쳐대며 오전의 훈련을 마치고 나면 전투복은 온통 땀으로 범벅이 되어버린다. 점심 한 끼를 먹기 위해 1시간 이상 줄을 서서 한 발 한 발 앞으로 가다보면 나뿐만 아니라 바로 앞 전우의 상의 등판에서는 소금이 하얗게 배어나오고 하의는 빠닥빠닥해져버리는 것을 보게 된다.

피교육자라는 신분으로 아무런 생각 없이 그저 훈련받고 구르고 뛰고 하는 것이 매일매일 이어졌다. 그 때는 왜 그렇게 배가 고프고 힘이 들었는지, 그 중에서 가장 참기 힘든 것이 목욕을 시켜주지 않는다는 것이었다. 삼복더위에 20일씩이나 내의를 갈아입지 못하고 계속 훈련을 하다 보니 어떤 전우는 4일 동안이나 화장실을 못 가고 힘들어하는 것도 보았다. 저녁 취침 때는 누우면 바로 꿈나라로 갔다. 3주가 지나자 목욕을 할 수 있었으며 그 중에서 제일 반가운 것이 훈련병들의 종교행사 참석이었다.

학창시절 기독교 계열의 학교에 다닌 터라 어느 정도는 기독교에 친숙해져 있었으나 마음에 와 닿지는 않았다. 그러나 어릴 적 할머니랑 동네 분들이 삼월 삼짓날이나 혹은 사월초파일 때 주왕산 근처 사찰에 가실 때 따라갔었던 그 추억 때문인지 선뜻 법당을 찾게 되었다. 비록 몸은 피곤하였지만 부처님 전에 절을 올리고 보니 한없이 고요하고 한없이 감사한 마음이 일었다. 그리고 그렇게 평온할 수가 없었다. 지금 생각해보면 그 때가 가장 순수하게 부처님 전에 예경을 드렸던 것 같다.

힘들었던 훈련병 시절을 마감하고 자대배치를 받기 위해 '대전발 영시 오십분' 야간열차를 타고 어디론가 가고 있었다. '나는 누구인가. 왜 사는가. 누구나 잘 살고 싶고 좋은 옷 입고 맛있는 것 먹고 싶지만 어디 그게 마음대로 되는가.'

달리는 야간열차 안에서 참으로 오랜만의 사색의 시간을 가졌다. 새벽 4시 30분 기차에 내려 군 버스를 타고 2시간 정도 갔을까? 아침 6시 30분경에 내가 배치된 곳은 경북 예천비행장이었다. 그 날은 일요일인지라 일요일 종교행사에 참석하는 사병들을 볼 수 있었다. 왠지 가슴이 설레며 빨리 자대배치를 받아 법당에 가고 싶은 생각이 간절하였다.

자그맣고 오래된 군법당에는 군법사님이신 원진 스님과 사병 한 명이 있었다. 그런데 각종 불교서적이 꽂혀있는 작은 책장 속에서 유독 눈에 띄는 작은 잡지가 눈에 들어왔다. 월간 「불광」이었다. 조심스레 꺼내어 읽어보니 참으로 소중한 말씀들이 가득 담겨져 있었다. 그날 법사님의 설법 말씀은 딱히 기억나지 않았지만 고된 훈련 속에서도 늘 일요일이 기다려졌다. 그리고 그 해 12월에는 수계식이 있었다.

"거룩한 부처님께 귀의합니다.

거룩한 가르침에 귀의합니다.

거룩한 스님들께 귀의합니다."

부처님 전에 합장을 하고 그 동안 잘못된 사상, 전도된 가치관을 가지고 인생을 잘못 살아가다가 부처님의 가르침을 듣고, 부처님의 제자가 되고자 돌아와 삼보를 의지하고 살겠다는 굳은 맹세를 하고, 더 나아가 진리에 맞게 올바른 삶을 살겠다고 하는 오계(五戒) 실천을 다짐하였다.

"1. 자비로운 불자가 될지언정 무자비하게 살생하지 않겠습니다(不殺生).

2. 아낌없이 주는 사람이 될지언정 박복하게 도둑질하지 않겠습니다(不偸盜).

3. 청정한 존재가 될지언정 더럽게 사음하지 않겠습니다(不邪淫).

4. 진실한 말을 할지언정 허망되게 거짓말을 하지 않겠습니

5. 지혜로운 보살이 될지언정 음주하지 않겠습니다(不飮酒).”

“진정으로 발심한 불자라면 당연히 계를 받아 지니고 실천해야 한다. 계는 가장 올바른 삶의 가치기준이므로 겸허한 마음으로 계를 받아 지님으로써 최선의 가르침이라고 믿으며 기꺼이 받을 수 있어야 한다. 계를 실천할수록 업장이 소멸되고 마음이 안정되며 지혜가 밝아지기 때문이다. 계를 받아 지니고 실천한다고 하는 것은 자기 자신의 올바른 삶을 위해서 뿐만 아니라 남을 동시에 이롭게 할 수 있는 최선의 행이다.”

수계법문 후 스님으로부터 혜운이라는 법명을 받았다.

“스님! 왜 제 법명을 혜운(慧雲)이라고 하셨습니까?”

스님께서는 ‘구름을 타고 지혜를 펼치라’는 뜻으로 그렇게 지었노라고 말씀하셨다. 그 말씀을 듣는 순간 구름을 타고 하늘을 날아오르는 것처럼 기뻤다. 나의 새로운 삶은 그렇게 다시 시작되었던 것이다.

군 전역 후 결혼을 하고 수원에서 직장생활을 하면서는 가까운 청련사에 가끔씩이나마 다녔다. 그런데 세월이 흘러 1989년 서울 가락동으로 이사를 오게 되었고, 인근 석촌호수를 산책하다가 우연찮게 ‘불광사’를 발견하였다. 법당에 들어서자 온몸에 전율이 왔다. 그 옛날 가장 힘들었던 군생활 때 처음으로 본 불교 잡지, 그 불광이 발행되는 곳이 아닌가. 그 때 이후로 불광사 일요법회에 열심히 나오면서 거사들을 중심으로 형성된 법등(대원 2법등)에도 가입했다. 선지식이 바로 옆에 계시고 참으로 좋은 도반들이 늘 곁에 있다는 것이 얼마나 감사한지 모른다.

광덕 큰스님께서는 "오계는 바로 불성의 표현이며 법성면목의 산 모습이고, 우리가 오계를 받아 지니고 실천한다는 것은 진실하고 청정한 행을 적극적으로 행하는 것이다. 흔히들 지키기 어렵다고 하여 계 받기를 망설이는 사람들이 있는데 계를 받으면 계 받은 공덕이 있고, 계 받은 위력으로 계를 지킬 수 있다. 계를 받아 그 중 한 가지만 지키더라도 수승하고 설령 지키지 못한다 하더라도 오히려 해탈 인연이 되기에 계를 꼭 받아야 한다."고 하셨다. 비록 지금은 형상으로 우리 곁에 계시는 것은 아니지만 살아가면서 큰스님의 법력 또한 한량없음을 새삼 느낀다.

『불설범망경』 중의 한 대목을 음미하면서 이 글을 마친다.

"차라리 이 입으로 벌겋게 달은 쇳덩이를 삼킬지언정 계 받은 몸으로 거짓을 말하지는 않겠습니다. 차라리 이 몸을 훨훨 타오르는 불구덩이나 날카로운 칼날 위에 던질지언정 계 받은 몸으로 부정한 음행을 하지는 않겠습니다. 차라리 이 몸이 끓는 가마솥에 들어가 있을지언정 계 받은 몸으로 남의 재물을 훔치지는 않겠습니다.

차라리 쇠망치로 이 몸을 부수어 머리에서 발끝까지 가루를 만들지언정 계 받은 몸으로 생명을 해치지는 않겠습니다."

-불광법회 대원2법등, 청남상사 대표, 월간 불광 2004년 3월호

좋은 인연,
나와 남을 살리는 길

성윤선

고교 시절 윤리 교과서에 나오는 '가치관'이니 '인생관'이니 하는 단어들을 읽으면서 이게 대체 무얼까 하고 생각했던 기억이 난다.

입시 열풍 속에서 좋은 대학을 가야 한다는 중압감이 우리들을 짓누르고 있던 당시, 좀 예외적으로 공부에 느긋하게 임했던 나는 세계적인 철학자들의 사상과 가르침이 진실로 무엇을 의미하는지 궁금했다. 하지만 함께 이야기할 상대가 없는 가운데 비교적 순탄하게 대학에 입학하고 보니 갑자기 웬지 모를 허탈함이 나를 엄습하며 괴롭히기 시작했다.

고교 시절에 종교에는 전혀 관심이 없었으며, 오빠가 읽던 심령과학 서적을 어깨 너머로 구경하다가 유령 이야기 같은 것들이 나의 논리적인 성품에는 이해가 되지 않아 '앞으로 이런

비과학적이고 이성적으로 이해가 안 되는 것들에는 관심을 갖지 말아야겠다'고 결론을 내린 상태였었다.

그리고 고교 2학년 당시 여름방학 기간 중에 어머니를 따라 해인사 인근의 비구니스님들이 기거하시는 작은 암자에 갔었다. 새벽예불에 생전 처음 참석했는데, 법당 정면에 앉아 계시는 부처님께 절을 올리는 의미를 알 수 없어 고민하다 보니 내 머리 중앙 백회 부근에서 몸 중앙으로 굵은 막대기가 꼿꼿하게 꽂혀 있는 것 같은 느낌이 들어 결국 한번도 절을 올리지 못하고 그냥 서 있다가 나왔던 기억도 난다.

그런데 대학에 입학한 후 갑작스런 허무감에 빠져 웬일인지 나도 모르게 고교 시절의 담임선생님께 종교를 가져야겠다는 편지를 쓰곤 했던 것이다. 그러면서 한편으로는 학생운동이 치열했던 당시, 갈등을 느껴야만 했고, 다른 대안을 찾지 못하는 고민으로 날이 갈수록 마음은 괴로워져만 갔다.

그 와중에 졸업을 하고 보니 원래 약골이었던 몸이 이런저런 고민으로 인해서인지 더 견디기 힘들게 되어 단전호흡을 시작하였다. 한편 사회를 바라보는 내 시각이 비판적인 관계로 당시 사회상을 받아들이기가 힘들어 신문의 첫머리를 보기만 해도 머리가 깨질 듯이 아파서 신문조차 읽을 수가 없었다.

그런 나의 힘든 생활을 지켜보던 어머니의 권유로 천주교에 입교하게 되었는데, 다행히 내가 만난 신부님은 아주 마음이 맑으신 어찌 보면 천진한 아기 같은 느낌의 수도자여서 거부감 없이 받아들이는 데 큰 도움이 되었다. 게다가 천주교에 입교

한 후 1달이 지나자 신자들을 위한 50일기도의 행사가 있어 거기에 참석해서 갖가지 중요한 종교적 지식도 얻게 되었고, 종교적 체험을 하신 분들의 이야기도 들을 수 있었다. 가장 중요한 것은 내 생각을 전환하는 데 큰 계기가 되었다는 것이다.

그 동안 너무나 부정적이고 회의적이었던 사고방식은 그 50일 이후 계속된 6개월 정도의 기도로 나 자신도 모르는 사이에 많이 긍정적인 방향으로 변화되었고, 모든 사람을 구원하고자 하는 성자들의 마음의 자세를 배우게 된 것이다.

그런데 하느님에 대한 확고한 신앙을 가진 상태로 단전호흡 단체에서 계속 수련을 하다 보니 나의 종교적 신앙이 걸림돌이 되어 정신수양에 진척이 없는 것으로 보여, 한 지도법사의 권유로 몇 달간 성당에 나가지 않고 우리나라 전래의 정신수양 서적들을 공부해보는 계기를 갖게 되었다. 당시 나의 육신은 이미 너무나 약해진 상태로 더 이상 직장생활도 계속할 수 없는 지경이었다. 성당에 다니는 중에도 집에 돌아오면 거의 맥을 못 추는 하루하루의 생활이었으므로 육신의 회복을 위해서 나는 일단 그 법사의 권유에 따라 몇 달간 공부를 하게 되었다.

그러면서 자연스럽게 나의 정신적인 시야가 넓어졌는데, 한편으로는 한의학과 심리학 쪽으로 인연이 닿아 개략적인 공부를 하게 되었다. 또 한편으로 아는 분의 권유로 간단한 사주 공부를 함께 하자고 해서 강의를 듣게 되었다. 사주 강의가 끝나는 날 강사께서 마지막으로 "적덕지가(積德之家)에 필유여경(必有餘慶)이라(덕을 쌓는 집안에 반드시 남은 경사가 있다)"고 말씀하시는 것을 듣고, 더 이상 사주를 공부할 필요가 없으며 그 시간에 덕을 쌓는 것이 나와 남을 위해 더 도움이 될 것이라는 결론을 내렸다.

그러던 어느 날, 아는 분으로부터 서울 근교의 작은 절터에 단전호흡 선원을 개원하게 되었으니 와서 도와달라는 부탁을 받고 찾아갔다가 내 인생의 방향을 완전히 바꾸게 될 인연을 만나게 되었다. 그 곳에서 나는 한 불자(佛子)를 만났는데, 당시 만 해도 천주교에 대한 기본적인 신앙을 놓지 않고 있던 내게 그 보살은 한 스님을 소개하면서 그 절에 가서 불교 강의를 들어보라고 너무나도 집요하게 요구했다. 3시간 여의 설득을 당하던 끝에 '그래, 죽은 사람 소원도 들어준다는데 산 사람 소원 못 들어주랴' 하는 심정으로 그 절을 찾아가게 된 것이다.

하늘의 도우심인지 그 절은 집에서 가까워 부담 없이 다닐 수 있었다. 그뿐 아니라 스님 자신이 오랫동안 천주교 신자로서 성당에서 많은 활동을 하셨던 분이었고, 한의학 쪽으로도 조예가 있으셨으며, 그 동안 내가 공부했던 갖가지 분야에 대해 나와 거의 비슷한 맥락의 견해를 가지고 계셨다. 때로는 나의 생각과 너무나 비슷한 법문을 하시는 것을 듣고 놀라기도 했지만 천주교에 대한 마지막 미련을 쉽게 끊지 못하여 날마다 부처님과 하느님께 올바른 선택을 할 수 있도록 이끌어달라고 기도하면서 잠자리에 들곤 했다.

그러다 보니 3~4개월 후 점차 생각이 자연스럽게 정리되면서 불교의 가르침이 좀 더 가깝게 느껴져 왔고, 불교를 별 무리 없이 받아들일 수 있게 되었다. 어린 시절부터 너무나 논리적이고 과학적인 것만 추구해 온 나의 삶에 있어 왠지 미신적인 것으로 치부되어온 불교를 받아들인다는 것은 획기적인 일이었다.

그 후에도 나의 삶에서 불교가 끼친 영향은 이루 말할 수 없이 크다. 지금까지도 쉽게 해결되지 않는 우리 사회 곳곳의 문제들과 살아오면서 겪어온 문제들에 대한 해답을 부처님의 위대하신 가르침에서 찾을 수 있게 된 것이다. 물론 아직도 나의 삶에서 부처님의 가르침을 완전히 실현했다고 할 수도 없고, 각자의 마음을 정화하고 비움으로 해서 사회가 달라질 수 있다는 생각을 실현하기에는 많은 어려움이 있음을 알고 있다.

하지만 그 동안 내가 겪었던 표현할 길 없는 허무감이나 삶에 대한 회의(懷疑)를 극복하고 내가 살아가야 할 삶의 방향을 설정하는 데 가장 큰 가르침을 주신 부처님을 만나게 된 것을 내 인생에 있어 최고의 행운으로 여기고 있다. 부처님께서는 내가 불교에 자연스럽게 입문할 수 있도록 여러 가지 단계들을 차근차근 제시해주셨고, 나는 자신도 모르는 새 그 길을 뒤따라오다 보니 결국 부처님의 가르침의 진수를 뵙게 된 것 같다.

아직도 우리 사회에는 부처님과 부처님의 가르침에 대한 많은 오해가 상존하고 있음을 볼 때, 무명(無明)에서 벗어나지 못하고 헤매는 나에게 자비로운 손길을 내밀어 빛과 사랑을 주시면서 이끌어주신 부처님께 진심으로 감사드린다.

그 동안의 경험에 비추어볼 때 우리 삶에 있어 가장 소중한

것은 '인연'이다. 어떤 인연을 만나는가가 우리 삶의 방향을 크
게 좌우하는 것들을 보면 지난날 나를 도와주고 키워주신 많은
분들께 이 자리를 빌어 진심으로 감사드린다.

　나 자신 또한 순간순간 좋은 인연이 됨으로써 내가 만나는
인연이 더욱 좋은 인연이 될 수 있도록 노력하고자 한다. 이
것이 바로 부처님께서 설하신 인과응보의 가르침이라 생각한
다. 나의 인연이란 결국 모두가 내가 만드는 것임을 알고 모
두가 서로에게 좋은 인연이 되는 것이 나와 남을 살리는 길임
을 깨닫고 실천한다면 이 자리가 바로 극락정토가 될 것으로
생각된다.

-자유기고가, 월간 불광 2003년 1월호

내 삶의 미소 둘

석길암

최근 『화』라는 책으로 유명한 틱낫한 스님의 법문을 들을 기회가 있었다. 이번 방한 일정 중에 동국대학교에서 3일간의 일정으로 수련을 겸한 강연이 있었고, 첫날에는 운이 좋아 강연장의 앞쪽 자리를 잡고서 법문을 들을 수 있었다.

조금 일찍 도착하여 자리를 잡고서 연단 쪽에 시선을 주었을 때 내 눈에 확 뜨이는 것이 있었다. 그것은 틱낫한 스님의 모습이 담긴 대형 걸개그림이었다. 내 시선을 끈 것은 틱낫한 스님의 모습이 아니라 그 아래 적힌 두 마디의 경구였다.

"I have arrived. I am home."

나는 이미 도착했다. 나는 집에 와 있다.

화, 그리고 고향. 그 두 가지 단어가 내 머리 속을 헤집었을 때부터 틱낫한 스님의 잔잔하고 평화로운 법연이 끝날 때까지 나는 줄곧 틱낫한 스님의 미소 띤 얼굴 위에 또 하나의 얼굴을 겹쳐서 그리고 있었다. 나에게도 틱낫한 스님의 그 잔잔하고 평화로운 미소를 닮은 또 다른 미소가 있었다.

어렸을 때부터, 어머님의 말씀으로는 내가 태중에 있을 때부터 다닌 절이 대운암이었다. 고향마을 인근의 용각산 마루턱에 자리잡고 있는 대운암은 조금은 초라하고 그러면서도 고즈넉한 전형적인 한국의 산중 암자인데, 내게 있어서는 불교와 인연을 굳게 맺어주고 있는 산실 같은 곳이기도 하다.

고등학교 때였다. 요즘도 그렇지만 당시에도 고등학생이란 입시라는 개미지옥에서 빠져나오지 못해서 버둥거리는 가여운 존재일 뿐이다. 내 처지도 별다를 것이 없어서 수험서 붙들고 씨름하기에 여념이 없기는 다른 아이들과 마찬가지였다. 그 정신없던 시절의 여름방학을 보내던 곳이 대운암이었다.

고등학교 1학년과 2학년의 여름방학을 그 곳에서 지냈으니, 돌이켜 보면 고등학교 시절 학교 외에 가장 많은 시간을 보냈던 곳이 이 대운암이다. 피서를 겸하면서 공부하기에 더없이 적절한 곳이었다. 방학이면 절에 모여드는 고만고만한 또래들이 있었고, 보충수업은 물론 대구의 푹푹 찌는 여름 무더위에서도 벗어날 수 있었으니 당연한 선택이었다.

또 대운암에는 다른 사찰에서는 보기 어려운 독특한 묘미가 하나 있었다. 여름날 이른 새벽부터 피어 오른 물안개가 해가 떠오를 즈음이 되면 절 앞마당의 바로 아래까지 차올라서 운해(雲海)를 방불케 하는 것이다. 이것 때문에라도 아침 일찍 일어나고 싶어지니 게으름을 몰아내는 데도 금상첨화였다.

그렇다고 이런 것들이 내가 절에서 많은 시간을 보내게 했던 결정적인 이유는 아니었다. 돌이켜 보면 당시의 내가 절에 열심히 드나들었던 것은 다른 이유 때문이었다. 늘 법당 한 쪽에 달린 조그만 방에 앉아서 꼿꼿한 자세로 나를 맞이해 주시던 스님 때문이었다. 설송 스님….

경북 청도의 외진 산골에 있는 조그만 암자에서 10여 년을 주석하셨던, 어린 시절의 나에게 불교에 이르는 인연의 씨줄을 엮어주셨던 분이 설송 스님이셨다. 고향 인근에서는 불가사의로도 알려졌던 분이다. 그 분께서 주석하셨던 10여 년 동안 스님을 한 번이라도 뵌 적이 있는 사람치고 어느 누구도 스님의 미소 짓지 않은 모습을 본 사람이 없었기에 신도들 사이에 불가사의하다고 회자되었던 것이다. 좀 과장되이 말한다면 미소 짓지 않은 모습의 스님 얼굴을 기억하는 사람은 아무도 없었다.

이런 애기들은 스님께서 입적하신 뒤에 더 심했었던 것으로 기억하는데, 10여 년을 한결같이 스님을 모셨던 공양주 보살님은 가난한 사람이나 부자나 조금도 차별없이 미소로만 대하셨다고 말하곤 했다.

그런데 사실 나는 미소 짓는 모습만의 스님을 기억하고 있지는 못하다. 여러 번 꾸중을 들었고, 입적하실 무렵 병원에 입원해 계실 적에는 종종 고통스러워하시는 모습도 뵈었던 까닭이다.

스님께서 입원하신 병원은 내 셋째 누님이 근무하고 있던 종합병원이었다. 스님의 병환이 내과에서 치료해야 될 병이었기 때문에 마침 누님이 근무하던 내과병동에 입원하시게 되었다. 덕분에 병원 인근에서 누님과 함께 자취하던 동생과 나는 종종 입원실로 스님을 찾아뵙게 되었다.

수행하시던 시절의 이야기를 들려주셨던 것도 병원에 입원해 계실 무렵이었다. 갑작스레 냉면을 드시고 싶다고 하셨고, 어찌어찌 해서 병원 인근의 식당에서 냉면을 시켜 드시고 난 뒤에 빈 그릇을 한참 바라보시다가 들려주신 이야기였다.

경주 인근의 어느 사찰 근처에 있는 계곡에서 참선을 하고 계셨는데 그 날따라 자꾸만 수마가 달려들었다. 억지로 버티고 있는데, 계곡 물 속에 헤엄치고 있는 큰 잉어가 한 마리 눈에 띄었다. 정신이 번쩍 들어서 그 놈을 바라보는데 한참을 헤엄치던 잉어가 풀쩍 뛰어올라서는 스님 앞에 놓여 있는 바루 그릇 속으로 뛰어들었다.

얼른 잡을 생각도 못하고 바라보고만 있는데, 잉어는 제 큰 몸뚱이 통째로 바루 그릇 속에 들어가려고 뛰어들기를 계속 반복하는 것이었다. 여러 차례 반복하는 모습을 보고 있자니 잉어가 왜 바루 그릇 속으로 뛰어들려고 하는지에 대한 궁금증은 간 데 없고, 그저 가엾기만 하고 안타깝기만 했다.

한편으로는 저 놈의 미물이 무지해서 제 몸뚱이 큰 것은 모르고 조그만 바루 그릇 속에 들어가려는 것이 한심해 보이기도

했다. 한참을 바위 위에서 뛰다가 축 처져서는 숨을 몰아쉬고 있는 잉어를 보고는 물속에 놓아주어야겠다는 생각이 들었다.

그래서 벌떡 일어나서는 잉어를 잡으려고 하는 순간에 정신이 번쩍 들었는데 꿈이었다는 것이었다. 그대로 앉아서 가만히 생각해보니, '아하, 이게 내 그릇의 크기로구나. 내가 너무 큰 것을 바랐구나.' 하는 생각이 들었다. 그 후로 스님은 '도'니 무엇이니 하는 것들에 대해서는 포기하고 그저 자족하며 하루하루 사는 것도 즐거워하시게 되었다는 것이었다.

그리고 그 두어 달 후에 스님은 입적하셨다. 입적하신 후에 셋째 누님은 다음과 같은 얘기를 내게 해준 적이 있었다.

처음에는 고통을 받아들이지 못하셨다고. 하지만 점차 시간이 지나면서 고통을 이겨내시는데, 차츰 다른 사람에게 별 달리 내색을 하시지 않으셨다고. 퇴원하실 무렵에는 깜박 깜박 환자라는 것을 잊어버릴 정도로 늘 미소 짓는 모습을 보여주셨다고.

늘 미소 짓는 모습의 스님. 아직도 눈만 감으면 생생히 그 모습이 떠오르는데 이제 내 앞에는 그 분이 계시지 않는다. 스님이 돌아가시고 2년 후에 나도 불교를 배우고자 진로를 수정하게 되었다. 본격적으로 불교를 배우기 시작한 지 벌써 10년이 조금 넘는다.

이제 다시금 화내지 않는 얼굴, 또 하나의 미소를 보았다. 틱 낫한 스님이 플럼빌리지의 표석에 새겨 넣은 두 마디의 경구는 스스로 자족함에 이르렀다는 것일까? 그래서 작은 나 자신에게

도 만족할 줄 아는 '나'를 찾았다는 의미일까? 이제 왜 스님께
서 늘 미소로 사람들을 대할 수 있었는지 조금은 알 수 있을 것
같다. 그런데 아직도 나는 그 분을 닮은 미소를 내 얼굴에 새겨
넣지 못했다.

-동국대 강사, 월간 불광 2003년 5월호

내 마음의 **복전**

지은이 | 신화규 외 43인
펴낸이 | 박상근(至弘)
펴낸곳 | 불광출판사

초판 인쇄 | 2005년 11월 30일
초판 발행 | 2005년 12월 5일

138 · 844 서울시 송파구 석촌동 160-1
대표전화 | (02) 420-3200
편 집 부 | (02) 420-3300
팩스밀리 | (02) 420-3400
http://www.bulkwang.or.kr

등록번호 제1-183(1979. 10. 10)
ISBN 89-7479-910-3

◉ 잘못된 책은 바꾸어 드립니다.
값 9,000원

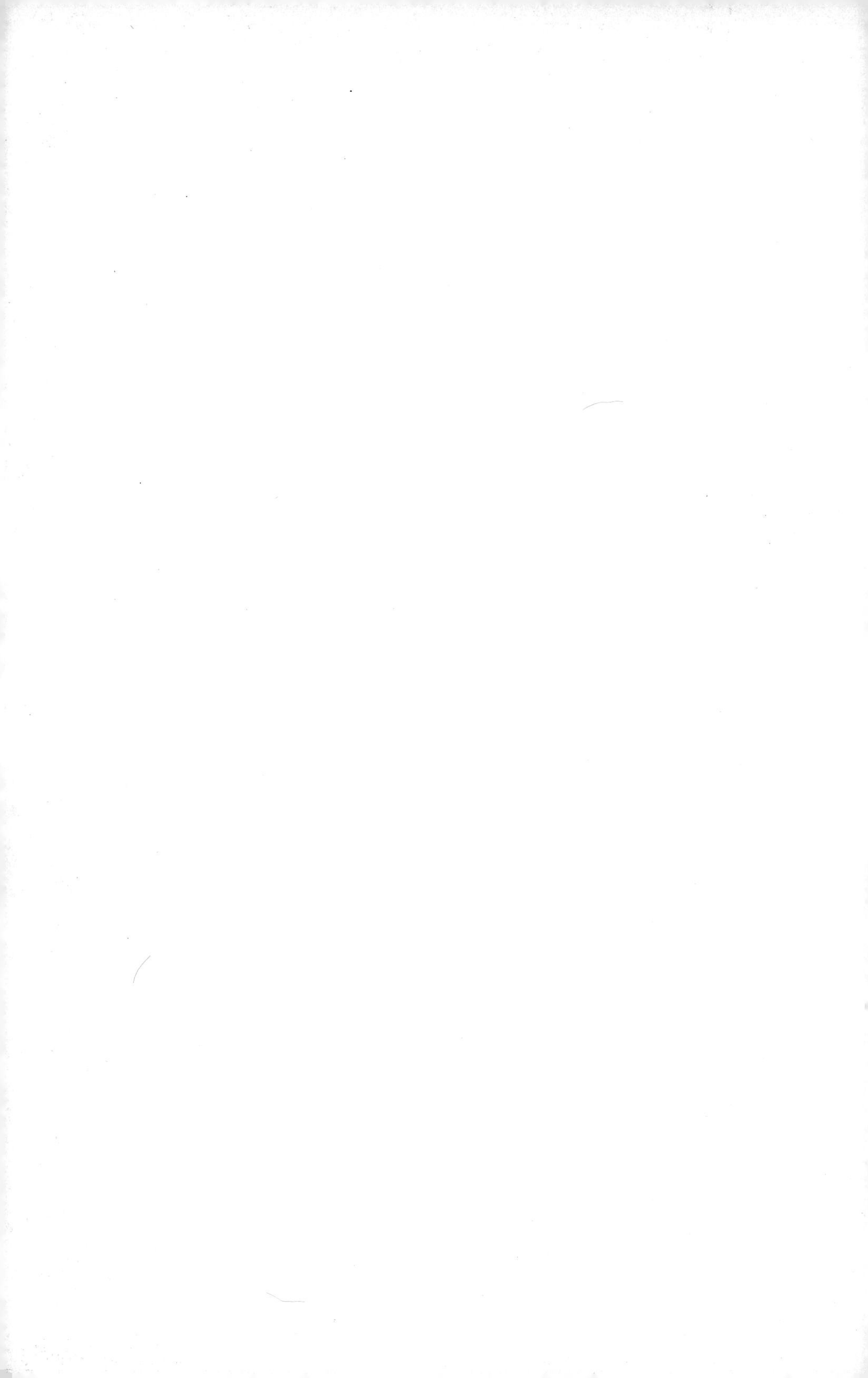